군주의 거울
영웅전

SPECULUM REGIA
BIOI PARALLELOI

아포리아 시대의 인문학 — 로마

군주의 거울
영웅전

김상근 지음

21세기북스

서문

'행동하는 삶'을 위한 인문학

인문학에 대한 우리 사회의 관심이 예사롭지 않다. 다양한 주제의 인문학 관련 서적들이 쏟아져 나오고, 곳곳에서 다채로운 인문학 강좌도 열리고 있다. 그런데 인문학에 대한 관심이 폭발적인 곳은 놀랍게도 대학이 아니라 경영 현장과 기업이다. 수많은 경영자들의 조찬 모임과 직원 교육 현장에서 인문학을 바탕으로 한 강연이 진행되고 있는 것이다. 어쩌다 '인문학 강연자'로 알려진 나 또한 곳곳에 불려다니며, 우리 한국 사회의 뜨거운 인문학 열기를 체감하고 있다. 다만 그 뜨거운 열기에 데이지는 않을까 자못 조심스럽다. 무릇 과한 것은 덜한 것보다 못한 법이니 말이다.

그런데 그런 인문학 강연을 기획하는 교육 담당자들과 이야기를 나누다 보면 종종 푸념의 소리를 듣게 된다. 인문학 공부가 필요하다는 데 동의하고, 그래서 인문학 강연회를 자주 개최하고는 있지만 막상 강연 자체가 '재미있는' 경우는 드물다는 것이다. 소문난 잔치에 먹을 게 없다는 이야기다. 가령 초청 강사들의 인문학 강연이 현실과 동떨어진 주제를 다룰 때가 많아서 때론 지루하기도 하고, 자신이 가지고 있는 다양한 인문학적 지식을 효과적으로 흥미롭게 전달해줄 강연자를 찾기도 힘들다고 한다. 심지어 어느 강연은 '왜 우리가 모여서 이런 이야기를 듣고 있어야만 할까'라는 생각이 들 때도 있다고 한다.

왜 이런 현상이 나타나는 것일까? 모두가 인문학, 인문학 하는데 왜 정작 인문학은 재미가 없게 느껴질까? 왜 인문학은 우리 현실과 동떨어진 이야기를 할까? 인간에 대한 학문, 그것이 인문학이라면 우리 삶의 이야기, 즉 현실적인 면면들을 다루어야 하지 않을까? 도대체 인문학은 왜 이다지도 어렵기만 할까?

사실 인문학에 대한 이 같은 답답한 현상은 대학에서도 동일하게 반복되고 있다. 이미 널리 알려진 대로 대학에서의 인문학은 거의 고사枯死 상태다. 학생들은 학부 과정에서 의무적으로 일정 부분 이상의 인문학 수업을 수강하도록 되어 있다. 대학마다 이름은 다르지만 대개 이를 '기초교양' 수업이라 한다. 그런데 이런 이름의 수업들은 대개가 수강 신청을 하는 학생들이 모자라 폐강되기 일쑤고, 강의가 개설되더라도 학생들은 의무적으로 수업에 참석할 뿐 인문학에 큰 흥미를 느끼지 못한다. 현실과 동떨어진 고리타분한 이야기에 흥미를 느낄 학생들이 몇이나 되겠는가. 스마트폰만 열면 흥미진진하고 황홀한 사이버 세계가 펼쳐지는데, 재미없고 어렵기만 한 인문학 공부를 왜 하겠는가.

　인문학의 위기는 정부와 일부 대학의 강제적인 학과 통폐합 정책과 맞물려 파열음에 가까운 혼란을 불러일으키고 있다. 왜 이런 왜곡된 괴리 현상이 나타나는 것일까? 시민사회와 경영 현장에서는 인문학을 배우겠다고 난리인데, 왜 정작 대학에서는 인문학의 위기가 우리 시대의 신음처럼 계속해서 들려오는 것일까? 인문학에 대한 오해 때문이다. 인문학의 기원과 목적을 잘못 이해하고 있어서 이런 괴리 현상이 지속되는 것이다.

인문학 탄생의 기원

사실 인문학, 즉 '스투디아 후마니타티스Studia Humanitatis'라는 단어와 개념을 처음 등장시킨 사람들은 14세기 말과 15세기 초에 활동한 이탈리아 피렌체 출신의 학자들이다. 물론 그 이전에도 역사, 철학, 문학 등 각 분야에 대한 학문적 연구와 발전이 있어 왔다.[1] 로마 공화정 말기의 사상가였던 키케로는 바람직한 '인간다움humanitas'과 '공부studium'의 상관관계를 연결시켜, 참다운 인간이 되기 위해서는 인문학(특히 문학) 공부가 필요 불가결한 요소임을 밝힌 바 있다.[2] 인간이 되기 위해서는 공부를 해야 한다는 지고지순의 법칙이다. 그러나 지금 우리가 말하는 인문학, 즉 '스투디아 후마니타티스'라는 단어는 14세기 말에 활동한 피렌체의 학자 콜루치오 살루타티Coluccio Salutati (1331~1406)의 1369년 글에 처음 등장한다.[3] 그러나 살루타티는 같은 시대의 사상가이자 피렌체의 정치인이었던 레오나르도 브루니Leonardo Bruni(1370~1444)가 주장한 '페트라르카 기원설'에 동의했다. 레오나르도 브루니는 『피렌체 찬가』와 『피렌체인의 역사』를 쓴 인물로도 유명할 뿐 아니라 메디치 가문의 도움으로 피렌체의 최고 공직에 오른 인물이기도 하다.[4] 그는 피렌체의 인문학자 니콜로 데 니콜리Niccolò de' Niccoli(1364~1437)의 글을 인용하면서 "페트라르카가 '스투디아 후마니타티스(인문학)'를 다시 부활시켰다"라는 기록을 문헌으로 남겼다. 결국 페트라르카가 인문학의 아버지인 셈이다.

브루니는 자녀 교육을 걱정하는 페사로Pesaro의 영주 부인 바티스타 다 몬테펠트로Battista da Montefeltro에게 인문학의 중요성을 강조하면서 중세 대학의 스콜라 철학이 아닌 그리스와 로마의 고전을 중심으로 한 독서 커리큘럼을 제시했다.[5] 기원후 8세기부터 본격적으로 등장한 '군주의 거울Speculum Regia'을 연상케 하는 대목이다. 이탈리아에서는 아예 귀족과 왕족 자녀를 위해 이런 인문 고전 독서를 중심으로 한 학교까지 생겨났다.[6] '인문학'이라는 용어와 개념의 탄생과 전개 과정을 좀 더 자세히 설명할 필요가 있겠으나 여기서 한 가지 강조하고 싶은 사실은, 이탈리아 피렌체 출신의 학자들이 '인문학'이라는 단어와 개념을 사용하기 시작했으며, 그 출발은 중세의 대학이 아니라는 점이다.

인문학의 탄생에 당시 유럽 대학의 학문 연구가 직접적으로 관련되어 있지 않다는 점은 매우 중요한 의미를 갖는다. 당시 유럽의 대학은 파리 대학, 볼로냐 대학 그리고 살레르노 대학의 3강 체제였다. 물론 영국의 옥스퍼드 대학이나 스페인의 살라망카 대학과 같은 명

▲
'Studia Humanitatis'라는 용어를 처음 사용한 페트라르카의 동상. 그가 태어난 아레초 공원에 전시되어 있다. 아레초는 피렌체에서 약 80킬로미터 정도 떨어진 데 위치한 작은 위성도시로 많은 인문학자를 배출한 곳이다.

문 대학도 존재했지만, 앞에 열거한 세 대학은 각각 신학(파리), 법학(볼로냐), 의학(살레르노) 분야에서 유럽 최고의 명성을 누렸다. 그런데 이런 대학들의 교과과정은 중세 스콜라 철학을 바탕에 두고 있었다. '스콜라 철학'이란 철학자 아리스토텔레스의 사유 방식과 학문 체계를 적극적으로 활용한 것이다.

중세 대학의 수업은 요즘처럼 교수가 강의를 하는 게 아니라 처음부터 끝까지 토론으로 진행됐다. 이것을 '스콜라 방식'의 교육이라 한다. 먼저 교수가 그 분야의 권위자의 문장(명제)을 읽고 그것에 대한 지금까지의 해석을 간단히 설명한다. 보통 아리스토텔레스의 저술에 나오는 문장(명제)을 읽어줄 때가 많은데, 이것이 교수가 하는 역할의 전부다. 나머지 수업 시간은 모두 학생들의 찬반 토론으로 이루어진다. 전체 학생을 양쪽으로 나누어 한쪽은 그 문장(명제)에 대한 찬성을, 다른 쪽은 반대 주장을 펼치게 하는 것이다. 자신의 의지나 판단과는 상관없이 찬반의 위치는 이미 정해져 있다. 중요한 것은 주어진 문장(명제)을 논리적으로 설명하는 것이다. 정교한 논리를 사용해 상대방 진영의 주장을 반박할 수 있어야 한다. 널리 알려진 대로 중세 대학에서 활용되던 가장 기초적인 논리는 아리스토텔레스의 '삼단논법'이었으며, 예를 들면 이런 것이다.

사람은 죽는다.
아리스토텔레스는 사람이다.
따라서 아리스토텔레스도 죽는다.

아리스토텔레스의 삼단논법에는 총 4개의 격과 64개의 식이 있는데, 이를 조합하면 무려 256가지의 논리를 구사할 수 있었다. 말하자면 중세 대학의 수업은 이런 복잡한 논리를 구사하는 능력을 가르친 셈이다. 당대를 풍미한 법학자, 철학자, 신학자들은 이런 현란한 논리 구사에 능통했다. 당연히 중세 대학은 일반적인 지능을 가진 사람들은 이해하기 힘든, 그리고 일상생활과 직접적인 관련이 없는 교과과정이 주류를 이루었다.

중세 말기에 접어들면서 새로운 교육에 대한 수요가 일어나게 되는데, 시대가 변하면 교육에 대한 수요도 달라지기 마련이다. 그것은 단순한 수요의 변화가 아니라 대학의 존재 자체에 대한 재평가로 이어졌으며, 매우 혁명적이었다. 그동안 파리, 볼로냐, 살레르노 대학에 자녀를 보낼 만한 여유를 가진 사람들은 대부분 유럽의 전통 귀족들이었다. 봉건제도의 정점에 있던 왕족이거나 전통 지주 계급의 자녀들이 명문 대학에 진학했다.

그런데 중세 말기의 유럽에 갑자기 새로운 사회 계급이 등장했다. 바로 신흥 상공인 계급이다. 유럽에서는 기원후 10세기부터 농업 생산 방식에 혁명적인 변화가 일어났다. 수레바퀴가 달린 농기구가 본격적으로 사용되었고, 이모작二毛作에 성공을 거두어 노동생산성을 획기적으로 증대시켰으며, 콩 재배가 수년간 풍년을 이루어 경제 규모가 급격하게 성장했다.[7] 노동생산성이 증대되어 먹을 게 늘어나자 자연스레 인구가 증가했고, 그 결과 각 지역의 도시화가 진행됐다. 그러면서 자연스럽게 상공인 계급이 부상했는데, 피렌체의 메디치 가문을 떠올리면 이해가 쉬울 것이다. 막대한 부를 축적한 메디치 가문은 원래 왕족이나 귀족 가문이 아니었다. 우연히 14세기 말에 처음 등장한 은행업과 모직 산업에 뛰어들어 큰돈을 번 사업가 가문이다. 그런데 이들 신흥 상공인들에게 한 가지 고민이 있었는데, 바로 자녀 교육에 대한 문제였다.

자고로 재산이 많은 사람들은 어떻게 하면 그 부를 자녀들에게 순조롭게(혹은 더 많이) 물려줄 것인가에 대해 고민하게 된다. 예나 지금이나 부자들의 고민은 한결같다. 세상의 모든 부모들은, 그것도 돈깨나 만져본 부모들은 지나친 부富가 자녀들의 미래에 끼칠 해악을 잘 알고 있다. 지나친 부의 상속이 아이들을 탐욕스러운 인간으로 만들거나 나태한 인간으로 만들 가능성이 크기 때문이다. 그렇다 보니 부모들은 아이들을 바람직한 인간으로 만들어줄 참 교육이 제일 중요하다는 결론에 이르게 된다. 그들은 자녀를 참된 인간으로 만들기 위해 모든 관심과 투자를 아끼지 않는다.

그런데 당시 중세 대학은 어떤 곳이었는가? 그곳은 아리스토텔레스와 토마스 아퀴나스의 정교한 논리가 지배하던 곳이었다. 세상에 대한 이해나 인간에 대한 통찰력보다는 한 학기 내내 '신 존재 증명'을 놓고 복잡한 논리 싸움을 펼치는 곳이다. 그래서 새로 부상한 14세기에서 15세기의 신흥 상공인 계급들은 자녀들을 대학에 보내지 않았다. 게다가 영국과 프랑스 간에 '100년 전쟁(1337~1453)'이 발발해 유럽 내를 여행하는 일이 매우 위험했다. 이탈리아의 상공인 계급 자녀들이 '100년 전쟁'이 한창인 전쟁터를 피해 프랑스 파리로 이동하는 것은 위험천만한 일이었다. 1348년부터 전 유럽을 강타한 흑사병의 창궐 또한 학생들의 이동을 방해하는 요소였다. 이런 상황 속

▲
도메니코 기를란다요, 〈사세티 채플의 제단화〉 부분, 1486년, 피렌체 산타 트리니타 성당. 이 작품을 주문한 사세티는 메디치 가문의 전문 경영인이었다. 인문학자들이 메디치 가문의 세 아들과 동행하고 있는 모습이 보인다. 제일 왼쪽에 서 있는 금발의 어린이가 장차 교황 레오 10세다.

에서 탄생한 게 바로 페트라르카의 '인간에 대한 학문', 즉 '스투디아 후마니타티스'다. 신흥 상공인 가문에서 자신의 자녀들을 대학에 맡기지 않고 따로 인문학자들을 고용해 '인간에 대한 학문'을 가르치게 한 것이다.

이렇게 해서 인문학이 탄생했다. 거듭 말하지만 인문학은 대학의 학문으로 출발한 게 아니다. 오히려 대학 밖의 학문 learning outside from universities이었다. 자녀들에게 정교한 아리스토텔레스의 철학을 가르치는 게 아니라 인문학자들을 직접 자신의 집에 거주시키면서 자녀들에게 그리스와 로마 시대의 고전을 읽히며 '인간에 대한 학문'을 가르치길 원했던 중세 유럽 말기의 신흥 상공인 계급이 만들어낸 학문이다.

이처럼 인문학의 태동 과정을 살펴보면, 지금 대학에서 인문학이 고사 상태이고 대학의 밖, 말하자면 각종 CEO 조찬 모임이나 일반 시민을 위한 각종 인문학 강좌가 활발하게 펼쳐지는 것은 전혀 이상한 현상이 아니다. 원래 그것이 정상이다. 인문학은 대학에서 시작된 게 아니라 경영과 삶의 현장에서 시작된 것이기 때문이다.

좀 더 좁혀 말하자면 인문학, 즉 '인간에 대한 학문'은 중세 대학에서 가르치던 '신에 대한 학문Studia divinitatis'에 대한 반발에서 비롯했다. 현실 문제에 해결책을 주지 못하고, 256개 삼단논법에만 천착하던 중세 대학의 교육과정에 대한 반발이었던 것이다. 지금 한국 사회에서 인문학이 유행처럼 번져나가는 것 또한 한국의 대학이 현실 문제에 해결책을 주지 못한 채 사변적으로 흐르고 있다는 반증이다. 대학의 연구 주체인 교수들도 이 문제를 정확하게 인지하고 있다. 현실 문제에 대한 전문적인 해결책을 제시하기는커녕, 정부에서 기준을 정해준 우수 학술지에 기고하는 것을 교수의 본분이라고 생각하는 교수들이 많기 때문이다. 뿐만 아니라 현실 세계에서 일어나는 일에 무관심한 것을 교수의 본분이라고 주장하는 사람도 있다. 그런 현상으로 말미암아 대학 밖에서 인문학에 대한 수요가 폭발적으로 증대하는 것이다.

변치 않는 인문학의 주제, 군주의 거울

그렇다면 페트라르카에 의해 본격적으로 소개된 인문학은 무엇을 공부하는 것이었을까? 중세 말기의 신흥 상공인들은 자녀들에게 왜 하필 인문학을 가르치려 했을까? 왜 지금 우리 사회에 인문학에 대한 열풍이 불고 있는 것일까?

이 질문에 답하기 위해서는 다시 한 번 중세 말기로 돌아가야 한다. 중세 시대에 도대체 어떤 일이 벌어졌기에 신흥 상공인 계급들은 굳이 인문학이라는 새로운 장르의 학문까지 만들어 자녀를 교육시키고자 했을까? 이 질문은 중세 말기에 인문학이 태동하게 된 또 다른 배경과도 연관이 있다. 그것은 바로 '치열한 경쟁' 때문이었다. 적나라하게 말하자면, 중세 말기의 인문학은 경쟁에서 살아남기 위해 탄생했다.

유럽의 역사는 크게 그리스 로마 문명이 지배하던 고대Ancient 시대, 기독교 문명이 지배하던 중세Middle 시대, 그리고 근대Modern Times로 나눌 수 있다. 중세 말기에 이르면서 그동안 중세를 지배해온 교황권Papacy은 신성로마제국Holy Roman Empire의 황제권의 강력한 도전에 직면한다. 특히 신성로마제국은 강력한 중앙집권제를 표방했지만 여러 민족과 지역이 서로 패권을 다투며 교황권과 대립하고 있었다. 프랑크 족(프랑스)과 게르만 족(독일) 그리고 이베리아의 여러 민족(스페인)들이 서로 자웅을 겨루던 때였다. 여기에 다시 각 지역과 민족별로 교황을 지지하는 세력(구엘프당)과 황제를 지지하는 세력(기벨린당)으로 나뉘는데, 그야말로 유럽의 춘추전국시대라 할 수 있다.

이런 정치적·사회적 상황 속에서 인문학이 탄생했다. 신흥 중산층과 상공인 계급 그리고 전통 지주 계급과 왕족들은 치열한 경쟁 체제에 노출되었고, 그래서 인문학을 통한 자녀 교육에 관심을 쏟게 된 것이다. 다른 가문을 누르고 경쟁에서 살아남기 위해서다. 다른 나라나 가문을 압도하며 미래의 지도자로서 손색 없는 아들딸로 만들기 위해 그들은 인문학에 주목했고, 그 인문학 중에서도 특별히 하나의 독서 장르를 만들었다. 그것이 바로 인문학 공부를 위한 고전 독서 목록 '군주의 거울 Mirror for Princes'이다.

이미 나는 이 책의 전편에서 군주의 거울에 대한 자세한 설명을 마쳤다.[8] 이 두 번째 책은 전작에서 소개한 그리스의 군주의 거울에 이어 로마의 군주의 거울을 탐구한다. 그리스의 군주의 거울 목록이 철학적인 면과 군주(지도자)가 갖추어야 할 덕목인 '성찰하는 삶 Vita contemplativa'에 집중되어 있었다면, 로마 시대의 군주의 거울은 현장과 현실의 문제를 주로 다루게 될 것이다. 왜냐하면 로마적인 가치는 '행동하는 삶 Vita activa'에 초점이 맞추어져 있기 때문이다. 그리스 시대의 군주의 거울이 주로 인간의 본질에 대한 성찰이었다면, 로마 시대의 군주의 거울은 지금 눈앞에서 펼쳐지는 현상 세계의 문제를 주로 다룬다. 그래서 훨씬 리얼하고 훨씬 재미있으며 교훈도 실제적이다.

그리스의 군주의 거울 편에서는 헤로도토스의 『역사』, 투키디데스의 『펠로폰네소스 전쟁사』, 플라톤의 『국가』 그리고 크세노폰의 『키루스의 교육』을 다루었다. 반면 로마의 대표적인 군주의 거울은 플루타르코스의 『비교 영웅전』이다. 이 책은 군주의 거울 장르 중 교과서적인 작품이며, 중세 말기에 태동한 고전 인문학의 필독서다. 긴

호흡을 가진 플루타르코스의 엄청난 양의 저작은 후대 역사가들에게는 방대한 사료史料를 제공했고, 마키아벨리나 몽테뉴 같은 사회사상가들에게는 가치 선택을 위한 기준을 제시했다. 그리고 셰익스피어와 같은 문학가들에게는 변치 않는 문학적 영감의 샘물이 되어주었다. 셰익스피어의 『코리올라누스』, 『안토니와 클레오파트라』, 『율리우스 시저』 등은 모두 플루타르코스의 『비교 영웅전』을 참고한 것이다.

우리는 스티브 잡스라는 특출한 사람과 한 시대를 사는 영광을 누렸다. 그가 떠나면서 남긴 혁신적인 제품들 덕에 세상은 완전히 다른 형태로 변화해간다. 그런데 그 천하의 스티브 잡스도 거울을 보는 사람이었다. 중세 시대라면 그도 군주의 거울을 보는 지도자였을 것이다. 다음은 생전에 스티브 잡스가 스탠포드 대학 졸업생들에게 들려준 유명한 연설문의 일부다.

지난 33년간, 저는 매일 아침 거울을 보면서 이렇게 스스로에게 자문해 보았습니다. 만약 오늘이 내게 주어진 마지막 날이라면, 오늘 해야 하는 일을 진짜 하고 싶을까? 스스로에게 던진 이 질문에 "노!"라고 대답했던 날이 계속 이어지면서 저는 직감했습니다. 무엇인가를 바꾸어야 한다는 것을.[9]

매일 거울 앞에 서서 자신을 성찰했던 스티브 잡스는 세상을 바꾸었다. 세상을 바꾸기 위해 우리도 거울 앞에 서야 한다. 고대 로마 시대에 지도자의 변치 않는 교과서였던 플루타르코스의 『비교 영웅전』

이 우리의 거울이 되어줄 것이다. 인문학은 거울 앞에 서는 학문이다. 군주의 거울 앞에 서는 게 인문학의 시작이다. 고대 그리스와 로마의 위대한 문학과 철학과 역사가 우리들의 모습을 비추어줄 것이다. 그 거울에 비치는 그리스와 로마의 영웅, 현자, 시인들의 모습에서 우리의 미래를 발견해야 한다. 그리고 물어야 한다. 나는 누구인가를. 그리고 나는 어떻게 살아야 하는가를. 로마 시대 최고의 군주의 거울을 쓴 플루타르코스가 우리를 군주의 거울 앞으로 초대한다.

| 차 례 |

서문 – '행동하는 삶'을 위한 인문학 ················· 4

1부
그리스의 '철학적 성찰'
vs. 로마의 '실천적 전략'
---

1. 영웅 vs. 영웅, 어떤 삶에서 배울 것인가
   – 플루타르코스의 『비교 영웅전』 ················· 25
   20년간 50명 영웅의 삶을 기록하다 | 『비교 영웅전』에 관해
   『비교 영웅전』에 등장하는 영웅들

2. 인간의 본성을 살피고 경계하라
   – 테세우스 vs. 로물루스 ················· 37
   로마 시대를 위한 그리스 정신의 가치 | "아름답고 이름 높은" 테세우스
   "무적이며 영광스러운" 로물루스 | 테세우스와 로물루스가 남긴 군주의 거울

3. '지속 가능한 가치'를 철저하게 교육하라
   – 리쿠르고스 vs. 누마 ················· 62
   미네르바의 부엉이는 황혼이 저물어야 날개를 편다 | 스파르타의 입법자 리쿠르고스
   로마의 입법자 누마 | '명예와 절제'의 교육

4. '현명한 사람' 위에 '행복한 사람'이 있다
   – 솔론 vs. 푸블리콜라 ················· 85
   모든 왕들이 천금을 주고라도 만나야 할 인물 | 탁월한 인물은 모방하라
   나약한 군중의 편에 서다 | 솔론의 씨앗이 푸블리콜라로 꽃피다
   로마 지도자들의 영원한 모범

2부
난세를 극복한 리더의 조건, 자신을 비춰보는 힘

5. 성공을 욕망하라, 하지만 늘 돌아보라
– 테미스토클레스 ·················· 107

몽테뉴가 말하는 『비교 영웅전』 | 그리스의 이순신, 테미스토클레스
위대한 인물도 치명적인 약점이 있다 | 인간 본성에 대한 플라톤의 통찰
테미스토클레스가 주는 오늘의 의미

6. 과오를 깨닫는 자만이 앞으로 나아갈 수 있다
– 카밀루스 ·················· 128

사두마차를 타고 가는 남자 | '전쟁의 신' 카밀루스의 파란만장한 생애
카밀루스를 14년 동안 지켜본 사람

7. 소박한 삶은 '명예'의 다른 이름이다
– 아리스티데스 vs. 대大 카토 ·················· 148

플루타르코스의 숨은 의도 | 정의로움과 가난함의 대명사, 아리스티데스
지나치게 엄격했던 마르쿠스 카토 | 소박하게 살 것인가, 인색하게 살 것인가

8. 자신을 변화시키면 위기도 기회가 된다
– 페리클레스 vs. 파비우스 막시무스 ·················· 166

위기의 시대에 탄생하는 영웅 | 아테네의 위기와 페리클레스의 등장
로마의 위기와 파비우스 막시무스의 등장 | 인간은 개선되는가, 아니면 개악되는가

3부
영웅들의 흥망성쇠를 통한 현실 극복의 인문학

9. 인정받지 못해도 함부로 분노하지 마라
– 알키비아데스 vs. 코리올라누스 ·················· 187
과시욕과 오만함, 엘리트의 고질병 | 알키비아데스와 과시욕
코리올라누스와 오만한 성격 | 분노의 심연을 들여다보라

10. 삶의 목적과 방향을 매순간 점검하라
– 리산드로스 vs. 술라 ·················· 208
악인들이 역사에 남긴 질문 | 스파르타를 '눈 먼 자들의 도시'로 만든 리산드로스
탐욕과 폭정의 화신, 술라 | 반면교사의 영웅, 리산드로스와 술라

11. 공익을 추구하는 것은 덕목이자 전략이다
– 아게실라오스 vs. 폼페이우스 ·················· 226
인간은 어떻게 공존할 수 있을까 | 스파르타의 부적격자, 아게실라오스
전쟁의 신, 폼페이우스 | 아게실라오스와 폼페이우스의 비교

12. 삶에서 언제나 죽음의 장면을 생각하라
– 포키온 vs. 소小 카토 ·················· 249
선인을 위한 나라는 없다 | 포키온의 선한 삶 | 소 카토, 로마 공화정의 마지막 선인
선한 삶을 다시 생각하다

4부
인간 본성을 꿰뚫은 최고의 교과서

13. 완벽함 대신 '불완전한 최선'을 추구하라
– 데모스테네스 vs. 키케로 ·················275
시대를 바꾼 유능한 2인자들 | 1만 시간의 법칙, 데모스테네스
키케로, 로마의 명 연설가 | 데모스테네스와 키케로의 비교

14. 한계를 인정하고 운명을 개척하라
– 알렉산드로스 ·················294
최후의 영웅, 알렉산드로스와 카이사르 | 알렉산드로스의 영웅적 인간성
매사에 긍정적인 사람, 알렉산드로스 | 대담한 발상과 예상치 못한 행동
타고난 영웅의 DNA | 세계를 제패한 황제의 무상한 죽음 | 알렉산드로스가 남긴 교훈

15. 결국 누구나 인격과 태도로 평가된다
– 율리우스 카이사르 ·················317
시오노 나나미의 남자, 카이사르 | 카이사르의 리더십 | 카이사르의 흠결
플루타르코스의 결론과 그 의미

16. 사람을 분별할 줄 아는 눈을 가져라
– 아르타크세르크세스 ·················341
『비교 영웅전』에 등장한 페르시아의 왕 | 페르시아 내전과 소 키루스의 죽음
페르시아 궁정 안에서의 전쟁 | 인간의 본성은 변하는가

주석 ·················359

1부

그리스의 '철학적 성찰'
vs. 로마의 '실천적 전략'

01

영웅vs영웅, 어떤 삶에서 배울 것인가

플루타르코스의 『비교 영웅전』

20년간 50명 영웅의 삶을 기록하다

로마의 '군주의 거울'로 선택하고 소개할 책은 플루타르코스Lucius Mestrius Plutarchus(A.D. 46~120 추정)가 쓴 『비교 영웅전』이다. 군주의 거울 그리스 편에서는 『역사』, 『펠로폰네소스 전쟁사』, 『국가』 그리고 『키루스의 교육』 등을 소개하며 현자들의 다양한 군주의 거울을 제시했으나 로마 편에서는 오직 한 권만 선택했다. 그리스보다 로마의 역사가 훨씬 더 긴데 왜 로마 편에서는 한 권만 소개하는 것일까? 사실 책의 분량으로만 따지자면 플루타르코스의 『비교 영웅전』은 그리스 편에서 소개한 모든 책의 네 배에 이르는 방대한 작품이다. 무려 50여 명이 군주의 거울의 주인공으로 등장하고 있으니, 고대 로마에서 군주의 거울을 찾고자 한다면 플루타르코스의 『비교 영웅전』 한 권만으로도 충분할 것이다.¹ 사실 플루타르코스의 『비교 영웅전』은 한 권이 아니라 총 50권으로 구성된 전질anthology이기 때문이다.

우선 이 방대한 책 『비교 영웅전』을 쓴 저자에 대한 기본적인 정보를 알아볼 필요가 있다. 기원후 46년경에 태어나 120년경에 임종한 것으로 알려져 있는 플루타르코스는, 로마 오현제伍賢帝 중 한 사람이었던 트라야누스Traianus 황제 시절(A.D. 98~117 재위)에 『비교 영웅전』을 집필했다. 다시 말해 그는 로마 시대의 역사가였다. 그런데 플루타르코스는 이중국적자였다. 분명히 로마 시민권을 가지고 있었지만 출신은 그리스였고, 그가 활동했던 역사의 무대도 그리스였다. 그리고 그가 남긴 책은 모두 그리스어로 쓰였다. 그의 고향은 아폴론 신전이 있는 델포이에서 약 30킬로미터 정도 떨어진 작은 도시 카이로네이아Chaeronea다. 그리스 중부에 있는 델포이는 파르나소스 산 중턱에 자리한 작은 도시인데, 신탁의 도시로 가는 그 산길 초엽에 그의 고향이 있다. 플루타르코스는 스무 살 즈음 고향을 떠나 당대 최고의 학문적 명성을 떨치던 아테네의 아카데메이아에서 수학했다. 당시 아카데메이아에서 플라톤 철학을 가르치던 암모니오스Ammonios의 문하에서 사상적 영향을 받았으며, 그때 로마에서 유학온 많은 귀족 가문의 자제들과 교류하게 된다. 당시 로마인들은 그리스를 문명의 고향으로 여기고 있었고, 황제들부터 그리스풍을 따르는 것을 영광스럽게 생각하던 시기였다.

플루타르코스는 학업을 마친 후 지중해 연안 국가들을 주유周遊한 것으로 짐작된다. 그는 소아시아와 이집트의 알렉산드리아를 거쳐 일정 기간 로마에 체류했다. 로마는 최소 세 차례 정도 방문한 것으로 추측된다. 비록 라틴어에 능통하지는 못했으나 그리스어가 귀족계급의 문화어이던 시기였기에 그는 로마에서 큰 명성을 누리며 철학을 강의했다. 당시 그와 교류한 사람들은 기원후 107년에 집정관을 역임한 바 있는 미니키우스Minicius와 트라야누스 황제 시절 두 번이나 집정관을 지낸 소시우스Sosius 등이었다. 플루타르코스는 자신의 책 『비교 영웅전』을 이 두 사람에게 헌정한다. 로마의 집정관을 지낼 정치 지도자들에게 『비교 영웅전』이 헌정되었다는 사실은 이 책이 군주의 거울로 사용되었다는 반증이다.

▲
그리스 델포이 박물관에 있는 플루타르코스의 흉상. 그는 흔히 '최후의 그리스인'이라는 별명으로 불린다.

기원후 92년경, 로마 체류를 마치고 다시 고향으로 돌아온 플루타르코스는 카이로네이아에서 로마 속주의 결정에 따라 행정관리를 책임지는 자리에 오르게 되고, 생애 후반부에는 아주 특별한 직업에 종사하게 된다.[2] 그의 마지막 직업은 역사가나 행정관이 아니라 델포이 신전의 사제직이었다. 그는 생애 마지막 30년을 델포이에서 사제로 일했는데, 마지막 20년 동안은 집필에만 전념했고, 우리가 함께 읽게 될 『비교 영웅전』도 그때 쓴 책이다. 그 이전에는 『모랄리아』라

1부. 그리스의 '철학적 성찰' vs. 로마의 '실천적 전략'   27

는 방대한 저술을 편찬했고, 이 두 전집은 상호 보완적인 성격을 갖는다.[3] 『모랄리아』에는 플루타르코스의 도덕철학이, 『비교 영웅전』에는 역사철학적 관점이 두드러지지만 어떤 학자들은 그를 도덕철학자로만 간주하기도 한다.

플루타르코스를 이해하기 위해서는 그가 활동했던 지리적 환경만큼이나 시대적 환경을 숙지하는 것도 중요하다. 정확하게 말하자면 그는 '로마의 오현제' 중 두 번째 황제였던 트라야누스 시대 말기와 세 번째 황제였던 하드리아누스 황제 시대(117~138 재위) 초기에 왕성한 활동을 펼쳤다. 플루타르코스가 『비교 영웅전』을 집필할 당시 로마제국에는 다키아(지금의 불가리아와 루마니아)와 페르시아 정벌을 위한 대규모 전쟁이 벌어지고 있었다. 최소한 국가 영토 크기 면에서 로마제국의 최고 전성기였다는 말이다. 로마제국이 역사상 가장 넓은 영토를 차지하고 있을 때, 플루타르코스는 신탁으로 유명한 영험한 산골짜기에서 『비교 영웅전』을 집필하고 있었다.

플루타르코스는 로마 사회의 공직에 나설 젊은이들을 위해 이 책을 쓴 것으로 추정된다. 현직에 있는 로마 원로원이나 집정관도 염두에 두었을 것이다. 로마제국의 최고 전성기에 진정한 '영웅'의 모습을 제시한다는 것은, 현시대의 잠재된 위기를 간파하고 새로운 시대의 도래를 준비하겠다는 저자의 결의를 반영한다. 어느 시대나 전성기에 도달하면 곧 쇠락의 징후들이 낯선 손님처럼 찾아오기 마련이다. 새가 하늘을 향해 날아오른다는 것은 곧 하강을 의미하는 것이고, 대나무가 하늘을 찌를 듯 커간다는 것은 결국 뿌리가 더 깊은 땅속으로 파고들어 간다는 뜻이다. 로마제국이 무적을 자랑하며 찬란한 영광의 정점에 서 있을 때, 플루타르코스는 시대의 쇠락을 염려하며 진정한 영웅의 모습을 제시했다. 현재와 미래의 로마 지도자들에게 위기의 시대에 본받아야 할 군주의 거울을 보여준 것이다. 사실 군주의 거울이라는 인문학 고전의 중요성에 대해 최초로 언급한 사람이 플루타르코스이기도 하다. 그는 자신의 책 『모랄리아』에서 자기성찰을 위한 거울의 메타포를 직접 사용했다.

위대한 영웅들은 '거울' 앞에서 현실의 문제를 성찰하고 선인들의 궤적을 되새겼다. 플루타르코스의 '거울'이라는 표현은 장차 군주의 거울이 지향할 인문학 고전 교육의 목표를 잘 보여준다.

플루타르코스는 로마제국의 지도자가 될 현재와 미래의 인재들에게 플라톤, 에파메이논다스Epameinondas, 리쿠르고스Lykourgos, 아게실라오스Agesilaus라는 탁월한 군주의 거울을 제시한다. 플라톤은 아테네의 철학자로, 에파메이논다스는 테바이의 유능한 장군이자 정치가로, 리쿠르고스는 전설적인 스파르타의 입법자로, 그리고 아게실라오스는 그리스 전체를 통틀어 가장 탁월한 왕으로 칭송받은 인물이다. 철학자 플라톤을 제외하면 모두 『비교 영웅전』의 주인공으로 등장하는 인물들이다.[4] 그러므로 로마 시대의 대표적인 군주의 거울로 『비교 영웅전』을 소개하는 것은 적절하고 정당한 일이다. 플루타르코스는 이 위인들을 후대의 사람들이 본받아야 할 거울이라고 직접 표현함으로써 최초로 군주의 거울이 지향하는 인문 교육의 목적을 밝혔다. 다시 말해 그의 『비교 영웅전』은 군주의 거울로 집필된 것이다.

▲
플루타르코스가 신전 사제직을 수행하면서 『비교 영웅전』 집필에 몰두했던 델포이 전경. 반원형 극장과 신탁을 받는 아폴론 신전의 유적지가 보인다.

『비교 영웅전』에 관해

그런데 플루타르코스의 책을 애초 『영웅전』으로 번역한 것은 큰 실수다. 그의 책은 원래 그가 붙인 제목대로 『비교 영웅전 Bioi paralleloi』으로 번역하는 게 더 적절하다. 저자의 목적은 '영웅전', 다시 말해 영웅들에 대한 개인의 전기(傳記, Biography)를 기록하는 데 있지 않다. 플루타르코스는 두 사람의 영웅, 장군, 왕, 정치 개혁가, 수사학자 등을 짝지어 비교했다. 그것도 그리스 사람 한 명과 로마 사람 한 명을 짝지어 비교하는 형식을 취했다. 그리스와 로마에서 각각 비슷한 업무를 수행했거나 성격이 비슷한 사람 혹은 역사적 업적이 유사한 인물을 대비시키는 방식이다. 이는 고대 그리스와 로마에서 수사학을 가르치던 전통에서 유추됐다. 효과적인 연설문의 작성을 위해 그리스와 로마의 저자나 형식을 상호 비교하는 방식이 자주 활용되곤 했는데, 플루타르코스는 이 방식을 『비교 영웅전』에 도입했다.

그래서 플루타르코스의 『비교 영웅전』에서 반드시 주목해야 할 것은 두 인물의 '비교$_{syncrisis}$' 부분이다.[5] 플루타르코스는 그리스와 로마의 인물 두 명을 각각 상세하게 설명한 뒤 짧은 비교를 덧붙인다. 『비교 영웅전』의 백미는 바로 이 비교에 있다. 플루타르코스는 이 비교를 통해 원래 본인이 제시하고자 했던 군주의 거울을 핵심적으로 보여준다. 왜 인물 A가 인물 B보다 더 훌륭한 업적을 남겼는지, 장점과 단점이 무엇인지 본인의 의견을 정확하게 개진해놓았다. 여기서 우리는 그의 섬세한 문장 뒤에 숨어 있는 날카로운 통찰력을 발견하게 된다. 그렇다면 『비교 영웅전』에는 어떤 인물들이 서로 비교되어 있을까? 현존하는 가장 권위 있는 하버드 대학 판본(페린 본)을 기준으로 그 비교 인물들을 열거해보았다. 물론 그리스 인물의 시대를 기준으로, 그리고 연대기별로 배열했다.

『비교 영웅전』에 등장하는 영웅들

『비교 영웅전』에 등장하는 영웅들의 목록은 다음과 같다.

1. 테세우스Theseus vs. 로물루스Romulus ⋯▸ 비교
2. 리쿠르고스Lykourgos vs. 누마Numa ⋯▸ 비교
3. 솔론Solon vs. 푸블리콜라Publicola ⋯▸ 비교
4. 테미스토클레스Themistokles vs. 카밀루스Camillus ⋯▸ 비교 없음
5. 아리스티데스Aristeides vs. 대大 카토Cato Maior ⋯▸ 비교
6. 키몬Cimon vs. 루쿨루스Lucullus ⋯▸ 비교
7. 페리클레스Perikles vs. 파비우스 막시무스Fabius Maximus ⋯▸ 비교
8. 니키아스Nicias vs. 크라수스Crassus ⋯▸ 비교
9. 알키비아데스Alcibiades vs. 코리올라누스Coriolanus ⋯▸ 비교
10. 리산드로스Lysandros vs. 술라Sulla ⋯▸ 비교
11. 아게실라오스Agesilaus vs. 폼페이우스Pompeius ⋯▸ 비교
12. 펠로피다스Pelopidas vs. 마르켈루스Marcellus ⋯▸ 비교
13. 디온Dion vs. 브루투스Brutus ⋯▸ 비교
14. 티몰레온Timoleon vs. 아이밀리우스 파울루스Aemilius Paulus ⋯▸ 비교
15. 데모스테네스Demosthenes vs. 키케로Cicero ⋯▸ 비교
16. 알렉산드로스Alexandros vs. 율리우스 카이사르Julius Caesar ⋯▸ 비교 없음
17. 에우메네스Eumenes vs. 세르토리우스Sertorius ⋯▸ 비교
18. 포키온Phocion vs. 소小 카토Cato Minor ⋯▸ 비교 없음
19. 데메트리오스Demetrius vs. 안토니우스Antonius ⋯▸ 비교
20. 피로스Pyrrhos vs. 마리우스Marius ⋯▸ 비교 없음
21. 아기스Agis와 클레오메네스Cleomenes vs. 티베리우스Tiberius와 가이우스 그라쿠스Gaius Gracchus 형제 ⋯▸ 비교
22. 필로포이멘Philopoimen vs. 플라미니우스Flaminius ⋯▸ 비교

그리고 『비교 영웅전』에 등장하는 개인 영웅의 목록[6]은 다음과 같다.

1. 아라토스Aratus ⋯▸ 비교 없음
2. 아르타크세르크세스Artaxerxes ⋯▸ 비교 없음
3. 갈바Galba ⋯▸ 비교 없음
4. 오토Otho ⋯▸ 비교 없음

현재 가장 유력한 판본으로 인정받고 있는 하버드 대학 출판부 발간 원전에 의하면 『비교 영웅전』에는 총 50명의 전기가 포함되어 있는데, 그중 네 편은 개인 영웅전이다. 저자가 의도적으로 생략했거나 판본이 전해져오는 과정에서 비교가 유실된 네 쌍의 비교 영웅전이 있고,[7] 스파르타를 물리친 테바이의 용장 에파미논다스Epaminondas(B.C. 362 사망)와 코끼리 부대를 이끌고 로마를 침공한 카르타고의 한니발 장군을 물리친 스키피오 아프리카누스Scipio Africanus(B.C. 236~183)의 생애와 비교편은 아예 유실된 것으로 보인다.[8] 현재 남아 있는 네 편의 개인 영웅전은 다른 전집에 포함되어 있던 것을 후대의 학자들이 편의상 『비교 영웅전』에 포함시킨 것이다.

흥미로운 것은 그리스의 플라톤이나 로마의 오비디우스Ovidius(B.C. 43~A.D. 17)와 같은 철학자나 문학가들은 한 명도 포함되어 있지 않다는 점이다. 플루타르코스의 관심은 그리스와 로마의 군주의 거울을 소개하는 것이기 때문이다. 다만 수사학자 두 명이 『비교 영웅전』 목록에 포함되는 영광을 누렸다. 이들은 당대의 정치 현안에 깊이 연루되었던 그리스의 데모스테네스와 로마의 키케로다. 플루타르코스

는 해당 위인의 일대기를 기록해서 역사적 자료로 남긴다는 의식이 그렇게 강하지 않았다. 오히려 그의 주안점은 삶의 행적과 일화를 통해 드러나는 주인공의 본성, 삶의 자리를 뒤흔드는 충격을 받았을 때 변하게 되는 성격의 방향, 그리고 그들이 후대 사람들에게 남긴 도덕적 교훈이었다. 플루타르코스는 영웅들의 여러 가지 일화를 끈질기게 추적해 그들의 숨김없는 진면목을 폭로하기 위해 애썼다.[9] 군주의 거울이 갖추어야 할 교훈적 가치를 늘 염두에 두었기 때문이다.

　참고로 이 책의 집필을 위해 한글 판본은 최근 완간된 이윤기와 이다희의 역본을 주로 사용했고,[10] 리쿠르고스, 솔론, 테미스토클레스, 페리클레스, 알렉산드로스 부분은 일부 천병희 역본을 참고했다.[11] 필요에 따라 그리스어 원전과 영어 번역이 대조되어 있는 하버드 대학 판본(페린본)을 사용했다.[12] 데모스테네스와 키케로를 '정치 연설가'로 분류하고 집중적으로 주해를 붙인 김헌의 최근 번역본도 참고했다.[13] 천병희의 역본은 소개된 열 명의 전기가 짝을 이루지 않고 번역되어 있고[14] 비교 부분이 아예 생략되어 있는 점이, 그리고 이윤기와 이다희의 역본은 일부 중역(重譯)의 한계와 일부 단락을 통째로 생략한 문제점이 발견되지만, 전문 학술 연구자가 아니라면 읽는 데 특별히 불편한 점은 없다. 각고의 노력을 기울인 번역자들의 수고가 있었기에 우리는 이제 플루타르코스가 펼쳐나갈 로마 시대의 대표적인 군주의 거울을 볼 수 있게 됐다.

　이 책에서 『비교 영웅전』 원전에 소개되어 있는 50명 전원의 삶과 그들의 행적이 남긴 군주의 거울을 모두 파헤치기에는 지면의 한계가 따른다. 다른 학자들의 후속 보완 작업을 기대하면서, 이 책에서는 먼저 총 25명의 군주의 거울을 모색키로 한다. 그 명단은 다음과 같다.

1. 테세우스 vs. 로물루스
2. 리쿠르고스 vs. 누마
3. 솔론 vs. 푸블리콜라
4. 테미스토클레스 vs. 카밀루스
5. 아리스티데스 vs. 대 카토
6. 페리클레스 vs. 파비우스 막시무스
7. 알키비아데스 vs. 코리올라누스
8. 리산드로스 vs. 술라
9. 아게실라오스 vs. 폼페이우스
10. 포키온 vs. 소 카토
11. 데모스테네스 vs. 키케로
12. 알렉산드로스 vs. 율리우스 카이사르
13. 아르타크세르크세스

플루타르코스가 다룬 총 50명의 인물 중 절반인 25명만 추려낸 목록이다. 그리스와 로마 시대의 핵심적인 인물들을 선발했고, 군주의 거울로 손색 없는 교훈을 남긴 인물들을 우선적으로 선택했다. 그렇다고 해서 여기서 다루지 않은 『비교 영웅전』의 나머지 25명이 중요하지 않다는 말은 절대로 아니다. 동료 학자들이나 후학들에게 그 작업을 맡겨 더 뛰어난 분석을 기대해본다. 그리스의 역사학자이며 그리스 최고의 군주의 거울인 『키루스의 교육』을 쓴 크세노폰도 이런 비슷한 심정으로 자신의 저술 작업을 미완성으로 남긴 바 있다. 크세노폰은 『헬레니카』의 끝 부분에 이런 문장을 남겼다. "전투가 끝난 다음 그 전보다 더 진한 불확실성과 혼란이 발생했다. 나는 여기까지 적는다. 그다음 이야기는 다른 누군가가 적게 될 것이다."[15]

크세노폰과 같은 심정이다. 로마의 대표적 군주의 거울이었던 『비교 영웅전』에 대한 소개와 해석이 완결되어지기를 간절히 바라면서, 우선 25명의 군주의 거울을 찾아 긴 여정에 오른다. 나의 임무는 여기까지이며, 그다음 이야기는 다른 누군가가 적게 될 것이다.

02

인간의 본성을
살피고 경계하라

테세우스 vs. 로물루스

로마 시대를 위한 그리스 정신의 가치

같은 직장에 좋은 동료가 있다는 것은 기쁜 일이다. 좋은 동료가 곁에 있다는 즐거움을 넘어 가르침까지 주는 동료가 있다면 그보다 더 행복한 일은 없을 것이다. 내가 몸담고 있는 직장은 연세대학교다. 수백 명이 넘는 동료 교수들 중에서도 영문학과의 윤혜준 교수는 내게 늘 큰 가르침을 준다. 나는 그가 쓴 『바로크와 나의 탄생』이라는 책을 족히 서너 번은 넘게 읽었다. 정말 탁월한 책이다. 윤 교수는 범접할 수 없는 통찰력이 번뜩이는 명문장가다. 한국 사회의 진면목을 드러내는 그의 책의 마지막 갈피를 넘기면서 나는 작은 충격을 받았다.

지금 여기, 대한민국의 현실도 일본이나 그리스나 미국 못지않게 급박하다. '인간'과 '자연'은 파괴의 힘 앞에서 신음하고 있으나 '대중'과 '기계'가 더 이상 우리를 '발전'과 '성장'으로 이끌지 못한다. 금수강산을 토목공사로 짓이기는 데 국력을 허비하며, 독주와 독설과 성매매와 염가 노동 착취에 중독되어 있는 나라. 'IT 강국'의 고속통신망이 인간성 파괴의 고속도로 역할을 하는 나라. 2012년에는 급기야 초등학생까지 투신자살을 한 세계 최고의 자살문화. 세계 상위권 이혼율과 최상위권에 근접하는 성매매와 성추행 기록이 자랑인 대한민국. 대한민국은 이미 야만의 세계화에 적극 문호를 개방했을 뿐더러, 공부 때문에 아이들이 어머니를 죽이는 독특한 한국적 야만을 곁들이니, '동도서기東道西器'의 악마적 배합이 우리의 자랑이 된 지금, 여기.[1]

대한민국의 지성이 이 땅의 현실을 바라보며 아픈 신음을 토했다. 시대의 망조를 슬퍼하는 한 지식인의 진지한 성찰에 잠시 생각을 멈추고, 창문 너머 펼쳐진 서울의 하늘을 바라본다. 절망하는 것 외에는 다른 방법이 없을까. 더 이상 희망은 없단 말인가.

이 같은 시대의 절망은 우리만 느낀 게 아니다. 19세기 말, 오스트리아의 수도 비엔나의 분위기도 꼭 이랬다. 합스부르크 왕가가 지배하던 신성로마제국의 명운이 쇠락의 길로 접어들던 무렵, 비엔나 곳곳에서는 절망의 징후가 포착됐다. 실력은 출중했지만 유대인이라는 단 하나의 이유로 교수 임용을 거부당한 심리학자 지그문트 프로이트Sigmund Freud(1856~1939)가 줄기차게 '꿈' 이야기를 한 것도 그 때문이었다. 희망이 사라진 곳에 꿈을 통해서라도 욕구를 충족하겠다는 충동이 솟구쳐 오르고, 프로이트는 이런 현상을 심리학적으로 파고

들었다. 천재 음악가 구스타브 말러Gustav Mahler(1860~1911)가 〈탄식의 노래〉를 발표(1880년)한 곳도 비엔나였다. 그의 교향곡에는 관악기의 묵직함이 어두운 그림자처럼 공연장을 장악하고, 무슨 일이 닥쳐올 것 같은 불안한 기운이 흔들리는 지휘봉을 통해 예고되곤 한다. 시대의 불안을 반영하는 음조다.

비엔나에는 그 시대의 암울을 직시한 또 다른 천재 예술가가 있었다. 바로 〈키스〉라는 작품으로 유명한 화가 구스타브 클림트Gustav Klimt(1862~1918)다. 많은 사람들이 클림트를 몽환적인 그림을 그린 낭만파 화가로 알고 있지만, 사실 그는 세기말의 위기의식에 봉착한 비엔나를 직감적으로 알아차렸고 그것을 작품으로 표현한 전위적인 예술가다. 그는 기존의 사회 시스템에 저항한 사람이며, 고전주의 그림을 최고로 여기던 당대 예술가들의 고리타분한 생각에 과감하게 도전장을 내민 인물이다. 클림트는 이런 반항적이며 혁신적인 생각을 하던 일단의 젊은 비엔나 예술가들과 함께 새로운 예술 저항 운동을 시작했다. 세기말의 위기감이 절정에 달하던 1897년, 그는 이른바 '비엔나 분리파Wiener Sezession' 운동을 펼친다. 로마 시대의 군주의 거울에 대해 이야기하다가 뜬금없는 비엔나와 클림트 타령에 어리둥절할 독자를 위해 비엔나 분리파의 첫 번째 전시회 포스터를 소개한 뒤 논의를 계속하도록 하겠다.

비엔나 분리파 운동의 초대 회장이었던 구스타브 클림트가 문제의 이 포스터를 직접 그렸는데, 여기서 우리는 『비교 영웅전』의 첫 번째 주인공인 아테네의 영웅 테세우스를 만날 수 있다. 테세우스는 아테네의 건국 영웅이다. 아테네를 건국한 시조始祖이며, 클림트의 포스터에 역동적으로 묘사되어 있는 것처럼 크레타 섬의 괴물 미노타우로스를 물리친 시대의 영웅으로 잘 알려져 있다. 국력이 미약했던 초기 아테네는 크레타의 미노스 왕의 통치를 받았는데, 9년마다 일곱 명의 소년과 일곱 명의 소녀를 크레타 섬 미로 속의 괴물 미노타우로스에게 바쳐야만 하는 노예와 같은 삶을 살았다. 미노타우로스는 황소의 몸을 가진 괴물이다. 테세우스는 이 흉측한 괴물을 물리치기 위해 직접 크레타로 갔고, 그곳의 공주였던 아리아드네는 테세우스에게 미로 안에서 길을 잃지 않는 방법을 일러준다. 결국 실타래를 풀면서 미로 속으로 들어간 테세우스는 미노타우로스 괴물과 용감히 싸워 승리를 거둔다. 클림트는 세기말의 암울한 기운이 감돌던 비엔나에서 저항의 분리파 운동을 시작하며 자신들이 걸어가야 할 길을 포스터에 담았다. 테세우스처럼 한 치 앞을 볼 수 없는 미로 속으로 들어서겠다는 것이다. 그리고 시대의 괴물과 싸워 마침내 그를 정복하고야 말겠다는 결심을 세운 것이다.

　새로운 시대를 열기 위해서는 미로 속에 은닉해 있는 미노타우로스를 때려잡아야 한다. 클림트가 새로운 시대를 열기 위해 옛 시대(그리스)의 이야기로 돌아갔다는 것은 매우 독특한 발상이다. 과거는 부정되는 게 아니라 복기(復記)되고 재생되어야 한다. 세기말의 암울한 징조를 타개하기 위해 클림트가 선택한 것은 그리스로의 복귀였으며, 테세우스의 소환이었다. 그가 원했던 것은 전통으로부터의 단절과 분리였으나 거울처럼 자신과 현재를 돌아볼 수 있는 과거는 기꺼이 다시 소환했다. 옛 시대의 군주의 거울을 통해 우리 시대의 모순을 해결하고 미래를 준비하겠다는 우리의 의도와 정확하게 닮아 있

▲ 1897년에 시작된 비엔나 분리파 운동의 첫 번째 전시회 포스터. 클림트의 작품으로 상단에 괴물 미노타우로스를 무찌르는 테세우스의 역동적인 모습이 보인다.

다. 건강한 미래를 확보하기 위해서는 먼저 과거를 돌아봐야 한다. 시대의 망조를 극복하기 위해 우리가 선택해야 할 길은 다시 그리스의 지혜와 용기로 돌아가는 것이다. 우리가 군주의 거울로 읽는 플루타르코스의 『비교 영웅전』은 아리아드네가 권한 실타래와 같다. 미로 속에서 길을 잃지 않기 위해 우리는 군주의 거울을 천천히 풀어헤쳐야 한다.

플루타르코스가 소개하는 첫 번째 군주의 거울은 아테네의 영웅 테세우스다. 장차 로마제국을 이끌어갈 젊은이들에게 그는 제일 먼저 "아테네의 영광$_{\text{De gloria Atheniensium}}$"으로 돌아갈 것을 촉구했다. 테세우스의 용기와 기상으로부터 시작된 아테네는 '로마의 거울'이라는 뜻이다. 아테네라는 거울을 바라보며 용기와 지혜를 얻고, 아테네의 영웅이 걸어간 길을 따라가면서 로마의 새로운 미래를 준비하라는 것이다.

아테네는 소크라테스, 플라톤, 아리스토텔레스와 같은 걸출한 철학자를 배출한 곳이다. 그러나 플루타르코스는 『비교 영웅전』의 긴 목록에 이 철학자들을 포함시키지 않았다. 아테네는 헤로도토스, 투키디데스, 아이스킬로스, 소포클레스, 크세노폰과 같은 현자들의 지혜가 살아 숨쉬던 곳이다. 또한 호메로스의 이야기가 전설처럼 전해 오던 문학의 고향이기도 하다. 그러나 플루타르코스는 이런 현자나 문학가들의 아테네를 소개한 게 아니라 결단의 행동력과 지혜의 혜안을 가진 영웅의 모습을 제시한다. 앎보다는 삶을, 차가운 이성적 판단보다는 격정의 숨결이 느껴지는 감정을, 숙고하는 삶보다는 행동하는 삶을 더 중시했던 것이다.[2]

플루타르코스는 기원후 100년쯤 되던 시점에 각각 두 명의 영웅들을 비교하는 방식으로 글을 써내려갔다. 아테네의 영웅과 로마의 영웅을 대칭적으로 짝을 지어 비교하고, 두 사람 사이의 공통점과 차이점을 분석했다. 먼저 그리스와 로마의 건국자인 테세우스와 로물루스의 비교를 시작으로, 입법자인 리쿠르고스(그리스)와 누마(로마), 탁월한 장수의 모범을 보인 테미스토클레스(그리스)와 카밀루스(로마), 풍운아였던 알렉산드로스(그리스)와 카이사르(로마) 등을 병렬적으로 비교하고 분석하는 방식이다. 플루타르코스는 왜 굳이 이런 서술 방식을 선택했을까. 혼돈의 시대를 살아가는 대부분의 사람들이 그렇듯이 지금보다는 옛 시대를 그리워하는 일반적인 경향을 반영한 것일까. 로마 시대의 사람들에게 그리스(아테네) 시대의 영웅들을 비교하며 소개하려 한 근본적인 이유는 과연 무엇이었을까.

플루타르코스는 『비교 영웅전』 첫 부분에서 아테네를 "아름답고 이름 높은lovely and famous" 도시로 소개했다. 반면 로마는 "무적이며 영광스러운invincible and glorious" 도시로 그 특징을 요약했다.³ 저자는 확신하고 있었다. 트라야누스 황제 시절, 로마제국이 다키아와 페르시아를 정복함으로써 세계 만방에 "무적이며 영광스러운" 모습을 보여주었다는 것을 말이다. 그러나 플루타르코스는 로마제국이 간직해야 할 또 다른 덕목을 강조한다. 바로 "아름답고 이름 높은"이라는 덕목이다. 로마제국이 추구해야 할 탁월함Arete은 무적이며 영광스러운 것만이 아니라 아름답고 이름 높은 가치의 추구에도 있다는 것이다. 그는 로마의 건국 영웅 로물루스가 "무적이며 영광스러운" 모습을 보여주었다면, 아테네의 테세우스는 "아름답고 이름 높은" 덕목의 모범을 보여주었다고 말한다. 상대방을 무력으로 제압하는 것, 그래서 무적의 영광을 누리는 것만이 능사는 아니다. 내가 기쁨에 겨워 승리의 환호성을 올릴 때, 나의 용맹함으로 인해 패배의 쓰라린 고통을 안게 된 사람은 어디선가 눈물을 삼키는 법이다. 나의 승리는 다른 사람의 패배를 전제로 한다. 그래서 진정한 영웅은 "무적이며 영광스러운" 가치를 추구하는 게 아니라 "아름답고 이름 높은" 가치를 추구해야 한다. 그렇다면 플루타르코스는 테세우스의 어떤 "아름답고 이름 높은" 덕목을 로마 사람들에게 보여주려고 했을까.

"아름답고 이름 높은" 테세우스

테세우스는 아테네의 왕 아이게우스Aegeus의 아들이다.[4] 왕위를 이을 후손을 간절히 바랐던 아버지 아이게우스가 델포이의 무녀巫女로부터 신탁을 받아 낳은 아들이다. 대개 영웅은 비극적인 상황에서 태어나 유년기에 극심한 시련을 겪으며 큰 인물로 성장해가는 것으로 묘사된다. 아테네의 영웅 테세우스도 그런 경우다. 그는 비극적 탄생, 유년기의 고립, 청년기의 고난을 두루 경험했다. 이런 영웅의 탄생을 알린 델포이의 신탁은 "아테네로 돌아가기 전까지 포도주 자루를 풀지 말라"였다. 이 황당하고 아리송한 신탁의 의미를 알아내기 위해 아이게우스는 친구이자 트로이젠Troezen의 왕 피테우스Pittheus를 찾아갔다. 트로이젠의 왕은 나름대로 신탁을 해석해 자신의 딸인 아이트라Aethra를 아이게우스의 침실로 들여보내고, 이때 테세우스를 잉태하게 된다. 아이게우스가 아테네로 돌아가기 전까지 풀지 말아야 했던 포도주 자루는 그의 바지춤이었는지도 모른다.

왕의 귀환을 간절히 기다리던 아테네의 신민臣民을 위해 트로이젠을 떠나면서 아버지 아이게우스는 장차 태어날 아들을 위한 징표로 칼과 가죽신을 남겨둔다. 무거운 바위 밑에 숨겨놓은 칼과 가죽신을 찾아오면 아들임을 확증하겠다고 약속한 아버지는 아테네로 돌아간다. 모두가 예상했던 대로 장성한 테세우스는 무거운 바위를 가뿐이 들어 올리고, 아버지가 감추어둔 칼과 가죽신을 찾아낸다. 어머니 아이트라는 아들에게 아버지가 있는 아테네로 가라며 뱃길을 이용할 것을 권한다. 테세우스 모자가 살고 있던 트로이젠은 아테네와 바다를 사이에 둔 펠로폰네소스 동쪽 해안의 작은 도시국가였다. 그러나 테세우스는 뱃길로 가면 몇 시간 안에 충분히 도착할 수 있는 빠르고 편한 길을 택하지 않고, 대신 험한 육로를 선택한다. 테세우스는 헤라클레스의 열두 가지 과업을 따르리라 결심한 것이다.[5] 아들은 온갖 종류의 강도와 난폭한 동물들이 득실거리는 육로를 따라 갖은 시련을 극복하며 아버지의 나라 아테네에 도착한다. 영웅의 명성은 그냥 얻어지는 게 아니다. 스스로 고난의 길을 선택하고 역경을 극복해 나갈 때 "아름답고 이름 높은" 명예가 주어진다. 그런 이유로 테세우스는 편한 길을 버리고 힘든 여정을 선택한 것이다. 스파르타에 헤라클레스가 있었다면, 아테네에는 테세우스가 있었다.

아이게우스는 아테네를 찾아온 아들의 칼을 확인하고 두 부자는 감격적인 상봉을 한다.[6] 아버지의 환대를 받고 적통의 왕위를 계승하게 된 테세우스는 그동안 아테네 사람들을 괴롭혀 온 괴물들을 차례로 물리친다. 마라톤의 황소도 일격을 가해 제압하고, 그 유명한 크레타 섬의 괴물 미노타우로스도 단숨에 제거함으로써 아테네의 명실상부한 지도자가 된다. 또한 크레타의 공주 아리아드네와 나눈 사랑과 이별 이야기는 두고두고 그리스 사람들의 심금을 울리는 러브 스토리가 됐다. 그러나 희생도 따랐다. 아들의 무사귀환을 학수고대하던 아버지 아이게우스는 테세우스가 실수로 무사귀환을 알리는 흰 돛을 달지 않자 절망에 빠져 바닷물에 몸을 던지고 만다. 결국 아버지는 에게 해$_{Aegean\ Sea}$라는 이름으로 남게 되었고, 테세우스는 아테네의 왕위를 이어받게 된다.

『비교 영웅전』의 첫 번째 주인공으로 아테네의 영웅 테세우스를 소개한 플루타르코스는 그가 주도했던 아테네의 건국 과정을 상세하게 소개한다. 테세우스는 "원대한 계획"을 품고 나라의 새로운 방향을 정했다.[7] 절대 권력을 휘두르는 전제왕국에서 벗어나 민주주의로의 씨앗을 뿌리며 새로운 시대를 열고자 했다. 그는 "앗티케 전역의 사람들을 한 도시 내에 살게"하기 위해 "각각의 마을과 각각의 씨족을 일일이 방문하여 그들을 설득"했다.[8] 테세우스는 평민들과 가난한 자들의 즉각적인 호응을 얻게 되었고, 그들에게 "왕이 없는 정부와 민주정을 약속"했다.[9]

나라의 이름을 '아테네(아테나이)'로 정한 테세우스는 먼저 델포이의 신탁을 구했다. 자신이 정한 나라의 방향이 올바른지, 아폴론 신에게 나라의 미래에 대한 자문을 구한 것이다. 델포이에서는 다음과 같은 두 가지 신탁이 내려왔다.

▲
테세우스의 모험을 기록한 아티케 지역의 적색상토기. 기원전 440년~430년에 제작되었으며 현재 대영박물관에 전시되어 있다. 가운데 미노타우로스를 죽이는 장면을 중심으로 몽둥이를 휘두르는 페리페테스(11시 방향), 소나무로 죽이는 시니스(8시 방향), 코롬미온의 암퇘지(9시 방향), 절벽에서 떨어트려 죽이는 메가라의 스케이론(5시 방향), 엘레우시스의 씨름꾼 케르키온(12시 방향), 침대로 죽이는 프로크루스테스(2시 방향), 그리고 마라톤의 황소(6시 방향)를 죽이는 테세우스의 모습이 보인다.

"아이게우스의 아들 테세우스여, 핏테우스의 딸의 아들이여, 나의 아버지께서 경계를 긋고 미래를 결정한 도시들이 그대의 성벽 안에 있나니, 절망하지 말고 당당하고 굳센 마음으로 결행하라. 바람주머니는 일렁이는 파도에도 바다를 건너리니."[10]

"바람주머니는 물 밑에 잠길지언정, 가라앉지 않으리라."[11]

테세우스는 아테네를 "아름답고 이름 높은" 도시로 만들었다. 그는 모든 사람들에게 문호를 개방하는 열린 지도자였고, 절대왕권의 권력을 스스로 포기하고 민주정의 씨앗을 뿌린 사람이었다. 플루타르코스는 테세우스의 업적을 이렇게 평가한다.

도시를 더 크게 확장하고자 했던 테세우스는 모든 이들을 동등한 자격으로 도시에 초청했다. '모든 이여, 이리로 오라'는 말은 테세우스가 다양한 조건을 지닌 온갖 종류의 사람들로 이루어진 민족을 수립하며 한 말이라고 한다.[12]

테세우스는 다른 민족들이 평화롭게 공존할 수 있는 삶의 터전을 만들었다. 그는 쉽고 빠른 길을 택하지 않고 좁고 힘든 길을 거쳐 아테네에 도착했고, 크레타와 마라톤의 괴물을 물리쳐 신민들을 도탄에서 구했으며, 개방적이며 민주적인 나라의 기초를 놓은 군주였다. 새로운 시대를 연 테세우스는 모든 지도자의 귀감이 됐다. 테세우스는 아테네에 나타난 또 다른 헤라클레스였다. 플루타르코스는 테세우스를 이렇게 평가한다.

> 어떤 이에게도 도움을 요청하지 않고 홀로 여러 훌륭한 업적을 이룩했으니, '보라! 또 다른 헤라클레스가 나타났다!'는 말은 테세우스를 두고 하는 말로 통용되었다고 한다.[13]

테세우스는 영웅이 갖추어야 할 또 다른 덕목을 가지고 있었는데 그것은 따뜻한 마음이었다. 그는 테바이의 요새 카드메이아 성벽 앞에서 죽은 적들을 적절한 예를 갖추어 매장해주었다. 그것도 무력을 사용하지 않고 적이었던 테바이를 설득해 휴전을 맺은 뒤 죽은 자들에 대한 예의를 갖추었던 것이다.[14] 그는 강철과 같은 마음을 지닌 동시에 따뜻한 성품을 가진 군주였다.

플루타르코스는 『비교 영웅전』의 첫 번째 주인공 테세우스의 생애 마지막 부분을 이렇게 정리한다. 테세우스는 스키로스 섬에 갔다가 사고로 죽었고, 키몬이 테세우스의 시신을 찾아 아테네 도심으로 가져와 그곳에 매장했다는 것이다.[15] 아테네인들은 "테세우스가 살아 돌아오기라도 한 듯이 매우 기뻐하며 눈부시게 화려한 행렬과 제사 의식으로 이를 맞았다".[16] 아테네로 귀환한 테세우스의 시신은 아고라 인근 산 중턱에 묻혔고, 사람들은 그 신전을 테세이온Theseion이라 불렀다. 지금도 아테네 도심을 내려다보고 있는 이 신전은 '헤파이스토스 신전Hephaisteion'이라 불린다. 아테네의 영웅 테세우스의 신전이 대장장이의 신 헤파이스토스의 신전이 된 것이다. 테세우스는 죽은 뒤에도 아테네인들의 영웅으로 남았다. "아름답고 이름 높은" 영

◀ 1358년부터 파리 시의 문장(Coat of Arms)으로 "Fluctuat nec mergitur(파도에 흔들려도 침몰하지 않는다)"라는 라틴어 경구가 사용됐다. 아테네의 정신을 계승하려는 파리 시민들의 의도와 문화적 자부심이 엿보인다.

웅이었기 때문이다. 플루타르코스는 『비교 영웅전』의 첫 번째 주인공 테세우스에 대한 기록을 마감하며 이런 문장을 남긴다.

> 테세우스는 도심 한가운데 오늘날 귐나시온 가까이 묻혀 있고, 그의 무덤은 도망친 노예나 힘 있는 자들이 두려운 신분 천한 이들의 안식처이자 피난처가 되었다. 이는 테세우스가 생전에 이러한 이들을 돕고 응원했으며, 불쌍하고 가난한 자들의 탄원을 기꺼이 받아주었기 때문이다.[17]

"무적이며 영광스러운" 로물루스

플루타르코스는 테세우스를 아테네의 영웅으로 소개한 뒤 로마의 영웅 로물루스를 그 테세우스와 비교한다. 두 사람을 비교한다는 것은 두 사람 사이에 존재하는 공통점과 차이점을 면밀히 살펴보라는 뜻이다. 당시 플루타르코스는 로마제국의 한 속주에 불과한 그리스의 오지에 살고 있었다. 로마의 영웅과 그리스 시대의 영웅을 비교하는 작업은 자칫 오해를 불러일으킬 수 있었다. 지나치게 그리스(아테네)의 영웅을 치켜세운다면 로마인들의 자존심을 건드려 반발을 불러일으킬 수 있기 때문이다. 그래서 플루타르코스는 아주 정교한 방식을 동원해 아테네의 테세우스와 로마의 로물루스를 비교했다. 두 사람 모두 신화적인 존재로 추앙받는 인물이며, 각각 아테네와 로마를 건국했다는 공통점을 강조하면서 이 둘을 조심스럽게 비교해나갔다. 결론을 미리 말하자면 한마디로 테세우스가 "아름답고 이름 높은" 덕목을 추구했다면, 로물루스는 "무적이며 영광스러운" 덕목을 추구했다는 것이다. 어느 쪽이 더 고귀한 덕목인지에 대한 평가는 전적으로 독자들의 판단에 맡긴다.

'로마의 건국자'로 칭송받는 로물루스는 '로마'라는 제국명의 기원이 된 것으로 알려져 있다. 플루타르코스는 여기에 여러 가지 이설異說이 있음을 로물루스 편 앞부분에서 밝히고 있다. 이용 가능한 역사 자료를 비교적 비판적으로 활용한 플루타르코스는 신화적인 내용보다는 역사적 근거가 있는 사료를 선택하는 경향이 있었다. 그는 트로이 유민들이 처음 라티움 지역에 도착했을 때, 고향으로 돌아갈 배를 불태워버리자고 주장한 용감한 여성의 이름이 '로마Roma'라는 가설 등을 대안적으로 제시했다. 그러나 이 문제의 정설은 역시 그리스 학자들의 기록을 참고하면 된다면서 은근히 자신의 조국 그리스를 치켜세운다.[18] 우리가 일반 상식으로 알고 있는 '로물루스와 레무스의 전설'은 플루타르코스가 정설이라고 인정한 그리스 학자들의 기록에 의존한다. 아이네아스Aeneas의 후손이었던 누미토르Numitor와 아물리우스Amulius 형제 사이의 갈등으로 실비아Silvia라는 누미토르의 딸이 군신軍神 마르스에 의해 임신을 하게 되고,[19] 그 실비아가 낳은 쌍둥이 형제가 바로 로물루스와 레무스라는 것이다. 이 쌍둥이 형제는 테베레 강에 버려졌고, 강물에 떠내려 온 이 쌍둥이 형제를 늑대가 젖을 물리고, 다시 농부(돼지치기)가 이 두 아이를 키웠다는 유명한 이야기로 이어진다.[20]

여기까지는 널리 알려진 이야기다. 플루타르코스는 이제부터 로마의 건국자 로물루스를 테세우스와 비교하기 시작한다. 우선 그는 로물루스를 "이웃과의 관계에서 복종이 아니라 명령을 내리기 위해 태어난 사람"이라고 평가한다.[21] 부정적인 평가다. 로물루스의 성격도 안하무인이었다고 비판한다. 로물루스와 레무스 형제는 "관리들이나 법 집행관, 왕의 목자들의 우두머리와 같은 사람들은 자신들보다 더 나을 게 없다고 생각하고 얕잡아 보았으며", 아물리우스 왕이 통치하던 나라에 반역을 일으키고 무력으로 나라를 찬탈簒奪하기까지 했다.[22] 아테네의 테세우스가 아버지의 자결로 자연스럽게 왕위에 오른 것과는 달리, 로마의 경우는 폭력이 수반된 쿠데타를 통해 정권이 이양됐다. 로물루스는 결국 자신의 친족(큰 외할아버지 아물리우스)을 죽이고 로마의 남동쪽 지역인 알바 롱가Alba Longa의 패권을 차지한다.

폭력으로 정권을 잡았으니 나라의 운영도 완력에 의존할 수밖에 없었다. 가장 심각한 갈등은 로물루스와 레무스 사이에서 일어났다.

▲
테세우스의 유골이 안치된 곳으로 알려져 있던 이 신전은 테세이온이라 불렸다. 아테네 도심의 아고라를 내려다보고 있는 이 신전은 현재 헤파이스토스 신전으로 알려져 있다. "신분 천한 이들의 안식처이자 피난처"였다.

나라의 위치를 정하는 과정에서 분쟁이 발생했고, 결국 동생을 살해하는 폭력적인 모습의 로물루스가 그려진다.[23] 로물루스는 정권을 차지하고 나라의 터전을 잡은 뒤 바로 군제軍制 개편에 들어갔다. 그의 관심은 전쟁과 군대를 통한 세력 확장이었던 것으로 보인다. 플루타르코스는 로물루스의 주된 관심을 다음과 같이 표현한다.

> 로물루스는 도시를 세우자마자 무기를 들 나이가 된 모든 이들을 여러 개의 군단으로 나누었다. 한 군단은 보병 300명과 기병 300명으로 이루어졌다. 이러한 군단은 레기온legion이라고 했다. 병사다운 기질이 있는 자들이 '선택(레게레legere)'되어 이루어졌기 때문이다.[24]

로물루스가 제일 먼저 '선택'한 것은 "병사다운 기질이 있는 자들"이다. 그가 얼마나 호전적인 인물이었는지를 설명해주는 대목이다. 그는 도시를 세운 지 네 달쯤 되었을 때, 사비니 족 여인들을 단체로 겁탈하는 사건을 일으킨다. 플루타르코스는 로물루스가 사비니 족에 대해 "일방적으로 적대 행위를 시작"했는데, 그 이유는 본래 로물루스가 "전투를 좋아하는 데다, 온갖 신탁의 부추김을 받았기 때문"이라고 밝힌다.[25] 태어날 때부터 로물루스는 호전적이었으며, 이런 호전적인 인물에 의해 탄생한 로마는 태생적으로 호전적일 수밖에 없다는 게 플루타르코스가 주장하고 싶었던 바다. 로물루스는 델포이의 신탁에 의존해 이런 호전적인 정책을 정당화했는데, 그 문제의 신탁은 "로마는 전쟁을 자양분으로 삼아 팽창할 것이며, 가장 크고 위대한 도시가 될 것이다"라는 것이었다.[26]

  플루타르코스가 『비교 영웅전』의 첫 부분에서 로마의 건국자 로물루스에 대한 영웅담을 펼치며 로마가 "가장 크고 위대한 도시"가 될 것이라는 델포이의 신탁을 언급한 것은, 자신이 살아가던 시대의 로마가 실제로 그런 나라가 되었기 때문이다. 기원후 2세기 초반, 로마는 세계를 제패한 대제국으로 성장했고, 제국의 영토 확장은 사상 최대였다. 로물루스가 건국한 로마는 이제 실제로 "가장 크고 위대한 도시"가 됐다. 그러나 플루타르코스는 로물루스의 이런 무력에 의한 권력의 확장, 상대방을 제압함으로써 제국의 팽창을 시도하는 로마의 제국주의 정책과 리더십에 대해 비판적인 시각을 드러냈다. 그의 글에는 로마의 영웅 로물루스에 대한 부정적인 평가가 자주 드러난다. 그는 로물루스를 "모든 민족에게 위협적인 존재"였다고 말한

▲
팔라티노 언덕의 유적 발굴 현장에서 기원전 7세기~8세기의 거주지가 발굴되었고, 이를 '로물루스의 헛간'이라 부른다. 팔리티노 박물관에 전시되어 있는 축소판 모형이다.

다.[27] 그때나 지금이나 로마는 모든 민족에게 위협적인 존재라는 말이다.

로물루스가 사비니 여인들을 겁탈하자 격분한 사비니 왕 아크론 Acron은 즉각 전쟁을 선포했다. 개인적으로도 무공이 뛰어났던 로물루스는 아크론을 단숨에 죽이고 그의 갑옷을 전리품으로 빼앗았다. 결국 사비니와 주변 국가들은 로물루스, 즉 로마에 항복하고 도시를 넘겨준다. 그때까지 로마인들은 그리스(아르고스)식의 둥근 방패를 사용해왔다. 그러나 사비니 족을 복속시킨 뒤부터는 긴 사각형 방패를 사용하기 시작했다.[28] 로마인들보다 평균 신장이 컸던 이탈리아 지역의 원주민들과 싸우기 위해서는 전신을 보호할 수 있는 긴 방패가

▲
청동상 〈늑대의 젖을 먹고 있는 로물루스와 레무스〉. 일명 〈캄피돌리오 늑대〉라고 한다. 로마 캄피돌리오 박물관 소장. 기원전 5세기경에 제작된 원작에는 늑대만 조각되어 있었다. 미켈란젤로 시대에 캄피돌리오 광장이 재건축되면서 이 작품은 실내에 보존되었고, 안토니오 다 폴라이올로가 쌍둥이를 첨가한 것으로 알려진다.

유리했기 때문이다. 그리스식의 둥근 방패는 신장이 큰 원주민들이 위에서 창이나 도끼로 내리찍을 때 몸통이 적에게 노출된다는 약점을 안고 있었다. 로물루스의 군대가 사각형 방패를 사용하기 시작했다는 것은 로마가 더욱더 호전적인 집단으로 변해갔다는 의미를 내포한다.

사비니 족과의 평화협정은 '사비니 여인의 겁탈' 사건 당시 납치되어 로마에서 살게 된 사비니 여인들의 호소로 인해 맺어졌다. 남편은 로마인이었고 아버지는 사비니인이었던 그 여인들은 두 종족 간의 전투 현장에 뛰어들어 눈물을 흘리며 평화를 호소했고, 결국 로마와 사비니는 공동의 왕을 두고 두 명이 함께 통치하는 정체政體를 선택했다. 호전적이던 두 나라에 평화가 찾아온 것 같았으나 얼마의 세월이 흐른 뒤 사비니의 공동 왕이었던 타티우스Tatius가 백주대낮에 살해를 당하는 참사가 일어난다. 로마의 공동 왕이었던 로물루스는 암살자들의 범행을 눈감아주었고, 눈엣가시 같았던 타티우스가 제거된 것을 오히려 기뻐하기까지 했다. 그 여세를 몰아 로물루스는 무려 6000명의 주민을 죽이고 인근 카메리아를 차지했으며, 에트루리아(이탈리아 중부 지역 원주민)를 제압하기 위해 베이이와 피데나이를 침공한다. 플루타르코스는 로물루스를 "기술과 용맹의 가능한 모든 조합을 보여주었고, 인간을 한참 뛰어넘는 힘과 순발력을 지닌" 영웅이라고 묘사한다.[29] 그러나 그의 평가는 무적의 군사력과 영광스러운 승리를 자랑하던 로물루스에게 냉혹했다. 플루타르코스는 에트루리아와의 전투에서 목숨을 잃은 1만 4000명 중 절반이 로물루스의 손에 의해 죽었다는 기록을 의도적으로 남긴다.[30] 잔혹한 정복 왕이었다는 말이다. 로물루스는 무적의 장수였지만 바로 그 군사적 탁월함과 전승의 기쁨으로 인해 쇠락의 길로 접어들게 된다. 플루타르코스는 로물루스의 쇠락 과정을 이렇게 설명한다.

> 로물루스는 여러 다른 사람들과 마찬가지로, 아니 예상치 못한 행운 덕에 권력과 명예를 거머쥔 거의 모든 사람들과 마찬가지로, 자신의 업적에 도취되어 좀 더 거만한 태도를 취했으며, 대중의 인기를 끌던 방식을 바꾸어 전제적인 통치 방식을 도입했다.[31]

"무적이며 영광스러운" 영웅 로물루스는 이제 사람들로부터 "혐오감과 불쾌감을 불러일으켰다."[32] 그는 신하들을 대할 때 왕궁에 누워서 그들을 접견하는 식으로 거만하게 행동했고, 마음에 들지 않으면 언제든지, 또 누구든지 그 자리에서 체포하기 위해 가죽 끈을 쥔 사람을 늘 옆에 배치해두었다.

플루타르코스는 로물루스의 최후에 대해 자세한 사정을 알 수 없다고 밝히면서도 "불카누스 신전에서 회동했던 원로원들이 로물루스를 덮쳐 죽인 뒤, 시신을 토막낸 다음 각각 한 토막씩 옷에 숨겨 가져갔다고 추측한다"는 소문을 의도적으로 언급했다.[33] 틀림없이 로물루스가 비참한 최후를 맞이했을 것이라는 암시를 남겨놓음으로써, 후대 사람들에게 어떤 교훈을 주고자 했을 것이다. 그러나 여기에는 플루타르코스의 은밀한 의도가 숨어 있다. 플루타르코스는 로물루스의 최후를 소개하면서 불카누스 신전에서 살해당했을 가능성을 제시한다. 그의 시신은 토막이 나서 "불카누스 신전" 밖으로 나왔다는 것이다. 이 문제의 불카누스 신전을 그리스식으로 부르면 '헤파이스토스 신전'이 된다. 그리스에서 '불의 신' 혹은 '대장장이의 신'이었던 헤파이스토스Hephaestus는 로마에서 불카누스Volcānus가 됐다. 그러니까 같은 신을 섬기는 신전인 셈이다. 그런데 아테네의 영웅 테세우스는 같은 이름의 신전에서 약자와 가난한 자들의 보호자가 되었고, 로마의 영웅 로물루스는 같은 이름의 신전에서 살해당하고 엽기적인 최후를 맞게 되었다는 것이다. 테세우스와 로물루스의 최후는 이렇게 달랐다.

테세우스와 로물루스가 남긴 군주의 거울

테세우스와 로물루스의 생애를 비교한 플루타르코스는 비교편에서 두 인물이 가진 장점과 단점을 다시 비교한다. 로마인들에게 그리스의 숭고한 가치를 소개하려는 저자의 의도는 테세우스의 장점을 설명하는 부분에서 특히 강조된다. 이것은 그리스의 가치를 높이기 위해 로마의 정신을 낮추는 이른바 아존타비我尊他卑의 역사 왜곡이 아니다. 플루타르코스는 테세우스와 로물루스의 비교를 통해 군주의 거울을 제시한다. 본받고 따라야 할 군주와 리더의 모습을 비교를 통해 드러내려는 것이다.

무엇보다 테세우스는 스스로 고난을 감내하며 위대한 업적을 쌓은 영웅이다. 바로 이 점이 그에게서 본받아야 할 위대함이다. 테세우스는 "타인을 위해 악인들에 맞서기 위해 결연히 길을 떠났던" 참된 영웅의 덕목을 보여준다.[34] 괴물 미노타우로스를 처치하기 위해 테세우스가 선택한 '자발적 고난'은 그가 가졌던 "용기와 아량, 공동의 선과 정의를 향한 열의, 명예와 덕행에 관한 갈망"을 잘 보여준다.[35]

테세우스가 아테네인들에게 민주정을 약속했고, 로물루스가 참주제를 지향했다고 해서 테세우스가 더 뛰어난 인물이 된 것은 아니다. 플라톤이 강조했듯이, 세상에 그 자체로 완벽한 정체는 존재하지 않는다. 모든 정체제도는 각각의 한계를 가지고 있는데, 플루타르코스의 관찰에 의하면 민주정은 일반 시민에 대한 "상냥함과 인간애"가 오히려 사회 발전을 저해시키고, 반대로 참주제는 통치자의 "이기심

▲
장 오귀스트 도미니크 앵그르, 〈제우스의 신전에서 적장을 죽이고 전리품을 든 아크론의 승리자 로물루스〉, 1812년, 루브르 박물관 소장.

과 가혹함"을 유발하는 경향이 있다.[36]

플루타르코스는 로마제국이 제정帝政을 실시했기 때문에 민주정을 실시한 그리스보다 못하다는 단순한 비교를 하는 게 아니다. 오히려 민주정도 한계를 가지고 있다는 것을 밝히면서, 모든 문제의 발단은 제도에 있는 게 아니라 결국 사람이 문제라는 점을 강조하는 것이다. 플루타르코스는 로물루스의 격렬한 성정性情을 비판한다. 불행이라는 씨앗은 이미 그 사람의 바탕, 본성에 뿌려져 있다. 그는 격정을 못 이겨 동생을 살해하는 과정에서 보여준 "터무니없는 분노, 혹은 성급하고 무분별한 노여움"을 용서해서는 안 된다는 강한 표현으로 로물

루스를 신랄하게 비판한다.[37]

대한민국의 현대사는 로물루스의 나라로 성장해가는 과정이었다. '잘 살아보자'는 일념 하나로 일제강점기와 한국전쟁의 상처를 극복하고, 세계가 놀랄 만한 경제 성장을 이루어냈다. '한강의 기적'으로 집약되는 한국 현대사의 전개 과정은 대한민국이 로물루스의 나라로 변해가는 과정이었다. '안 되면 되게 하라'던 우리들의 옛 방식이 바로 로마를 건국했던 로물루스의 정신이다. 그래서 우리도 "무적이며 영광스러운" 덕목을 최고의 가치로 내세우며 앞만 보고 달렸다. 경쟁에서는 반드시 이겨야 했고, 전투에서는 반드시 적을 섬멸해야 했다. 그것이 영웅의 길이었다.

그러나 이런 방식은 결국 한계에 도달한다. 그것은 우리들의 경쟁 상대가 강해져서도 아니고, 또 우리의 전투력이 쇠퇴해서도 아니다. "무적이며 영광스러운" 가치를 추구하는 사람은 누구든지 로물루스처럼 "자신의 업적에 도취되어 좀 더 거만한 태도를 취하게" 되기 때문이다. 성공에 도취되어 자만하게 되면 결국 초심을 잃게 된다. 그것이 로물루스의 마지막 모습이다. 로물루스의 방식이 최선이라고 생각하고, 그것이 우리가 할 수 있는 전부라고 생각했던 지난날의 어리석음을 반성하고, 테세우스와 같이 "아름답고 이름 높은" 덕목을 추구해야 한다. 그는 모든 사람들에게 문호를 개방하던 열린 지도자였고, 스스로 권력을 포기한 채 모든 사람이 그리스의 주인이 되는 새로운 시대를 꿈꾼 리더였다. 이것이 플루타르코스가 테세우스의 모습을 통해 우리에게 보여준 첫 번째 군주의 거울이다.

03

'지속 가능한 가치'를 철저하게 교육하라

리쿠르고스 vs. 누마

미네르바의 부엉이는 황혼이 저물어야 날개를 편다

플루타르코스의 『비교 영웅전』을 해석하는 사람이 델포이에 가보지 않았다면, 그것은 시스티나 성당에 가보지도 않고 미켈란젤로를 운운하는 것과 같을 것이다. 직접 보지 않으면 가급적 쓰지 않는 게 좋다고 생각한다. 세상이 혼미하다 보니 스님이 주례사를 하고, 신부님이 부부관계 상담을 하는 웃지 못할 일들이 벌어진다. 뚱뚱하지 않은 주방장이 만든 음식은 먹지 않는 게 메뉴 선택 시 실패하지 않는 비결이다. 같은 이치다. 『비교 영웅전』에 숨어 있는 플루타르코스의 진의를 파악하기 위해서는 반드시 그리스 델포이로 가야 한다. 플루타르코스가 『비교 영웅전』을 집필했던 바로 그곳이다. 소크라테스가 "아테네에서 가장 지혜로운 자"라는 신탁을 받았던 곳, 리디아의 왕 크로이소스가 "너 자신을 알라"는 신탁을 받았던 곳, 알렉산드로스 대왕이 "전하는 패배를 모르는 분"이라는 신탁을 받았던 바로 그 아폴론 신전이 있는 곳이다. 플루타르코스는 이 아폴론 신전에서 사제로 일하면서 방대한 분량의 『비교 영웅전』을 집필했다.

이 책을 구상하고 집필하는 동안 델포이를 네 번 다녀왔다. 그곳은 델포이 박물관에 남아 있는 흉상과 표지석 외에 특별히 플루타르코스와 연관된 유물이 없음에도 불구하고 마치 자석이 쇠붙이를 당기는 것 같은 묘한 느낌을 받는 곳이다. 이런 묘한 신기神氣 때문에 고대 그리스와 로마 사회에서 최고의 신탁 장소로서의 명성을 떨쳤으리라. 중세의 장송곡 『신곡』의 저자 단테도 여정의 마지막인 '천국'으로 들어가면서 아폴론의 이름을 외쳤고, 델포이의 두 산봉우리로부터 영감이 내리기를 탄원했다.[1]

델포이 여행의 백미는 밤에 플루타르코스에 대한 글을 쓰는 것이다. 지금 이 글을 쓰고 있는 시간은 밤 11시. 델포이 산 중턱에 자리해 있는 호텔 객실 책상 앞에 앉아 있다. 어둠이 짙게 내린 델포이의 숲속에서 부엉이 우는 소리가 들려온다. 문득 헤겔이 『법철학』 서문에서 "미네르바의 부엉이는 황혼이 저물어야 날개를 편다"고 했던 말이 생각난다.[2] 어쩌면 플루타르코스도 바로 이곳 델포이에서 어두워지는 밤, 구슬피 우는 부엉이 소리를 들으며 『비교 영웅전』을 썼을 것이다. 미네르바의 부엉이가 밤에 날개를 편다는 것은, 세월이 흐른 뒤에야 그 사건에 얽혀 있는 교훈을 비로소 깨닫게 된다는 뜻이다. 특별히 철학적 의미가 세상에 통용되려면 더욱 그렇다. 복잡다단한 현실이 그 의미 형성 과정을 모두 종료한 후에 확고한 철학적 실체가 그 모습을 드러내기 때문이다.³ 플루타르코스가 이곳 델포이에서 했던 작업도 바로 그런 것이었다. 그는 그리스와 로마 시대의 영웅을 짝을 지어 비교하고, 그 영웅들의 삶에 묻어난 지혜와 통찰력의 실체를 찾기 위해 노력했다.

스파르타의 입법자 리쿠르고스

'스파르타식 교육'이라는 말을 들어보았을 것이다. 그리스의 펠로폰네소스 반도의 중심에 있던 도시국가 스파르타의 교육 방식을 말한다. 강인한 체력과 불굴의 정신력을 가진 임전무퇴의 용사를 길러내기 위해 스파르타 사람들은 혹독한 교육 방법을 채택했다. 그 덕에 스파르타는 그리스 최고의 용사를 길러낼 수 있었다. 기원전 480년, 페르시아의 크세르크세스 왕이 그리스를 침공했을 때, 테르모필레 전투에서 용감히 싸우다가 전사한 레오니다스의 용사 '300'의 전설 같은 이야기도 바로 이 스파르타식 교육의 결과다.

스파르타의 전설적인 입법자 리쿠르고스(B.C. 900~800 추정)가 바로 이 스파르타식 교육을 도입해 자신의 조국을 그리스 최강의 도시국가로 만든 지도자. 플루타르코스의 『비교 영웅전』 가운데 두 번째로 소개되는 군주의 거울이다.

우선 그는 출신 배경부터 남다르다. 스파르타의 건국 영웅 헤라클레스의 11대 손이기 때문이다.⁴ 그는 영웅의 핏줄을 가지고 태어난 전설에 가까운 인물이다. 헤라클레스의 11대 후손이며 왕족이기도

▶
벨기에의 수도 브뤼셀에 있는 법원 건물에 스파르타의 입법자 리쿠르고스의 전신상이 세워져 있다.

했지만 리쿠르고스는 왕위에 관심이 없었다. 아버지 에오노모스는 왕위를 장남이자 이복형인 폴리덱테스에게 물려주었다. 새로 취임한 왕의 이복동생이었던 리쿠르고스는 형이 갑작스레 죽자 8개월만 임시로 왕위를 맡겠다는 조건을 걸고 억지로 취임식에 참석했다. 미망인이 된 형수의 임신 사실을 알게 되자 리쿠르고스는 왕자가 탄생할 때까지만 왕실을 지키며 스파르타를 통치하겠다고 선포한 것이다. 실제로 8개월 후에 아들이 태어나자 리쿠르고스는 갓난아기를 스파르타의 왕으로 선포하고 스스로 왕위에서 물러났다. 약속을 지킨 것이다. 사심 없는 그의 행동 때문인지 리쿠르고스에 대한 스파르타 사람들의 칭송이 그치지 않았고, 아직 통치하기에는 어린 조카를 위해 임시로라도 왕위를 맡아달라는 옹립의 움직임이 일어났다. 당시의 상황을 플루타르코스는 이렇게 전한다.

리쿠르고스가 왕의 보호자이며 왕과 다름없는 권력을 쥐고 있기 때문에 그에게 복종한 사람들보다, 그의 덕성 때문에 그의 곁을 지키는 사람들, 그의 명령을 따를 준비가 되어 있고 의지가 있는 사람들이 더 많았다.[5]

자칫 왕위 찬탈이나 역성혁명이 일어날 수 있는 위급한 정치적 상황이 펼쳐졌다. 실제 왕보다 리쿠르고스를 왕으로 추대하려는 시민들의 성화가 문제시 될 조짐을 보였다. 리쿠르고스는 이런 불상사를 미연에 방지하기 위해 아예 조국 스파르타를 떠나버린다. 스스로 유배의 길에 오른 것이다. 리쿠르고스가 처음 도착한 곳은 지중해의 섬 크레타였다. 제우스, 아르테미스 그리고 아폴론이 탄생했다는 신화의 섬이자, 미노스 왕이 다스리던 크노소스 왕궁이 있던 곳이다. 그는 크레타 왕들의 선정善政과 안정된 사회 시스템을 보고 큰 감동을 받는다. 그는 사회계층 간의 충돌과 적대적인 감정을 줄이고, 인격과 사회의 고결한 정신을 고양해 질서와 화합을 이끌어가는 크레타 통치자들의 모습에서 많은 교훈을 얻었다. 스파르타 내부의 대립과 갈등을 해결할 수 있는 새로운 사회적 모델을 발견한 셈이다.

그가 두 번째로 찾아간 곳은 이오니아 지방이다. 크레타의 "단순하고 수수한 문명"을 접한 후 이오니아 지방의 "화려하고 사치스러운 문명"을 비교하기 위해서였다.[6] 플루타르코스는 비교의 달인이다. 리쿠르고스가 크레타와 이오니아를 비교하기 위해 간 것은 마치 "의

사가 건강한 몸을 아프고 병약한 몸과 비교"하기 위해서였다고 밝힌다. 사실 이런 비교는 플루타르코스 자신의 특기이기도 하다. 그는 리쿠르고스를 통해 자신의 이야기를 들려주는 것이다.

이오니아는 그리스 동부의 해안 지역으로 지금의 터키 서부 해안가와 도서島嶼 지방에 해당한다. 당시 그곳은 그리스 문명권에 속해 있었고, 특히 문학적 전통이 강했으며, 그리스 건축의 이오니아 양식이 탄생한 곳으로 유명했다. 리쿠르고스는 그곳에서 처음으로 호메로스의 책을 접하게 된다. 그리스의 영웅 아킬레우스의 분노에 관한 책인 『일리아스』와 트로이 전쟁을 마치고 고향으로 귀환하던 또 다른 그리스의 영웅 오디세우스의 모험담을 담은 『오디세이아』를 우연히 읽게 된 그는 이 책들을 그리스 본토에 처음 소개한 장본인이기도 하다. 리쿠르고스는 여기서 배움의 여정을 멈추지 않고 이집트(아이귑토스), 리뷔아(아프리카) 그리고 이베리아(스페인)까지 방문지를 넓힌다. 심지어 일부에서는 인도까지 방문했다는 주장도 있을 정도다.[7] 어쨌든 그는 넓은 문명 세계를 주유하며 문물을 깨치고, 이상적인 정체의 가능성을 모색했다. 그에게 가장 중요한 과제는 어떻게 하면 조국 스파르타를 이상적인 국가로 만들 것인가에 대한 염원이었다.

스파르타의 시민들과 왕의 간절한 초청을 받고 리쿠르고스는 결국 스파르타로 돌아온다. 신민들의 열화와 같은 지원과 성원 속에서 그는 스파르타를 이상적인 국가로 만들기 위한 최초의 입법자가 됐다. 그가 제일 먼저 착수한 개혁 입법은 28명의 원로원을 확보하고, 대의 민주주의의 기초를 놓는 것이었다. 당시에 스파르타가 선택할 수 있는 정체는 참주제 아니면 민주제였다. 권력을 독점하는 개인이

▲
세자르 반 에베르딘겐, 〈교육의 이점을 설명하는 리쿠르고스〉, 1662년, 네덜란드 알크마르 국립박물관 소장. 작품 속 리쿠르고스는 토끼를 사냥한 우수한 개와 밥그릇만 축내는 열등한 개를 비교하며 교육의 중요성을 강조한다. 이 작품은 군주의 거울을 그림으로 표현한 것이다. 네덜란드의 왕자 윌리엄 3세의 군주의 거울 교육을 담당했던 알크마르 시에서 발주해 제작한 작품이기 때문이다.

왕으로 나라를 다스리든지(참주제), 아니면 일반 시민들이 권력을 나누어 가짐으로서 평등권을 보장받는 방식(민주제)이다. 리쿠르고스가 도입한 원로원 제도는 이 두 가지 정치 제도의 결함을 보완하기 위한 선택이었다.

당연한 말이지만 참주제를 선호하던 왕들은 영속적으로 권력을 독점하려는 경향을 보인다. 플라톤은 이런 참주제의 모순을 "왕들의 열병"이라 불렀다.[8] 높은 자리에 오르면 수단과 방법을 가리지 않고 권력을 독점하려는 왕들의 행태가 마치 열병에 걸린 사람과 같다는 뜻이다. 그렇다고 민주제가 무조건 좋다는 것도 아니다. 민주제의 가장 두드러진 모순은 투표권을 가진 일반 시민들이 비이성적인 판단을 할 때가 많다는 점이다. 사람들은 공공의 이익보다 자기 자신에게 돌아올 이해득실에 따라 투표권을 행사하는 경향이 있다. 민주제도 아래에서는 이런 이기적인 존재들이 각자 한 표의 권리를 행사하게 되므로 이들을 선동하고 투표 결과를 조작할 수 있는 자들에게 권력과 이권이 돌아가게 된다. 리쿠르고스는 원로원 제도를 도입해 이 두 가지 모순을 동시에 해결하려 했다. 플루타르코스는 이를 "국가라는 배의 바닥짐으로 만들어 배의 균형을 잡음으로써 가장 안전하고 질서 있는 방식을 달성한 것"이라고 평가한다.[9] 큰 파도가 밀려오거나 배 내부에 충격이 가해지더라도 배가 전복되지 않는 것은 배 밑바닥에 바닥짐으로 균형을 잡게 했거나 적절한 양의 평형수를 채웠기 때문이다. 온 국민을 슬픔과 충격으로 몰아넣었던 세월호 사건을 떠올리게 하는 대목이다. 백주대낮에 세월호가 침몰한 이유 중 하나는 더 많은 화물을 선적하기 위해 평형수를 평소의 29퍼센트만 채웠기 때문이라고 한다. 스파르타라는 나라의 배를 침몰시키지 않기 위해 리쿠르고스는 원로원이라는 평형수를 채워 나라의 균형을 잡고자 했다. 어떻게든 시민들을 선동해 선거에서 이기고, 권좌에 오르기만 하면 전횡을 일삼으며 온갖 수단을 동원해 권력을 독점하려는 왕들의 고약한 버릇을 견제함과 동시에 시민들의 비합리적인 선택을 예방하기 위해 원로원 제도가 도입된 것이다. 물론 외형적인 민주제의 정신을 유지하기 위해 일반 시민들의 권익도 최대한 보장해주었다. 왕이나 원로원에게는 법안의 발의권을 보장해주었지만, 일반 시민들도 '거부권'의 행사를 통해 자신의 정치적 위치를 지켜나가도록 한 것이다. 또 토지를 재분배해서 일시적인 사회 평등을 과감하게 시도함과 동시에 더불어 사회가 지나치게 물질주의적으로 흐르는 것을 막기 위해 특단의 '교육적 조치'를 마련했다.

　리쿠르고스는 스파르타 사람들이 개인의 행복을 위해 사는 게 아니라 공공의 이익을 위해 이타적인 삶을 명예롭게 여길 수 있도록 혁신적인 개혁 작업을 펼쳤다. 우선 금이나 은으로 만들던 주화 제작을 중단하고 값싸고 무거운 철로 화폐를 만들도록 했다. 철로 된 화폐는 모아봤자 집안의 무거운 짐만 될 뿐 환금성이 전혀 없었다. 또 시간이 지나면 녹이 슬어 못 쓰게 되는 경우가 태반이었다. 스파르타 사람들이 지나치게 재산을 축적하거나 물질적인 풍요를 누리고자 과도하게 서로 경쟁하는 것을 막기 위해 리쿠르고스는 이런 파격적인 조치를 취한 것이다. 일반 시민들이 함께 모여 공동으로 식사하는 제도를 만들었고, 음식은 늘 검소하게 먹도록 했다. 신분의 고하를 막론하고 같은 종류의 음식을 먹으며 공동체 정신이 태동하도록 유도했다. 리쿠르고스가 공동 식사 제도를 만든 것은 "부富가 부러운 게 아니라는" 사실을 각인시키기 위해서였다.[10]

더욱 혁신적인 것은 남녀의 차별을 없애고, 여성들도 강인한 체력과 정신력을 겸비하도록 훈련시킨 점이다. 그래서 스파르타의 여성들은 남성들 못지않게 강력한 전투력을 가지게 됐다. 스파르타의 모든 소년들은 아고게agōgē라 부르는 혹독한 전사 훈련을 받아야만 했는데, 신체적 결함을 가지고 태어난 사내아이들은 타이게투스Taygetus 산에 버려졌다. 강인한 체력과 정신력을 갖추었다고 판단된 아이들은 7살 때부터 29살 때까지 철저한 아고게 훈련을 받았다.[11] 리쿠르고스의 스파르타 교육의 또 다른 덕목은 중언부언하지 않고 핵심적인 요점만 간단히 말하는 것이었다. 그래서 지금도 '말이 없는'이라는 뜻의 'Laconic'이라는 단어가 사용되는데, 이는 '스파르타인'이라는 뜻이다.[12] 교육을 통한 리쿠르고스의 개혁은 한 가지 방향으로 나아갔다. 많은 물질을 소유하거나 공직으로 출세하는 일이 자랑이 아니라 나라와 공동체를 위해 목숨을 바치는 사람이 명예를 얻는 그런 이상적인 국가를 만드는 것이었다.

물론 반발도 만만치 않았다. 특히 리쿠르고스의 입법으로 인해 자신들의 부와 권력을 빼앗기고, 사회적 존재 가치를 훼손당한 귀족들이 그를 공격했다. 이 불만 세력을 대표하던 청년 알칸드로스가 회의를 주관하던 리쿠르고스의 눈을 지팡이로 가격했고, 그는 한쪽 눈의 시력을 잃고 만다. 그럼에도 리쿠르고스는 자신을 공격한 그 청년을 데려다가 가까이서 자신의 시중을 들게 했다. 평소에 그가 얼마나 검소한 삶을 살고 있는지, 또 공공의 이익을 위해 개인의 삶을 어떻게

▲
에드가 드가, 〈청년들에게 야유를 보내는 스파르타의 처녀들〉, 1860년, 런던 내셔널갤러리 소장. 리쿠르고스는 스파르타의 여성들에게도 긍지를 느낄 수 있도록 강인한 체력과 정신력을 교육시켰다.

희생하고 있는지를 직접 보여주기 위해서였다. 그는 말이나 글이 아니라 실제 자신의 생활 모습을 보여주었다.

이처럼 스파르타 최초의 입법자인 리쿠르고스에게 가장 중요한 사명은 '교육'이었다. 그래서 그는 자신에게 위해를 가한 부자 청년에게도 교육의 가능성을 제공해준 것이다. 플루타르코스는 『비교 영웅전』에서 리쿠르고스의 공적을 이렇게 요약한다. "한마디로 말해 그의 업적은 시민들이 자기만을 위해 살고 싶다는 욕구, 혹은 그럴 수 있는 능력을 갖지 않도록 훈련시킨 것이었다."[13] 리쿠르고스의 이런 노력을 통해 위대한 스파르타가 탄생하게 된다. 아테네와 함께 그리스의 패권을 차지하기 위해 자웅을 겨루고, 펠로폰네소스 전쟁에서 아테네를 누르고 승리를 거둔 스파르타의 힘은 바로 입법자 리쿠르고스에게서 나왔다.

그러나 그는 여기에 만족하지 않았다. 스파르타의 제도에 무언가 부족한 부분이 아직 남아 있다고 선포한 그는 델포이의 아폴로 신전으로 가서 신탁을 받아오겠다고 했다. 그리고는 자신이 영험한 신탁을 받고 스파르타로 다시 돌아올 때까지 현재 시행 중인 법을 절대로 수정하지 않겠다는 맹세를 스파르타 시민들로부터 받아냈다. 모든 스파르타 시민들이 리쿠르고스 앞에서 맹세를 다짐했다. 이렇게 해서 델포이에 도착한 리쿠르고스의 행적을 플루타르코스는 이렇게 전한다.

신전에 도착한 그는 아폴론에게 제를 올리고, 자신이 제정한 법이 좋은 법인지, 나라의 번영과 도덕성을 증진하기에 충분한지 물었다. 아폴론은 리쿠르고스가 제정한 법이 좋은 법이며, 도시는 그의 나라 체제를 지키는 한 계속해서 높은 존경을 살 것이라고 했다. 리쿠르고스는 이 신탁을 받아 스파르타에 보냈다. 그러나 그 자신은 또다시 제를 올리고 친구들과 아들에게 애정 가득한 작별인사를 한 뒤, 시민들을 그들이 한 맹세로부터 결코 놓아주지 않기 위하여 그 자리에서 스스로 생을 마감하기로 결심했다. 자신뿐만 아니라 친구들도 충분히 넉넉하고 행복한 삶을 살고 있어 보였다. 이에 리쿠르고스는 델포이에서 음식을 끊고 죽음을 맞았다.[14]

놀라운 결말이 아닐 수 없다. 스스로 왕위까지 포기한 리쿠르고스는 자신의 조국 스파르타를 위해 델포이에서 자결을 결심하고, 결국 곡기를 끊으며 장엄한 최후를 맞는다. 자신이 스파르타로 돌아올 때까지 법을 바꾸지 못하도록 맹세를 받아놓았으니, 결국 리쿠르고스는 델포이에서 스스로 목숨을 끊음으로써 자신이 만든 조국의 법을 지켜낸 것이다. 델포이에서 『비교 영웅전』을 집필한 플루타르코스는, 같은 장소 델포이에서 장렬하게 생을 마감한 리쿠르고스를 이렇게 평가한다.

리쿠르고스가 설계한 나라 체제는 플라톤과 디오게네스, 제논을 비롯하여 이 주제에 관하여 인정받는 글을 쓴 모든 사람들이 채택했지만, 그들은 말과 글을 남겼을 뿐이다. 반면 리쿠르고스는 말과 글은 남기지 않았으되, 모방을 뛰어넘는 실제적인 나라 체제를 남겼다.[15]

곡기를 끊은 리쿠르고스가 델포이에서 임종하던 날 밤, 그날도 미네르바의 부엉이가 슬피 울었을까. 플루타르코스가 『비교 영웅전』의 리쿠르고스 편을 쓸 때는 어땠을까. 그때도 미네르바의 부엉이가 날개를 펴고 델포이의 밤하늘을 높이 날았을까. 지금 이 글을 쓰고 있는 델포이의 호텔 옆 숲속에서 미네르바의 부엉이 한 마리가 슬피 울고 있다. 조국을 위해 홀로 델포이에서의 의로운 죽음을 선택한 스파르타의 입법자 리쿠르고스를 추도하는 애절한 울음처럼 들린다.

로마의 입법자 누마

플루타르코스가 『비교 영웅전』을 통해 강조하고 싶어 한 것은 '로마 시대를 위한 그리스 정신의 가치'다. 우리는 누구나 자신이 살고 있는 지금 시대의 부족함과 현실의 각박함을 한탄하며 무조건 옛시대의 가치를 그리워하는 경향이 있다. 이런 '옛시대'에 대한 막연한 기대 심리가 있기에 고전을 공부하는 일이 우리에게 정신적 위안을 주는지도 모른다. 사실 플루타르코스의 『비교 영웅전』은 이런 경향성을 대변한다. 그는 자신이 살고 있던 로마 시대의 허장성세虛張聲勢와 전쟁과 폭력을 동반하는 제국의 확장 정책이 몹시 못마땅했다. 그래서 이제는 로마에 의해 정복당해 없어진 나라지만 그리스의 영광과 그 변하지 않는 지혜의 가치를 그리워했다. 플루타르코스가 스파르타의 입법자 리쿠르고스를 그렇게 훌륭한 인물로 그렸던 이유는 바로 이 때문이다. 이쯤 되면 그와 짝을 이룰 로마의 입법자 누마 왕에 대한 이야기가 어떻게 펼쳐질지 대충 짐작이 간다. 플루타르코스의 의도는 "로마의 입법자 누마도 훌륭한 사람이었지만, 그리스의 입법자 리쿠르고스는 더 탁월한 인물이었다. 로마는 그리스의 사례에서 더 많은 것을 배워야 한다"는 것이다. 로마인들에게 리쿠르고스라는 군주의 거울을 제시한 것이다.

누마Numa Pompilius(B.C. 753~673)는 로마의 건국 왕이었던 로물루스의 뒤를 이어 두 번째로 로마 왕의 권자에 오른 인물이다. 그는 기원전 753년 4월 21일에 태어났는데, 하필 그날은 로물루스가 로마를 창건한 날이다. 건국일에 태어났다는 것은, 이 아이가 장차 로마의 두 번째 왕이 될 운명임을 말해준다. 그는 원래 로마인이 아니라 사비니족 출신이었다. '사비니 여인의 겁탈'은 초기 로마 역사를 장식하는 유명한 사건이었다. 로물루스가 남초男超 사회였던 로마 남성들의 결혼 기회를 확보하기 위해 축제에 참석한 사비니 여인들을 강제로 차지한 사건이다. 이 사건으로 로마인들과 사비니인들은 외형적으로는 사돈 지간이 되었지만, 고질적인 두 파벌 간의 정치적 갈등은 해결되지 않았다. 로마인들과 사비니인들은 각각 독립적인 군주제를 유지했고, 두 나라 간의 무력 충돌도 그치지 않았다.

원래 누마는 사비니 왕 타티우스의 사위였다. 그의 아내 타티아는 결혼 13년 만에 사망했고, 누마는 사비니 왕족의 홀아비가 됐다. 권력의 자리에 큰 관심이 없었고 원래부터 절제된 삶을 추구해온 누마는 사랑하는 아내를 잃자 아예 시골로 낙향해버린다. 이 대목에서 우리는 갓 태어난 조카에게 권력을 넘기고 아예 스파르타를 떠나버린 리쿠르고스를 떠올리게 된다. 로마인들과 사비니인들 사이의 갈등과 대립이 그치지 않고, 로마의 초대 왕 로물루스가 갑자기 사망하자 로마와 사비니 간의 공존을 모색하던 원로원은 누마에게 왕좌를 이어받을 것을 간청한다. 모든 사람들이 이 굴러들어온 권력의 기회를 누마가 즉각 받아들일 것이라고 예상했다. 그러나 누마는 자신의 성격이 "왕의 기질"을 타고나지 못했다면서 그 자리를 사양한다. 권력의 유혹에 굴하지 않은 누마는 찾아온 로마의 대신들에게 이렇게 말한다.

"로마의 대신 여러분, 그대들이 원하든 원하지 않든 로물루스 왕은 여러분에게 여러 전쟁을 물려주었습니다. 전쟁에서 이기려면 전사의 경험과, 능력을 갖춘 왕이 있어야 합니다. 게다가 로마 사람들은 전쟁에 익숙해졌고 잇따라 승리한 이후로 전쟁을 하지 못해 안달인가 하면 정복을 통해 성장하려는 욕망에 눈을 감지 않습니다. 그러니 왕보다는 군대의 지휘자를 원하는 도시에 내가 왕으로 가서 신들을 경배하면, 그리고 정의를 추구하고 폭력을 증오하라고 가르치면, 나는 우스갯감이 될 게 뻔합니다."[16]

이것은 누마의 통찰력인 동시에, 기원후 2세기 초반의 로마 사회를 비판적으로 바라보던 플루타르코스의 입장이기도 하다. "로마 사람들은 전쟁을 하지 못해 안달이 나 있고" 심지어 "정복을 통해서 성장하려는 욕망에 눈을 감지 않는다"는 것이다. 플루타르코스 시절에도 로마는 정복을 통한 제국의 확장 정책을 포기하지 않았다. 그리스 델포이의 사제였던 플루타르코스는 지금 누마의 입을 빌려 전쟁을 통한 제국 확장에만 눈이 먼 로마를 간접적으로 비판하는 것이다.

누마는 원래 왕이 될 생각이 아예 없던 인물이다. 그러나 아버지와 로마 시민들의 간곡한 설득으로 결국 왕권을 이어받기로 한다. 아버지는 왕위에 오르는 것을 개인의 영달을 위해서가 아니라 "신에 대한 봉사로 생각하라"며 그를 설득했다.

"진정한 왕이 되는 일을 신에 대한 봉사라고 생각해보아라. 신은 네 안에 있는 그 위대한 정의감을 깨우고 그것이 가만히 잠들어 있도록 내버려두지 않으시려는 듯하구나. 그러니 이 책무를 피하거나 이로부터 도망치지 말거라. (중략) 또 누가 아느냐? (로마인들이) 잇따라 승리를 맛보았지만, 이제 전쟁에서 싫증이 났을지? 이제 승리와 전리품을 물리게 맛보았으니 정의와 친구하는 왕, 그들을 질서와 평화의 길로 이끌어줄 온화한 왕을 원할지?"[17]

▲
누마가 만든 폰티펙스 막시무스 제도는 로마의 황제 신격화로 이어졌다. 사진은 로마 바티칸 박물관에 있는 티베리우스 황제의 전신상이다. 폰티펙스 막시무스의 역할을 수행하는 티베리우스 황제가 제물을 바치는 장면을 묘사했다.

로마인들과의 정치적 공존을 도모하던 사비니인들도 누마에게 호소했다. 누마가 사절단과 함께 로마로 돌아가 왕권을 잡은 뒤, 두 나라의 "시민들을 통합하고 융합해주기를 간절하게 빌었던" 것이다.[18] 이렇게 해서 권좌에 오른 누마 왕은 나라의 기초를 놓기 위해 로마를 위한 입법을 시작한다. 플루타르코스는 누마의 입법 작업의 의미를 이렇게 평가한다. 누마의 행동은 "무쇠를 불에 달구어 무르게 하듯, 로마인들의 거칠고 호전적인 성질을 보다 온화하고 정의로운 성질로 변화시키려는 노력"이었다라고.[19]

스파르타의 입법자 리쿠르고스가 명예와 절제의 교육에 중점을 두었다면, 로마의 입법자 누마는 종교심을 적극적으로 이용했다. 로마 사람들에게 종교적 경외심을 심어주는 게 그들의 호전적인 성격을 온화한 성격으로 바꾸는 첩경이라고 판단한 것이다. 그래서 누마가 도입한 제도가 바로 폰티펙스 막시무스Pontifex Maximus와 베스타Vesta 여사제

제도다. '대大 사제'로 번역할 수 있는 폰티펙스 막시무스는, 로마의 왕에게 종교 문제를 최종 결정할 수 있는 권리를 부여해 로마 사회의 도덕성을 진작하고 법의 가치를 고양하는 역할을 맡게 된다.[20]

순결을 지키며 신성한 불을 관리하는 베스타 여사제의 존재도 로마 사회가 종교적 위엄을 갖추게 하는 역할을 했다. 누마 왕은 이런 신성한 종교 제도를 도입함으로써 사회적 금기의 영역을 만들고, 로마인들이 함부로 침범할 수 없는 불가침의 영역을 설정함으로써 그들의 자제력과 도덕성을 증대시키고자 했다. 또한 스파르타의 리쿠르고스처럼 토지를 재산에 상관없이 재분배했고, 민족이 아니라 직업과 기술에 따라 시민들의 집단을 나눔으로써 로마 사회의 분열과 갈등을 없애기 위해 노력했다. 귀족과 평민 사이의 계급 갈등을 완화하기 위해 사투르날리아Saturnalia 축제도 새로이 만들었다. 12월 17일부터 23일까지 계속된 일종의 서민들의 동지冬至 축제인 이날은 노예도 주인과 함께 같은 식탁에 앉아 만찬을 즐길 수 있었다. 어떤 경우에는 노예들이 식탁에 앉고 주인들이 노예를 위해 음식을 나르기까지 했으며, 노예가 말한 어떤 종류의 자유 발언도 처벌하지 않았다. 그래서 이를 로마인들은 '12월의 자유'라고 불렀다. 노예들에게도 일시적인 신분의 자유와 발언할 수 있는 권리를 부여함으로써 평등 의식을 고취시킨 것이다. 누마 왕의 이런 노력 덕분에 신분 간의 갈등과 긴장감이 줄어들었고, 전투적이던 로마 사람들의 호전성도 크게 완화됐다. 로마의 2대 왕이었던 누마가 집권한 43년 동안 단 한 번의 전쟁도 없었다는 게 그 단적인 결과라고 할 수 있다.

누마는 로물루스 시대부터 사용되어 온 달력의 오류를 시정한 인

니콜라 푸생, 〈누마와 요정 에게리아〉, 1631~1633년, 프랑스 콩데 박물관 소장.

물이기도 하다. 누마 이전에 로마인들은 1년을 열 달로 계산했고, 윤달을 두지 않아 농사를 짓는 데 많은 혼란이 있었다. 누마는 한 달의 날짜를 조정하고 윤달을 만들었으며, 1월과 2월의 위치를 바꾸어 지금의 열두 달로 된 한 해의 달력을 완성했다.[21] 누마는 또한 자신의 통치를 신격화하려는 시도도 했다. 로마에 전염병이 돌았을 때 하늘에서 청동 방패가 떨어졌는데, 누마는 이것을 숲의 요정 에게리아 Egeria가 자신에게 보낸 것이라는 소문을 퍼트리고 다녔다.[22] 심지어 자신의 법령은 에게리아 요정과의 교감과 조언에서 탄생했다는 소문도 만들어냈다.[23]

누마 왕의 마지막 임종 장면도 리쿠르고스만큼 장엄하다. 전례 없던 로마의 긴 평화기를 누린 누마 왕의 마지막 유언은 자신이 만든 법령이 기록된 책을 무덤에 함께 묻어달라는 것이었다. 그가 이런 유언을 남긴 이유는 "그 법전의 내용은 이미 로마 사람들의 가슴에 심어놓았으니, 그토록 귀한 비밀을 생명이 없는 종잇장에 맡겨두어서는 안 된다고 확신했기 때문"이다.[24] 리쿠르고스가 스파르타의 법을 개정하지 못하게 하고자 델포이에서 자결로 생애를 마감한 장엄한 장면을 떠올리게 하는 대목이다.

'명예와 절제'의 교육

『비교 영웅전』을 통해 그리스와 로마의 가치를 대비시키는 플루타르코스는 먼저 국가의 설립자들인 테세우스와 로물루스를 비교한 뒤 입법자들인 리쿠르고스와 누마를 대비시킨다. 이들은 나라의 기초를 놓은 인물들이다. 리쿠르고스와 누마는 각각 스파르타와 로마의 입법자로서 훌륭한 삶을 살았고, 장엄한 최후를 맞이했다는 공통점을 가지고 있다. 물론 두 인물 사이에는 분명한 차이점도 있다. 왕족이었던 리쿠르고스는 끝까지 왕위를 사양한 채 입법자로서의 위치에만 머물렀다. 반면 로마의 누마 왕은 아버지와 사비니인들의 간청을 받아들여 직접 왕위에 올랐다. 이런 외형적인 차이점보다 중요한 것은 그들의 삶을 관통한 핵심 가치의 본질적인 차이다. 스파르타의 입법자 리쿠르고스의 삶은 스파르타인들에게 명예와 절제를 교육시켜 지속 가능한 사회 시스템을 구축하는 것에 집중되어 있다. 혹자에게는 가혹하게 보일지 모르는 스파르타식 교육을 도입한 것도 바로 그런 이유에서다. 그 덕에 스파르타는 소크라테스나 플라톤이 흠모했던 이상적인 정치체제를 만들 수 있었다. 플라톤이 자신의 책 『국가』에서 이상국가의 모델로 삼은 나라가 바로 리쿠르고스가 만든 스파르타였다. 플라톤은 스파르타의 정체를 "많은 사람들에게서 칭찬받는" 최고 단계라고 높이 평가한 바 있다.[25]

반면 누마는 로마의 호전성을 극복하는 것에 모든 입법의 초점을 맞추었다. 로마의 문제는 이미 건국 초기부터 노정된 것이었다. 플루타르코스는 이 근본적인 문제점을 특별히 강조했다.

"로마가 탄생할 수 있었던 것은 온 사방에서 꾸역꾸역 모여든, 누구보다 대담하고 호전적인 정신의 소유자들의 지나친 호기와 무모한 용기 때문이었다. 이후로도 로마는 여러 원정과 계속된 전쟁들로부터 자양분을 얻고 세력을 키워나갔다."[26]

로마는 처음부터 정복자들의 나라였고, 군사력에 기반을 둔 정권이었다. 이런 로마의 태생적인 호전성을 극복하기 위해 누마는 종교심을 이용했고, 평화를 정착시키기 위한 여러 가지 제도를 입법화했다. 심지어 자신의 입법과 통치를 신적인 것으로 보이기 위해 여신과 요정과 은밀한 대화를 나눈다는 소문까지 만들어냈다. 그러나 누마왕의 평화를 위한 입법과 통치는 단기 결과로 머물고 말았다. 비록 그가 왕으로 재위했을 당시는 로마의 평화가 유지되었으나 "그가 죽고 나자 나라의 체제나 목표, 즉 로마와 다른 나라 간의 평화와 우정

▲ 숲의 요정 에게리아가 누마에게 보낸 하늘의 청동 방패를 들고 사제들이 군무를 추고 있는 모습. 작자 미상이지만 작품의 모티브는 기원전 4세기 후반의 아테네의 군무에서 따온 것으로 보인다. 이 작품은 1세기 전반의 로마 작품으로 현재 바티칸의 피오 클레멘티노 박물관의 '뮤즈들의 방'에 전시되어 있다.

의 지속은 그와 함께 땅위에서 자취를 감추었다"고 기록되어 있다.[27] 리쿠르고스가 만든 법이 스파르타에서 500년간 "진하고 강한 염료처럼 효력을 유지한 것"과 강력하게 비교되는 장면이다.[28]

플루타르코스가 리쿠르고스와 누마를 비교시킨 이유가 여기에서 드러난다. 그리스(스파르타)의 입법자 리쿠르고스는 지속 가능한 국가의 모델을 제시했지만, 로마의 누마 왕은 단기간의 성과에 머문 입법을 했던 것이다. 플루타르코스는 아래와 같은 가혹한 평가를 통해 누마 왕의 실패의 원인에 대해 설명한다.

(누마 왕이 죽자) 다시 이탈리아는 죽은 자들의 피로 뒤범벅이 되었다. 따라서 그가 키운 정의라는 아름다운 구조물은 잠깐 동안도 홀로 서 있

지 못했는데, 그것은 교육이라는 접합체가 결여되었기 때문이다.[29]

플루타르코스는 『비교 영웅전』의 '리쿠르고스와 누마' 편에서 교육의 중요성을 강조한다. 명예와 절제에 대한 철저한 교육만이 그 사회를 지속 가능하게 만든다는 것이다. 더 많은 물질적 소유나 제국의 확장에 눈이 멀었던 로마 사회는 누마 왕의 입법 이후에도 고질적인 갈등과 혼란에서 벗어나지 못했다. 그러므로 명예와 절제를 미덕으로 삼고, 더 많은 물질의 소유가 아니라 공공의 이익을 위해 사는 게 더 명예로운 삶이라고 가르쳤던 리쿠르고스의 방식이 더 훌륭하고 탁월하다는 것이다. 행복은 더 많은 물질을 소유하는 데 있지 않고 타인을 위한 삶의 자세에 있다는 것을 알려주기 위해 델포이의 사제 플루타르코스는 리쿠르고스를 로마의 대안으로 제시했다.

플루타르코스와 리쿠르고스는 모두 델포이에서 눈을 감았다. 그들이 마지막까지 꿈꾸었던 이상적인 사회는 명예와 절제를 추구하는 곳이었다. 두 사람이 가슴 벅찬 이상 사회를 꿈꾸며 불면의 밤을 보낼 때, 지금처럼 밤 부엉이가 구슬피 울었을 것이다. 미네르바의 밤 부엉이는 어둠이 내려왔을 때 날개를 펼친다.

04

'현명한 사람' 위에
'행복한 사람'이 있다

솔론 vs. 푸블리콜라

모든 왕들이 천금을 주고라도 만나야 할 인물

'솔론의 개혁'이라는 유명한 표현이 있다. 기원전 593년부터 591년까지, '아테네의 현자'로 불린 솔론(B.C. 638~558 추정)이 추진했던 아테네의 정치 개혁을 지칭하는 단어다. 아테네를 건강하고 평등한 사회로 만들고, 이른바 '지속 가능한 민주주의 체제'로 정착시키기 위해 사회 구조 자체를 개혁한 것이다. 이런 이유 때문에 서구 사회는 솔론을 민주주의의 아버지라 부른다. 민주주의 제도가 가장 이상적으로 발현했다는 미국 의회 건물 벽면에 솔론의 조각상이 전시되어 있는 이유도 여기에 있다. 미국의 입법 기관도 늘 '솔론의 개혁'을 모범으로 삼으며 자신들의 나라를 건강한 사회, 지속 가능한 체제로 만들기 위해 노력하는 것이다.

▲
미국 하원에 전시되어 있는 솔론의 부조. 미국 헌법에 영향을 미친 인물들이 전시되어 있다. 브란다 푸트남의 작품으로 1950년에 제작됐다.

아테네의 정치가 솔론은 헤로도토스가 쓴 『역사』의 앞부분에 잠시 등장한다. 리디아의 왕 크로이소스가 페르시아의 키루스 대왕과의 전쟁에 패해 화형을 당할 지경에 이르렀을 때다. 고대의 리디아는 지금의 터키 지역에 해당한다. 크로이소스 왕은 페르시아의 키루스 대왕에게 패배하고, 당시 관례에 따라 화형에 처해지게 된다. 패전국의 왕을 공개 처형하는 것은 페르시아의 법이었다. 사형 집행인이 쌓아놓은 장작에 불을 붙이려고 하자, 크로이소스 왕이 큰 소리로 "오, 솔론, 솔론, 솔론!"이라고 외쳤다.[1] 처형 장면을 지켜보던 키루스 대왕은 사형 집행을 중지하고 왜 솔론의 이름을 그렇게 애타게 불렀는지, 도대체 그가 어떤 인물인지 물었다. 그러자 크로이소스는 "모든 왕들이 천금을 주고서도 반드시 만나서 이야기를 들어봐야 할 인물"이라고 답했다.[2] 솔론은 인물 자체로서 군주의 거울이 될 만한 중요한 존재라는 말이다. 크로이소스는 더욱 궁금해하는 키루스 대왕을 위해 솔론과의 만남을 자세히 들려준다.

솔론은 아테네에 새로운 법을 창제한 뒤 10년간의 외유外遊를 선택했다. 새로 제정된 법률 때문에 손해를 보는 사람들이 찾아와서 줄기차게 법의 개정을 요구했기 때문이다. 솔론은 자신이 공들여 만든 아테네의 법이 개정되는 것을 원치 않았기에, 장기간 외유를 떠남으로써 이런 시도를 저지키로 한것이다. 스파르타의 입법자 리쿠르고스가 법의 개정을 막기 위해 델포이로 떠나버린 일을 떠올리게 하는 장면이다. 솔론은 이집트와 사이프러스 그리고 리디아를 차례로 방문한다. 리디아의 왕 크로이소스는 아테네의 현자가 자기 나라를 방문한다고 하자 내심 자신이 가진 부와 권력을 자랑하고 싶었다. 그래서 자신의 보물 창고를 솔론에게 자랑삼아 보여준다. 크로이소스 왕의 궁궐에서 휘황찬란한 금은보화를 구경한 솔론은 소개하는 신하들의 옷이 너무 화려해서 어떤 사람이 크로이소스 왕인지 헷갈릴 정도였다. 크로이소스는 자신이 다스리던 리디아에서 막대한 양의 금이 출토되어 그렇게 많은 금은보화를 모을 수 있었다. 그는 그 막대한 재원으로 궁궐을 화려하게 꾸미고 막강한 군대도 거느렸다. 그는 자신이 세상에서 제일 행복한 사람이라 굳게 믿었다. 많은 금은보화를 가졌고, 태평성대를 지켜줄 막강한 군대도 보유하고 있으니 세상 부러울 게 없다고 생각한 것이다. 크로이소스는 현자 솔론에게 이 세상에서 제일 행복한 사람이 누구인지 물었다. 그는 솔론이 자기 자신을 세상에서 가장 행복한 사람이라고 지목하기를 내심 기대했다.

그러나 솔론은 크로이소스 왕을 세상에서 제일 행복한 사람으로 지목하지 않았다. 그는 전쟁에 나가 용감히 싸우다가 전사한 텔로스와 헤라 여신의 사제였던 어머니를 편안하게 모시기 위해 마차를 끌고 먼 길을 달려온 클레오비스와 비톤 형제가 세상에서 가장 행복한

▲
니콜라우스 크눕퍼, 〈크로이소스 왕 앞에 선 솔론〉, 1650년대, 폴 게티 박물관 소장. 크로이소스 왕은 솔론에게 "누가 세상에서 제일 행복한 사람인가?"라고 물었다.

사람이라고 대답했다. 현자 솔론은 인간의 운명에 대해 의미심장한 이야기를 들려준다. 인간의 운명이란 우연의 결과이며 아무리 부와 권력을 가진 자라고 해도 마지막 순간까지 행복하지 않다면 그것은 허망한 것이라고 이야기했다. 죽음에 직면한 마지막 순간 스스로 생을 돌아보며 행복했다고 말하기 전까지 섣불리 한 사람의 행복과 불행을 속단할 수 없다는 말이다.

솔론의 이야기를 듣고도 크로이소스는 행복에 대한 자신의 그릇된 생각을 바꾸지 않았다. 여전히 그는 부와 권력이 행복의 기준이라고 믿었다. 결국 크로이소스는 페르시아 군대의 침공 앞에 무참히 무릎을 꿇게 되고, 키루스 대왕의 장작불에 타죽는 비참한 운명에 처하게 된다. 장작불에 타죽게 된 크로이소스는 최후의 순간에 솔론이 했던 말이 떠올랐다. 자신이 누렸던 부와 권력은 모두 우연의 산물일 뿐이고, 행복하게 생을 마감했다는 것을 알기 전에는 그 사람이 행복한 사람이었는지 알 수 없다는 솔론의 경고를 새겨듣지 않은 자신을 후회했다. 그는 불타오르는 장작불 위에서 죽음을 맞이해야 하는 자신의 불우한 운명을 돌아보며 그토록 애절하게 솔론의 이름을 외쳤던 것이다. 오, 솔론, 솔론, 솔론!

탁월한 인물은 모방하라

솔론은 정말 위대한 인물이었다. '아테네의 현자'라 불릴 만한 충분한 자격이 있었고 크로이소스의 표현대로 "모든 왕들이 천금을 주고서라도 반드시 만나서 이야기를 들어봐야 할" 인물이었다. 그러나 『비교 영웅전』의 저자 플루타르코스에 의하면 솔론은 그저 '예고편'일 뿐 진짜 주인공은 따로 있다. 솔론을 최고의 현자로 치켜세운 헤로도토스를 머쓱하게 만드는 평가다. 플루타르코스에 의하면 로마의 입법자 푸블리콜라Publius Valerius Publicola(B.C. 503 사망)야말로 진짜 훌륭한 인물이라는 것이다. 솔론이 남긴 업적은 푸블리콜라의 로마 입법을 통해 그 진정한 가치가 드러났기 때문이다.

로마인 푸블리콜라를 그리스인 솔론보다 높이 평가한 플루타르코스의 비교는 지금까지 『비교 영웅전』에서 보아온 방식과 확연한 차이를 드러낸다. 지금까지 우리는 '테세우스 vs. 로물루스'와 '리쿠르고스 vs. 누마'의 비교를 통해 로마 시대의 인물보다 뛰어난 그리스 시대의 인물들을 살펴봤다. 그런데 '솔론 vs. 푸블리콜라'의 비교에서 그는 그리스 시대의 인물인 솔론은 단지 예고편에 불과하고 진짜 본받아야 하는 사람은 로마 시대의 인물 푸블리콜라라고 주장하는 것이다. 푸블리콜라의 원래 이름은 푸블리우스 발레리우스Publius Valerius였으나 굳이 푸블리콜라Publicola, 즉 "백성을 사랑하는 사람"이라 명명한 이유도 여기에 있다. 푸블리콜라가 애민愛民과 여민동락與民同樂의 정신의 씨앗을 뿌린 솔론의 정신을 이어받았기 때문이라는 것이다. 솔론과 푸블리콜라를 비교하는 첫 문장은 이렇게 시작된다.

> 이 두 사람의 비교는 정말 특별한 경우라고 할 수 있으며, 지금까지 다른 비교에서 볼 수 없었던 점이 있다. 뒷사람(푸블리콜라)이 앞사람(솔론)을 모방하였고, 결국 앞사람이 뒷사람에게 증인이 되었다는 점이다.[3]

솔론은 예고편이었고, 진정으로 한 조직과 사회가 건강해지려면 푸블리콜라의 정신으로 돌아가야 한다는 것이다. 다시 말해 "백성을 사랑하는 사람"이 지도자가 되어야 하며, 그런 사람이 로마의 군주의 거울이 되어야 한다는 말이다.

나약한 군중의 편에 서다

고대 그리스의 7대 현자에 당당히 그 이름을 올린 솔론은 워낙 유명한 인물이었기에,[4] 플루타르코스는 여러 가지 선행 자료를 두루 참고해 솔론의 생애를 재구성했다. 그는 앞에서 개략적으로 소개한 헤로도토스의 『역사』를 십분 활용한 것으로 보인다. 솔론은 아테네의 귀족 가문 출신이었지만 큰부자는 아니었고, 그렇다고 가난하지도 않았다. 솔론은 젊은 나이에 인생을 충분히 즐길 수 있는 적당한 부를 축적했는데, 일찍부터 장사를 시작했기 때문이다.[5] 그는 원래 상인이었다. 세월이 흐른 뒤 아테네가 정치적 혼란에 휩싸이자 시민들은 솔론에게 정치 일선에 나설 것을 촉구한다. 솔론이 아테네의 난관을 극복할 적임자라 판단한 것이다. 아테네 시민들의 눈에는 솔론이야말로 "시대의 오류에 가장 덜 연루되어 있는 사람"이었기 때문이다.[6] 솔론은 "부자들의 불의와도 연관이 없었고, 가난한 자들의 궁핍과도 거리가 멀었다".[7] 모름지기 정치가가 되려면 너무 부자여서도 안 되고, 너무 가난해서도 안 된다는 게 그리스인들의 통념이었고, 그래서 솔론을 아테네를 이끌어 나갈 적임자로 간주했다.

솔론이 아테네의 공직에 본격적으로 나서게 된 계기는 살라미스 섬으로 빚어진 메가라인들과의 분쟁 때문이다. 살라미스Salamis는 아테네에서 12킬로미터 떨어져 있는 피레우스Piraeus 항구에서 배를 타고 30분쯤 가면 나오는 작은 섬이다. 페르시아 전쟁 시 유명한 살라미스 해전이 벌어졌던 곳이기도 하다. 북서쪽 본토에 거주하던 메가라인들이 이 섬을 차지하자 솔론은 아테네 시민들을 설득해 살라미스 탈환 전쟁을 펼친다. 아테네 사람들이 지역 간의 분쟁을 회피하려들자 스스로 미친 척하기도 하고, 델포이 신탁까지 들먹이며 시민들의 마음을 바꾸어놓았다. 솔론의 이런 노력이 없었다면 살라미스는 메가라인들의 손에 넘어갔을 것이다. 이 살라미스 탈환 전쟁을 통해 솔론은 아테네 시민들에게 유능한 정치 지도자의 이미지를 확고하게 심어놓았다.

당시 아테네는 세 개의 파로 분열되어 있었다. 이른바 '언덕 사람들'은 극단적인 민주정을 선호했고, '평지 사람들'은 극단적인 과두정을 선호했다. 이 말은 '평지 사람들'이 귀족과 부자였다는 뜻이다. 귀족과 부자들은 늘 강력한 과두정으로 통치되는 안정 지향적 사회를 원하기 마련이다. 특이한 점은 아테네에 제3의 세력이 존재하고 있었다는 것이다. '물가 사람들'로 불린 이 제3의 세력은 민주정과 과두정 사이를 오가며 힘의 균형을 잡는 역할을 했다.

그런데 이런 '물가 사람들'의 정치적 영향력이 약화되면서 '평지 사람들', 즉 귀족과 부자들의 권력이 팽창하게 된다. 부자들의 권력이 커졌고, 아테네에 참주의 권력을 휘두르는 독재자가 등장할 조짐을 보이기 시작했다. 당시 아테네의 가난한 사람들은 부자들에게 많은 부채를 지고 있었다. 지주들의 땅을 경작해 얻은 소득의 60퍼센트를 바쳐야 했기 때문에 아테네의 부가 한쪽으로 집중되는 것은 당연했다. 경작할 땅을 소유하지 못한 하층민들은 '헥트모로이$_{Hektmoroi}$' 라 불렸다. 그들은 누적되는 빚을 갚지 못해 결국 노예로 팔려가거나 심지어 친자식을 팔아 생계를 유지해야 할 정도로 궁핍한 지경에까지 이르렀다. 이것은 귀족과 부자들의 입장을 대변하는 법적인 조치였는데, 이를 '드라콘의 법전'이라 불렀다. 빈자들의 고통이 증대되었고, 그만큼 아테네 사회는 불안한 발전을 거듭했다. 그래서 아테네 시민들은 부자의 편에 서지도 않았고, 그렇다고 가난한 자들의 편에서지도 않은 솔론에게 "대중 앞으로 나와 만연한 아테네의 불화를 끝맺어달라"고 호소한 것이다.[8] 부자들은 솔론이 부자이므로 자신들의 편을 들어줄 것이라 믿었고, 빈자들은 그가 정직했기 때문에 아르콘$_{Archon}$으로 받아들였다(B.C. 594/3). 솔론은 민주주의 정신의 초석이 될 만한 탁월한 입법으로 아테네 시민들의 기대에 부응했다. 플루타르코스는 솔론의 입법 과정을 이렇게 평가한다.

> 그는 법을 제정하는 데 조금의 나약함도 보이지 않았다. 힘 있는 자에게 굽히지도 않았고, 유권자들(투표권만 가지고 있는 가난한 시민들)을 기쁘게 하려고 들지도 않았다. 나아가 상태가 그럭저럭 괜찮은 곳에는 아무런 처방도 하지 않고 어떠한 혁신도 도입하지 않았다. 건드렸다가 오히려 총체적인 혼란이 일어나, 다시 세우거나 더 나은 상태로 복원할 수 없게 될까 두려웠기 때문이다.[9]

탁월한 조치였다. 아테네의 최고 정무 기관인 아르콘으로 취임한 솔론이 채택한 신중한 태도는 모든 지도자들이 반드시 기억해야 할 조치였다. 그는 기득권을 가진 세력에게 아부하지 않았고, 그렇다고 대중의 인기를 얻기 위해 섣부른 조치를 내리지도 않았다. 무엇보다 세력 교체나 행정 조치에 있어서 신중했던 솔론의 선택은 후대의 귀감이 됐다. 자신의 권력을 확인하기 위해 필요 없는 조치를 남발하는 일반적인 지도자들의 초기 행태와 상반되는 선택이었다.

솔론은 모든 아테네 시민들의 빚을 일시에 탕감해주었다. 또한 늘어난 빚을 갚지 못해 노예로 전락한 시민들을 해방시켜주었다. 상위

3계급, 즉 500석급Pentakosiomedimnoi, 기사급Hippeis, 농민급Zeugitai의 정치 주도권을 인정하면서도,[10] 일반 평민들에게도 노동자급Thetes이라는 사회적 계급을 부여해 민회Ecclesia의 일원으로 정치에 직접 참여할 수 있는 권리를 보장해주었다. 아테네의 최하위층 사람들도 당당한 배심원의 자격으로 나라의 운영에 참여할 수 있게 된 것이다. 솔론은 "나약한 군중의 힘을 보장하는 게 자신의 임무"라고 굳게 믿었다.[11] 그러면서 동시에 부유한 자들의 박탈감이 크지 않도록 완급을 조절하며 적절한 조치를 취했다. 솔론은 이런 자신의 입장을 시로 표현했다.

> 민중에게 나는 충분한 힘을 주었으니
> 그들의 존엄성을 빼앗지도, 너무 많이 주지도 않았다.
> 힘이 있던 사람들, 놀라울 만큼 부유하던 사람들,
> 이들 역시 피해 보지 않도록 조치를 취하였다.[12]

솔론은 아테네를 건강한 나라로 만들고 싶었고, 자신이 이끌어가는 도시가 지속 가능한 사회가 되기를 원했다. 이를 위해서 그는 "시민들이 스스로 한 집단의 일원이라는 생각을 하도록, 또한 남이 불의를 당하면 측은히 여길 수 있도록 적절히 길들이는 일"에 매진했다.[13] 결국 솔론에 의해 귀족의 권리만이 보장되던 '드라콘 법전'이 폐지되고 그 유명한 '솔론의 개혁'이 시작됐다.

그렇다면 '솔론의 개혁'은 어떻게 진행되었을까. 아테네 시민들은 모두 솔론의 새로운 법을 순순히 받아들였을까. 앞에서 잠시 언급한 대로 솔론은 10년간이나 외유를 떠나면서까지 자신의 법을 지키기

▲
솔론의 개혁 입법이 대리석에 조각되어 있었다는 아테네의 톨로스 유적지 전경. 톨로스는 원형의 집(Dome 혹은 Cupola)을 말하는데, 아테네의 행정관리들이 집무를 보던 원형 공간이었다. 행정관리(Prytaneis)들이 모인 공간이라 해서 프리타네이온(Pryraneion)이라고도 했다.

위해 노력했다. 솔론이 리디아의 왕 크로이소스를 만난 것도 이 때문이다. 그러나 10년간의 긴 외유를 마치고 돌아왔을 때, 아테네는 또 다른 혼란에 휩싸여 있었다. '평지 사람들'과 '언덕 사람들' 그리고 '물가 사람들'이 서로 치열하게 권력 투쟁을 벌였던 것이다. 다행스럽게도 '언덕 사람들', 즉 가난한 평민을 대표하던 페이시스트라토스Peisistratos(B.C. 528 사망)가 권력을 잡아 겨우겨우 솔론의 법을 지켜나가고 있었다. 그러나 그것은 명목상의 평화일 뿐이었다. 결국 권력을 잡은 페이시스트라토스도 참주로 돌변해 아테네를 집어삼킨다. 솔론의 실망은 매우 컸을 것이다. 귀족과 부자들의 횡포를 막기 위해 가난한 자들을 보호하는 법을 만들어주었더니, 그 가난한 자들 중에 부와 권력에 맛을 들인 인물이 나왔고, 결국 그가 참주로 변해버린 것이다. 아테네에 솔론이 그렇게 막고자 했던 참주가 등장했지만 이를 제어할 방법이 없었다. 결국 솔론은 노령으로 사망했고, 화장한 그의 시신은 살라미스 섬에 뿌려졌다. 솔론의 개혁은 결국 실패로 끝이 났다. 솔론은 비통한 심정으로 임종을 맞이하면서 자신이 크로이소스 왕에게 해주었던 말을 떠올리지 않았을까. "누가 죽기 전에는 그를 행복하다고 부르지 마시고, 단지 운이 좋았다고 하소서!" 솔론도 생의 마지막 순간에 불행했으니, 그도 행복한 사람은 아니었던 것이다.

솔론의 씨앗이 푸블리콜라로 꽃피다

플루타르코스의 진짜 영웅은 푸블리콜라다. 아테네의 현자 솔론이 뿌린 애민과 여민동락의 씨앗은 로마의 푸블리콜라에 의해 열매를 맺는다. 로마제국의 지도자들에게 그리스 영웅들의 덕목을 소개하던 플루타르코스는 특유의 '그리스 찬양'을 잠시 멈추고, 푸블리콜라에게 더 큰 찬사를 바친다. 로마 지도자들에게 푸블리콜라라는 이름의 의미처럼, "백성을 사랑하는 사람"이 되라는 의도였다. 푸블리콜라가 로마인들의 군주의 거울이 된 것이다.

    푸블리콜라는 기원전 509년, '로마 공화정 혁명'을 이끈 4인방 중 한 명이다. 그는 로마의 마지막 왕 타르퀴니우스 수페르부스Tarquinius Superbus(B.C. 495 사망)를 폐위시키고, 로마 공화정을 시작한 인물이다. 물론 이 4인방 중 제일 유명한 인물은 루키우스 브루투스Lucius Brutus(B.

▲
자크 루이 다비드, 〈브루투스와 주검이 되어 돌아온 아들들〉, 1789년, 루브르 박물관 소장. 브루투스의 두 아들 티투스와 티베리우스는 타르퀴니우스의 사주를 받은 비텔리우스 가문과 친했고, 결국 아버지를 배신하고 반역에 가담하게 된다. 두 아들은 아버지를 "우둔하다"고 비판했는데, 그래서 그 가문의 이름에 '브루투스'라는 별명이 붙게 됐다.

C. 509 사망)다. 루키우스 브루투스는 카이사르의 암살자로 유명한 마르쿠스 브루투스Marcus Brutus(B.C. 85~42)의 먼 조상이다. 카이사르를 암살한 브루투스에게는 로마 왕정을 끝내고 공화정의 초석을 놓은 조상 루키우스 브루투스의 피가 흐르고 있었다. 루키우스 브루투스는 혁명가다운 면모를 지니고 있었다. 그의 두 아들은 왕정복고를 획책하다 체포당해 처형을 당했다. 아버지 루키우스 브루투스는 처참한 두 아들의 고문과 처형 장면을 눈도 깜짝하지 않고 지켜보았다.[14]

이런 혁명가들의 용기와 희생 덕에 로마는 기원전 509년부터 공화정을 시행하기에 이른다. 왕의 개인적인 권력 집중과 독재를 막고, 매년 공화정의 대표인 집정관Consul을 두 명씩 투표로 선출해 통치를 위임하는 방식을 채택한 것이다. 모두 네 차례나 로마의 집정관 자리에 오른 푸블리콜라는 아테네의 현자 솔론처럼 로마를 건강하고 지속 가능한 국가로 만들기 위해 아래와 같은 파격적인 법안을 통과시켰다.

- 로마의 시민은 신분의 고하를 막론하고 집정관으로 선출될 자격을 갖는다.
- 집정관의 결정이나 정책에 대해 모든 로마 시민은 반대 의견을 개진할 수 있다.
- 왕정의 복구를 획책하는 자는 재판을 거치지 않고 처형할 수 있다.[15]
- 일정 수준 이하의 가난한 로마 시민들은 세금을 면제받는다.
- 집정관이 관리하던 국가의 세금은 공공장소인 사투르누스Saturnus 신전에 보관하고, 재정관이 국가의 세금을 관리하고 집행한다.

푸블리콜라의 이런 개혁 정책은 로마 시민들의 열렬한 지지를 받았다. 그는 사생활에서도 탁월한 모범을 보였다. 시민들이 팔라티누스 언덕 위에 있는 그의 집을 두고 호화로운 데다 로마 시내를 내려다보는 위압적인 모양새를 가졌다고 비판하자 푸블리콜라는 그날 밤으로 인부를 동원해 자신의 저택을 허물어버렸다. 플루타르코스는 푸블리콜라의 이런 행동을 "권력과 높은 지위를 가진 사람이 아첨보다는 정직한 말과 진실에 귀를 열어놓는 게 얼마나 중요한 것인가를 보여주었다"며 높이 평가한다.[16] 로마의 집정관으로 거리를 행진할 때도 시민들 앞에서는 수행원이 들고 다니던 통치권의 상징인 파스케스Fasces를 아래로 숙이게 했다. 파스케스는 열두 개의 지팡이와 도끼를 묶은 행진 장식으로 집정관의 통치권을 상징했는데, 그것을 아래로 숙임으로써 자신의 위치를 로마 시민들 앞에서 낮추겠다는 겸손한 자세를 보인 것이다.[17]

푸블리콜라는 무공武功도 뛰어났다. 폐위되었던 타르퀴니우스 가문이 이탈리아 북부의 에트루리아인과 결탁해 여러 번 왕정복고 전쟁을 일으켰지만 그때마나

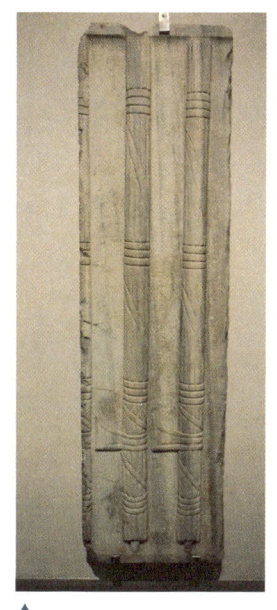

▲
로마의 디오클레티아누스 욕탕 박물관에 있는 파스케스의 조각상.

푸블리콜라의 지휘 아래 로마군은 승리를 거두었다. 푸블리콜라가 내란을 평정하는 동안 두 가지 흥미로운 이야기가 전해지는데, 플루타르코스는 이 두 이야기를 비교적 상세히 전한다. 첫 번째 이야기는 왼손잡이 영웅 무키우스 스카이볼라Mucius Scaevola에 관한 것이다. 무키우스는 에트루리아의 왕 포르세나Porsena를 암살하기 위해 적의 진영으로 몰래 잠입했던 로마의 용감한 청년이다. 그러나 무키우스는 옷차림이 비슷한 사람들 여럿이 함께 있어서 포르세나가 누구인지 확인할 수 없었다. 그래서 가장 왕다운 사람을 암살했는데, 사실은 엉뚱한 사람을 죽였고 결국 적국에 체포됐다. 적진에서 홀로 잡힌 무키

▲
마티아스 스톰, 〈포르세나 앞에 선 무키우스 스카이볼라〉, 1640년경, 뉴 사우스 웨일즈 갤러리 소장.

우스는 죽음을 두려워하지 않고 오른손을 타오르는 불꽃 속에 넣으며 포르세나를 뚫어지게 바라보았다. 그리고 "나와 같은 로마 청년들 300명이 당신을 죽이기 위해 대기하고 있다"고 말했다. 포르세나는 무키우스의 고결한 정신과 용기에 감복해 로마와 평화협정을 체결하게 된다. 어쩌면 암살의 두려움 때문에 평화협정을 맺었는지도 모른다. 어쨌든 조국 로마를 구하기 위해 자신의 오른손을 희생한 무키우스는 '왼손잡이'라는 뜻의 스카이볼라Scaevola라는 명예로운 별명으로 불리게 됐다.

또 다른 이야기는 무키우스의 희생 다음 장면으로 바로 이어진다. 에트루리아의 포르세나와 로마의 푸블리콜라는 평화협정을 체결하면서 각자 약속을 지키겠다는 징표로 열 명의 귀족 여성들을 인질로 상호 교환했다. 평화협정이 깨질 경우 각자의 처분에 맡기기 위해서였다. 푸블리콜라는 통치자의 모범을 보이기 위해 자신의 딸 발레리아를 인질 속에 포함시켜 적진으로 보냈다. 가족의 희생을 감수한 것이다. 그런데 인질로 잡힌 로마의 귀족 여성들 중 클로일리아Cloelia라는 처녀가 다른 인질들을 설득해 몰래 말을 타고 티베르 강을 건너 로마로의 탈출을 제안했다. 결국 열 명의 인질들이 탈출에 성공했지만 푸블리콜라는 그들을 환영하지 않았다. 오히려 자신의 딸 발레리아를 포함한 열 명의 처녀들을 다시 강 건너편으로 돌려보냈다. 가족을 희생시키면서까지 신의를 지켰던 푸블리콜라의 이 같은 행동으로 말미암아 양국의 평화적 공존이 이어지게 된다.

 로마 인근의 사비니 족들과 맺은 평화 정책도 효과를 발휘했다. 무려 5000 가구의 사비니 족들을 로마로 집단 이주시켜 공존을 위해 타협점을 마련한 것이다. 그들에게 무상으로 땅을 배분해주고, 사비니 귀족 가문들에게는 원로원의 자격을 부여함으로써 로마인과 사비니인 사이에 있었던 오랜 정치적 갈등이 마침내 해결됐다. 독재정치를 펼치던 타르퀴니우스 가문의 왕정을 타도하고, 공화정 혁명에 성공했을 뿐 아니라 탁월한 무공으로 나라를 지켜냈으며, 건강하고 지속 가능한 로마를 위해 시민들을 이끌던 푸블리콜라가 임종(B.C. 503)하자, 로마 시민들은 무려 1년 동안이나 그를 위한 애도의 기간을 가졌다. 그리고 그의 이름 뒤에 "백성을 사랑하는 사람", 즉 푸블리콜라Publicola라는 명예로운 찬사를 덧붙였다.

로마 지도자들의 영원한 모범

솔론은 위대한 인물이었다. 크로이소스 왕이 화형을 당하면서 솔론의 이름을 세 번 외침으로써 키루스 대왕은 이 이름을 기억하게 되고, 솔론이란 인물에 대해 평생 존경의 마음을 품고 살았다. 후대 사람들은 솔론을 "왕 하나를 살리고 또 다른 왕을 가르쳤다"고 평가한다.[18] 그가 살린 왕은 크로이소스이고 가르친 왕은 키루스 대왕이다. 솔론은 이 세상에서 제일 행복한 사람이 누구인가라는 크로이소스 왕의 질문에, "누가 죽기 전에는 그를 행복하다고 부르지 마시고, 운이 좋았다고 하소서"라고 대답했다. 마지막 임종의 순간에 행복한 사람이 진짜 행복한 사람이라는 것이다. 그러나 정작 솔론은 마지막 임종의 순간에 그렇지 못했다. 참주제를 몰아내기 위해 천신만고의 노력을 경주했음에도 자신이 그토록 보호하고자 했던 평민이 참주가 되어 아테네를 집어삼키는 모습을 지켜보아야만 했기 때문이다.

그러나 로마의 영웅 푸블리콜라는 마지막 순간에 행복한 사람이었다. 플루타르코스의 표현대로 그는 "명예롭고 선하다고 여겨지는 사람들이 달성할 수 있는 모두를 달성하고, 완벽한 인생을 마감한" 인물이다.[19] 로마를 건강하고 지속 가능한 나라로 만들고 싶어 했던 그의 평생 소원을 이룬 셈이다. 에트루리아인들과 사비니 족들과의 평화도 결국 완성시켰다. 그래서 로마인들은 그에게 "백성을 사랑하는 사람"이라는 최고의 찬사를 헌정했다. 플루타르코스는 이 두 사람의 평생을 이렇게 요약한다. "솔론이 누구보다 현명한 사람이었다면, 푸블리콜라는 누구보다 행복한 사람이었다."[20]

플루타르코스는 로마의 지도자들에게 푸블리콜라가 제시한 길을 따를 것을 권한다. 거대한 제국을 지향하는 참주의 길을 멈추고, 진정으로 행복한 사람이 되라고 요청하는 것이다. 로마 공화정의 기초를 닦은 푸블리콜라는 로마 지도자들의 변치 않는 모범이 됐다. 푸블리콜라가 보여준 지도자들의 특징은 "능동적이고 용기 있는 반대를 필요로 하는 상황에서 굳세고 단호하게 대처하고, 평화로운 대화와 상냥한 설득이 필요할 때는 더욱 잘 대처하는" 것이었다.[21] 푸블리콜라와 같은 지도자는 "문제가 발생할 때마다 그에 알맞은 방식으로 해결하고, 종종 자신이 누리던 일부의 권리를 희생함으로써 전체를 살리고, 작은 특권을 포기함으로써 더 큰 특권을 얻게 될 것"이다.[22] 로마 시민들 앞에서 권력의 상징인 파스케스를 아래로 숙인 푸블리콜라의 모습을 통해 우리 시대에도 유효한 군주의 거울을 발견할 수 있으리라.

2부

난세를 극복한 리더의 조건, 자신을 비춰보는 힘

05

성공을 욕망하라,
하지만 늘 돌아보라

테미스토클레스

몽테뉴가 말하는 『비교 영웅전』

몽테뉴Michel Montaigne(1533~1592)의 『수상록』을 알고는 있어도 실제로 그 책을 완독했다는 사람은 찾아보기 어렵다. 모두가 제목을 알고 있고, 또 반드시 읽어야 할 책임에도 불구하고 내용이 어려워서 도저히 읽을 수 없는 책을 고전Classic이라고 한다는데, 몽테뉴의 『수상록』이 바로 그런 유의 책이다.

최고급 와인 산지로 유명한 프랑스 보르도Bordeaux에서 시장市長을 역임했던 몽테뉴의 책은 프랑스의 지식인들도 여간해서 읽어내기가 어렵다고 한다. 이미 여섯 살 때 라틴어를 유창하게 구사했던 몽테뉴는 타고난 고전어 실력으로 어릴 때부터 그리스와 로마 고전을 줄기차게 읽어댔는데, 가장 좋아하던 책 중의 하나가 바로 플루타르코스의 『비교 영웅전』이었다. 그래서 몽테뉴의 『수상록』에는 『비교 영웅전』의 내용이 자주 언급되는데, 그중에 아래와 같은 흥미로운 구절이 있다. '세네카와 플루타르코스를 위한 변명'이라는 제목이 붙은 『수상록』 제2권 32장의 내용이다.

나는 장 보댕Jean Bodin이라는 사람이 그의 책 『역사의 방법』에서 플루타르코스에 대해서 비판한 것을 보았다.[1] 플루타르코스가 무지했을 뿐만 아니라 믿을 수 없는 황당한 이야기를 자주 썼다는 것이다. 만약 그가 '사실과 다르게 기록했다'는 것을 비판하고 있다면 별로 탁월한 분석이 아닌 것 같다. 실제로 우리는 역사의 실제 현장을 목격한 바도 없으며, 주로 역사가들의 기록을 통해서만 사실에 접근할 수 있기 때문이다. 역사가 실제 사실과 다르게 기술된다는 것은 이미 잘 알려진 사실이다. (중략) 나는 같은 문장에서 보댕이 플루타르코스를 비판하는 것을 읽으면서 약간 화가 났다. 보댕은 플루타르코스가 로마인과 로마인을 비교할 때, 그리고 그리스인과 그리스인을 비교할 때는 적절했는데, 그리스인과 로마인을 비교하는 것을 사리에 맞지 않다고 비판했다. 예를 들어 데모스테네스와 키케로의 비교, 카토와 아리스티데스의 비교, 술라와 리산드로스의 비교, 마르켈루스와 펠로피다스의 비교, 폼페이우스와 아게실라오스의 비교는 일방적으로 그리스인들의 편을 들고 있다는 것이다. 그러나 이 점이 플루타르코스에게서 가장 탁월하고 칭찬받아 마땅한 부분인데, 보댕은 이를 잘못 비판하고 있다. 두 인물에 대한 비교편은 플루타르코스의 책에서 가장 경탄할 부분이며, 본인 스스로도 가장 즐거운 마음으로 심혈을 기울여 썼던 부분이다. 그 비교 부분이 플루타르코스가 가장 순수한 마음으로 충직하게 쓴 부분이고, 그의 통찰은 심오하고 깊기만 하다. 플루타르코스는 탁월함이 무엇인지를 우리에게 가르쳐준 철학자였다.[2]

이 문장을 읽을 때마다 이런 통찰력을 제시한 몽테뉴에게 감사하고, 몽테뉴에게 시장이라는 직함을 준 보르도 시에게 감사하고(그래서 지도자의 탁월함에 대해 숙고하게 만들었으므로), 보르도에서 생산되는 붉은 포도주에 감사하게 된다(몽테뉴가 보르도 와인을 마시면서 이런 생각을 했을 테니까). 사실 우리가 플루타르코스의 『비교 영웅전』을 통해 군주의 거울을 모색하는 이유도 그 '비교$_{syncrisis}$' 부분이 제시하는 탁월한 통찰력 때문이다. 지금까지 우리는 『비교 영웅전』을 피상적으로 읽어왔고, 비교의 중요성을 간과해왔다. 아쉽게도 우리나라에서 번역 출간된 『비교 영웅전』에는 이 비교 부분이 아예 생략된 경우도 있다. 그러나 몽테뉴가 『수상록』에서 정확하게 지적하고 있는 것처럼 『비교 영웅전』의 백미는 그리스인과 로마인의 비교 부분이다. 플루타르코스는 이 비교를 통해 미래의 지도자를 위한 군주의 거울을 제시했다.

『비교 영웅전』의 하이라이트라고 할 수 있는 이 비교 부분을 그리스어로 신크리시스라 한다.[3] 그런데 이 '신크리시스'와 관련해 한 가지 문제가 있다. 지금까지 우리는 '테세우스 vs. 로물루스', '리쿠르고스 vs. 누마' 그리고 '솔론 vs. 푸블리콜라' 편을 다루면서, 그 '비교'를 분석해왔다. 그리스인의 덕목과 로마인의 덕목을 비교함으로써 탁월함에 이르는 길을 모색한 것이다. 그런데 이번 장에서 다루게 될 '테미스토클레스 vs. 카밀루스' 편에서는 그 비교가 빠져 있다. 플루타르코스가 분명 두 인물에 대한 비교를 집필했겠으나 아쉽게도 그 본문은 전래 과정에서 유실되고 말았다.

결국 우리가 할 수 있는 일은 그리스인인 테미스토클레스와 로마인인 카밀루스에 대해 상세히 알아본 뒤, 플루타르코스의 도움 없이 이 두 사람을 직접 비교하는 것이다. 물론 쉽지 않은 일이다. 각 인물에 대한 탁월함의 특징을 도출하는 것도 쉬운 일이 아닌데, 원 저자의 의도를 정확하게 알지 못한 것을 서로 비교하는 것은 코끼리 등 만지는 일이 될 수도 있기 때문이다. 그래서 이번에는 조금 다른 방식으로 접근해보도록 하겠다. 대상 인물에 대한 플루타르코스의 비교가 남아 있지 않으므로 우리 나름대로 테미스토클레스를 다른 자료와 함께 비교해보는 것이다. 테미스토클레스의 탁월함과 한계를 가늠할 수 있도록 그에 대한 비교 자료가 남아 있는 다른 책을 참고하는 것은 어떨까. 바로 철학자 플라톤이 쓴 『국가』라는 책이다.

이상국가 건설을 위해 어떻게 지도자를 양성할 것인지 고민했던 플라톤의 『국가』 제8권에서 테미스토클레스를 분석할 만한 해석의 근거를 발견할 수 있다. 테미스토클레스를 정확하게 이해하려면, 플라톤의 『국가』 8권을 먼저 읽어야 한다는 게 나의 생각이다. 테미스토클레스는 페르시아 전쟁이 끝나고 기원전 459년에 임종했지만 다음 세대를 산 플라톤에게도 여전히 전설적인 존재였다. 플라톤이 『국가』를 통해 이상적인 지도자의 모습을 그리면서 테미스토클레스를 고려하지 않았다고는 생각할 수 없다. 우리 시대에 이순신 장군의 위대한 리더십에 대해 높이 평가하지 않는 사람이 없는 것처럼 플라톤도 그랬을 것이다. 우리에게 왜적을 물리친 이순신이 있다면, 그리스인들에게는 페르시아를 물리친 테미스토클레스가 있다. 이순신에게 명량해전이 있다면 테미스토클레스에게는 살라미스해전이 있고, 두 사람은 모두 기적적인 승리를 거두었다.

그리스의 이순신, 테미스토클레스

테미스토클레스(B.C. 524~459)는 '그리스의 이순신'이라고 설명하면 이해가 빠를 것이다. 도요토미 히데요시가 20만 대군을 이끌고 임진왜란을 일으킨 것처럼(1592년), 페르시아제국의 왕 다리우스 Darius 1(B.C. 550~486)와 크세르크세스 Xerxes(B.C. 518~465)는 무려 528만 3220명의 군대를 이끌고 그리스를 침공했다.[4] 기원전 5세기, 페르시아제국은 동쪽으로 인도와 박트리아, 서쪽으로 리디아(지금의 터키)와 이집트에 이르는 광대한 영토를 가지고 있었다. 당시 그리스는 작은 도시국가들로 분열되어 있던, 그야말로 "척박한 땅"이었다. 이순신이 없었다면 풍전등화와 같았던 조선의 운명을 예측할 수 없었듯이, 그리스에 테미스토클레스가 없었다면 지금 우리가 알고 있는 그리스나 헬라스 문명은 존재하지 않았을지도 모른다. 그래서인지 그리스의 역사가 투키디데스는 테미스토클레스를 다음과 같이 높이 평가한다.

사실 테미스토클레스는 의심할 여지가 없이 탁월한 재능을 타고난 인물이었다. 이 점에서 그는 아주 예외적이었으며 그와 비교될 만한 인물을 찾아내기 어려웠다. 어떤 문제가 있으면 그것에 대해 미리 연구하거나 사후에 면밀한 검토를 하지 않아도 타고난 재능을 이용해 정확한 결론에 이를 수 있는 능력을 가지고 있었다. 그는 오랜 토론이 필요 없을 정도로 적절한 시기에 최적의 결론에 도달하는 능력을 가지고 있었다. 미래를 정확하게 예측하는 힘은 그를 따를 자가 없었다. 또한 그는 어떤 주제든지 자신의 뜻을 다른 사람에게 정확하게 전달할 수 있는 능력을 타고났다. 특히 그는 미래에 일어날 일들이 유리한지 혹은 불리한지를 정확하게 분별해내는 놀라운 능력을 가지고 있었다. 결론적으로 말하자면 테미스토클레스는 타고난 천재성과 과단성 있는 실천력을 겸비했기에 최적의 시간에 최적의 행동을 실천에 옮길 수 있는 그런 인물이었다.[5]

이렇게 위대한 인물이었던 테미스토클레스도 첫 출발은 한미寒微했다. 그는 아테네 출신도 아니고 귀족도 아니었다. 당시 아테네에서는 원주민과 재류외인在留外人을 엄격하게 분리했기에, 테미스토클레스는 어릴 때부터 차별적인 대우를 받으며 성장했을 것이다. 하지만 그는 "어린 시절부터 성격이 급하고 천성이 영리했으며, 공직 생활에 대해 진취적이고 적극적인 태도를 택했다".[6] 몰려다니면서 놀기를 좋아하던 또래 아테네 아이들과 달리 혼자 연설문을 작성하고 대중 연설을 하면서 시간을 보냈다. 혼자서 연습하던 대중 연설의 내용은 주로 다른 소년을 탄핵하거나 변호하는 내용이었는데, 이를 지켜본 그의 선생님은 그가 "좋든 나쁘든 큰 인물이 될 것"이라고 예견했다.

야심만만한 젊은이는 까칠한 성격을 가졌을 확률이 높다. 테미스토클레스도 그런 청년이었다. 정통 아테네 귀족 출신이 아니었던 그는 평소에 세련된 행동이나 교양미 넘치는 언행을 하지 않아 사람들의 조롱을 자주 받곤 했다. 그럴 때마다 자신은 "비록 뤼라(리라)를 조율하거나 프살테리온(현악기)을 타는 법은 배운 적이 없지만, 무명의 작은 도시를 명성이 드높은 위대한 도시로 만들 수는 있다"고 큰 소리치곤 했다.[7] 이런 까칠하고 건방진 언행 때문에 그의 부친은 걱정이 태산이었던 모양이다. 한번은 아들을 해안으로 데려가 좌초되어 떠밀려 온 삼단노선(Trireme)의 잔해를 보여주면서, "사람들은 임기가 지난 지도자를 저 함선과 같이 대접한다"고 호소하며 아들의 정치 입문을 막으려 했다. 그러나 정치가로서 더 큰 명성을 얻고 싶은 욕구에 사로잡힌 아들을 끝까지 막을 수는 없었다.

기원전 490년의 유명한 마라톤 전투에서 밀티아데스(Miltiades, B.C. 550~489) 장군의 지휘로 아테네 군대가 대승을 거두자 전전긍긍한 사람은 테미스토클레스 한 사람뿐이었다. 다른 아테네 사람들이 모두 페르시아 군대를 물리친 승전의 기쁨에 들떠 있을 때, 테미스토클레스는 밀티아데스가 자신이 차지할 영광을 모두 차지하게 되는 것은 아닌지 깊은 고민에 빠졌다. 그는 친구들에게 "밀티아데스의 승전비 때문에 잠을 이룰 수 없다"고 고백했다.[8] 성공에 대한 욕구와 명예에 대한 욕심이 스스로를 집어삼킬 정도였다.

테미스토클레스의 탁월한 점은 "미래에 일어날 일들이 유리한지 혹은 불리한지를 정확하게 분별해내는 놀라운 능력"에 있었다. 마라톤 전투에서 승리를 거두었을 때, 그래서 이제 위기는 끝이 났다고 모두들 생각하고 있을 때 테미스토클레스는 "이것을 더 큰 싸움

▲
1885년에 제작된 아테네 유역의 지도. 아테네, 피레우스 항구, 코린트 해협, 살라미스 섬, 아에게나 섬 그리고 펠로폰네소스 반도 쪽의 아르고스가 보인다. 은광이 발견된 라우레이온은 지도의 오른쪽 하단에 위치해 있었다.

의 시작일 뿐"이라고 확신했다.⁹ 그는 다리우스 대왕의 군대가 마라톤에서 철수했음에도 불구하고 다음 전쟁을 대비하기 위해 삼단노선 200척을 건조建造하자고 주장했다. 마침 아테네 남쪽 지역인 라우레이온 은광이 발견되었는데, 이 은광에서 나온 뜻하지 않은 재정적인 여유를 해군력 증강에 사용하자고 제안한 것이다(B.C. 483).

테미스토클레스의 이런 주장은 아테네의 국가적 정통성에 도전하는 혁명적인 발상이었다. 도시국가 아테네의 수호신 자리를 차지하기 위해 전쟁의 여신 아테나Athena와 바다의 신 포세이돈Poseidon이 서로 힘겨루기를 했다는 것은 널리 알려진 신화다. 아테네는 올리브나무와 아테나로 상징되는 땅의 도시, 즉 육군의 도시였는데 테미스토클레스가 이를 바다의 도시, 포세이돈의 도시로 만들려고 한 것이다. 이것은 한 나라의 역사적 정통성 자체를 뒤집으려는 시도였다. 만약 이때 테미스토클레스가 이런 혁명적인 발상에 기초해서 아테네를 바다와 해군의 도시로 만들지 않았다면 살라미스 해전에서의 승리는 불가능했을 것이다. 또한 해양 무역에 의존하는 아테네와 그리스 경제의 미래도 확보하기 힘들었을 것이다. 플라톤의 말대로 그의 선견지명이 "꿋꿋이 제자리만 지키는 보병에서, 파도에 부대끼는 바닷사람으로 만들어놓았다".¹⁰ 이것은 미래를 내다보는 탁월한 선택이었다. 이 점에 대해서는 그리스의 역사가 헤로도토스와 투키디데스, 그리고 로마 시대의 역사가 플루타르코스가 모두 동의했다. 특히 플루타르코스는 테미스토클레스의 이런 미래를 내다보는 탁월한 능력으로 인해 살라미스 해전에서 승리하게 되었음을 다음과 같이 증언한다.

헬라스 사람들을 구한 것은 바다였고 무너진 아테네를 다시 세운 것도 바로 그 트리에레스(삼단노선) 선단이었다는 사실은, 크세르크세스가 증인이며 굳이 다른 증거를 댈 것도 없다. 크세르크세스는 보병대가 멀쩡했음에도 함대가 패하자 퇴각했다. 헬라스 사람들을 상대할 능력이 되지 못한다고 생각했기 때문이다.[11]

또 다른 그리스의 역사가 투키디데스가 테미스토클레스에 대해 "미래에 일어날 일들이 유리한지 혹은 불리한지를 정확하게 분별해 내는 놀라운 능력"을 가지고 있었다고 평가한 것은 정확한 지적이었다.[12] 앞으로 펼쳐질 미래를 정확하게 예견하던 그의 탁월함은 살라미스 해전(B.C. 480)이 승리로 끝난 뒤 다시 한 번 그 진가를 드러낸다. 크세르크세스가 물러나고, 마르도니오스Mardonius(B.C. 479 사망)가 이끌던 페르시아의 잔류병들이 플라티아 전투에서 모두 섬멸되었음에도 불구하고 그가 선택한 길은 '아테네의 요새화'였다. 아테네의 도심에서부터 인근 항구도시인 피레우스까지 성벽을 쌓아 예상되는 적의 침공을 미리 대비한다는 군사 방어 계획이었다. 지금도 아테네 곳곳에 테미스토클레스가 건축한 성벽의 흔적이 남아 있다. 이것은 단순히 아테네의 성벽을 높이기 위한 토목공사가 아니었다. 테미스토클레스는 또 한번 미래에 닥칠 다음 전쟁을 준비한 것이다. 아테네가 페르시아를 물리치고 그리스의 맹주가 된 뒤 그다음 적은 분명히 스파르타가 될 것이라고 예측했다. 비록 같은 그리스 동족이지만 제국의 길로 들어설 아테네를 향해서 경쟁 국가인 스파르타가 창검을 겨눌 것을 정확하게 예상한 것이다. 그래서 육군이 강한 스파르타의

▲
살라미스 해전이 치러졌던 살라미스 섬과 해협의 전경.

공격을 방어하기 위해 아테네 도심을 성벽으로 보호하고, 해군 기지가 있는 피레우스 항구로의 신속한 이동로를 확보했다. 만약 스파르타가 막강한 육군을 동원해 아테네를 공격해오면, 테미스토클레스는 신속하게 피레우스 항구에 정박되어 있는 삼단노선을 타고 스파르타 도시 자체를 공격하겠다는 작전을 세웠다. 정확하게 같은 뜻은 아니지만 성동격서聲東擊西의 전법이라 할 수 있다. 육군이 동쪽 아테네를 공격하면 해군을 동원해서 서쪽 스파르타를 치겠다는 전략이다. 닥쳐올 미래를 미리 준비하고 당면한 위기 속에서 신속한 판단을 내리는 일, 그리고 강력한 리더십으로 그것을 추진해나가고 완성시키는 모든 절차에서 테미스토클레스를 따를 자가 없었다.

위대한 인물도 치명적인 약점이 있다

지금까지의 기록을 살펴보면 테미스토클레스는 본받아야 할 덕목을 두루 갖춘 이상적인 군주의 거울로 소개되는 것처럼 보인다. 탁월한 재능과 뛰어난 실행력으로 나라를 위기에서 구한 인물이기 때문이다. 페르시아 전쟁이 끝나고 열린 올림피아 경기 때 "테미스토클레스가 경기장에 들어서자 모든 관객들이 선수들은 보지 않고 하루 종일 테미스토클레스만 바라보았다"고 기록될 정도다.[13] 그런데 플루타르코스는 이 천하의 테미스토클레스에게 치명적인 약점이 있었다고 말한다. 그는 "본래 유명세를 즐기는 사람"이었고 금전에 대한 욕심이 지나친 인물이었다는 것이다.[14] 적장으로부터 뇌물을 받거나 혹은 바침으로써 전쟁의 판세를 바꾸는 것에 대해서는 그래도 눈감아 줄 수 있지만, 페르시아 전쟁이 끝난 뒤 그리스 동맹국을 돌아다니면서 동맹 부담금을 우려낸 행동에 대해서는 플루타르코스도 눈살을 찌푸린다. "동맹을 맺은 도시들의 미움을 받았는데, 섬들을 돌며 돈을 갈취하려고 했기" 때문이다.[15] 결국 이런 행동으로 테미스토클레스는 아테네 시민들로부터 도편추방陶片追放을 당하게 되고, 죽을 고생을 하며 도피를 다니다가 결국 적국 페르시아에 자신의 몸을 맡기는 처지로 전락한다. 물론 조국을 배신하지 않기 위해 그리스와의 전쟁을 진두지휘하라는 페르시아 왕의 명령을 거부하고 자살로 인생을 마감했다는 설도 있다.

하지만 명예욕과 금전욕이 강했던 테미스토클레스에 대한 플루타르코스의 비판은 추상과 같다. 정치에 입문하기 전에 그가 가진 전

▲
작자 미상, 〈몰로시아의 왕 아드메토스에게 탄원하는 테미스토클레스〉, 1800년경. 불타는 화로 바닥에서 아이를 안고 탄원하는 것은 몰로시아(Molossia)인들에게 가장 신성한 예식이었다. 아테네를 떠난 테미스토클레스는 다른 나라에서 이런 행동을 하며 살아남았다.

재산이 3달란톤에 불과했는데, 공직에 오른 뒤엔 무려 100달란톤의 재산을 가지고 있었다는 것이다.[16] 매우 흥미로운 일이 아닐 수 없다. 그리스가 절체절명의 위기를 극복할 수 있었던 것은 테미스토클레스라는 탁월한 리더가 있었기 때문이다. 그런데 이런 위대한 인물에게 명예욕과 물질에 대한 욕심을 제어하지 못하는 치명적인 약점이 있었던 것이다. 그렇다면 우리는 테미스토클레스를 어떻게 평가할 것인가. 맛있고 품질 좋은 떡만 만들 수 있다면 방앗간의 일꾼들이 떡고물쯤 챙기는 일은 용납해주어야 하는 것일까. 위기에 처한 나라를 구했으니 그깟 100달란톤쯤이야 눈감아주어야 하는 것일까. 회사에 100억쯤 벌게 해주는 직원이라면 개인적으로 몰래 1억쯤 챙기는 일은 정당화될 수 있을까.

테미스토클레스의 사례가 우리의 흥미를 끄는 것은 인간의 본성에 대한 기본적인 질문을 제기하기 때문이다. 인간은 왜 이런 행동을 하는 것일까. 위대한 인물에게 왜 이런 약점이 존재할까. 테미스토클레스가 그렇게 탁월한 인물이었다면 개인의 작은 이익쯤 초탈할 수도 있었을 텐데, 왜 인간은 명예와 물질에 대한 욕심을 버리지 못할까. 우리는 가끔 언론 보도를 통해 높은 공직에 있던 사람들이 금전적인 부정을 일으키고, 이미 엄청난 부를 축적한 부자들이 더 많은 부를 축적하려 욕심을 내다가 사회적인 물의를 일으키는 것을 보게 된다. 이미 높은 지위에 올랐음에도, 그리고 많은 재산을 가지고 있음에도 불구하고 왜 그들은 더 많은 명예를 추구하고, 더 많은 재산에 욕심을 내는 것일까. 다른 사람들이 가지고 있는 이런 성향을 비난하기 전에 스스로 그런 욕심이 전혀 없다고 자신 있게 말할 수 있는지 생각해볼 일이다.

인간 본성에 대한 플라톤의 통찰

이 문제를 진지하게 고민했던 또 다른 사람이 있다. 바로 철학자 플라톤이다. 그리고 이 문제를 진지하게 다룬 책이 있다. 바로 플라톤의 명저 『국가』다. 플라톤의 『국가』는 보통 7권까지 읽고 그만두는 책이다. 총 10권으로 구성되어 있는데, 그중 7권이 제일 재미있고 또 가장 중요한 내용을 담고 있기 때문이다. 그 유명한 '이데아론'과 '동굴의 비유'가 모두 『국가』의 7권에 기록되어 있다. 그래서 많은 플라톤의 독자들은 7권까지만 읽고 감동과 안도의 한숨을 내쉰 뒤 그 두꺼운 책을 덮어버린다. 흔히 이어지는 8권에서 10권까지의 내용은 플라톤의 핵심 사상인 '이데아론'과 '동굴의 비유'를 설명하기 위한 사족蛇足이라고 생각하지만 사실은 그렇지 않다. 지금부터 소개하는 8권의 내용이 어쩌면 『국가』의 가장 중요한 부분을 담고 있는지도 모른다. 앞에서 논의했던 인간의 본성에 대한 문제를 다루고 있기 때문이다. 왜 테미스토클레스와 같은 위대한 인물이 명예욕과 금전에 대한 욕심을 버리지 못하는가에 대한 근본적인 성찰을 담고 있다.

플라톤은 "가장 우수한 자"들이 나라를 통치해야 한다는 이상국가론을 가지고 있었다. 『국가』의 상당 부분은 이런 이상국가를 건설하기 위해 "가장 우수한 자"들을 어떻게 교육시킬 것인가에 대한 설명을 담고 있다. 특히 후반부가 더욱 그렇다. 그러나 『국가』 8권에서는 국가 정체의 발전 과정을 소개하면서 각 발전 단계에 등장할 수밖에 없는 인간의 일반적인 유형을 제시한다. 이것은 놀랍고 무서운 주장이다. 그 나라 사회 혹은 기업이나 조직의 발전 과정에 따라 전형적인 '인간의 유형'이 나타난다고 보기 때문이다. 그러나 지금은 플라톤의 인간론을 논의하는 장소가 아니므로 8권의 핵심적인 내용들만 집중적으로 살펴보겠다. 우리는 지금 왜 테미스토클레스와 같은 탁월한 인간이 명예욕과 금전욕을 버리지 못하는지에 대해 분석 중이다. 우리 주위에서 흔히 볼 수 있는 '지나친 야망과 욕심을 가진 인간'이 등장하는 근본적인 원인과 사회적 배경을 플라톤의 『국가』를

▲ 아테네 아카데미의 정원에 전시되어 있는 플라톤의 좌상.

통해 살펴보자.

플라톤은 일반적인 국가의 정체가 명예지상 정체timokratia → 과두제oligarchia → 민주제demokratia → 참주제tyrannis의 순서로 발전되어 진행된다고 보았다. 칼 마르크스가 역사의 발전 단계를 변증법적 유물론에 근거해 연구했다지만 그 시원始原에는 플라톤이 있다. 시대의 환경과 요구가 변하면서 정치 구조도 변모해간다는 이론이고, 그 정치적 구조에 최적화된 인간형이 등장한다는 게 플라톤의 분석이다. 첫 번째로 등장하는 명예지상 정체는 역사의 초기 단계로 '지혜를 사랑하는 자', 즉 철학자 왕에 의해 통치되는 이상적인 국가 형태다. 나라가 터전을 잡아가는 초기 단계에 이런 '지혜를 사랑하는 자'들이 등장하게 된다. 그러나 '지혜를 사랑하는 자'는 쉽게 찾아 볼 수 없고, 설령 있다 하더라도 이런 사람들은 국가를 통치하는 것보다 개인의 철학적 덕목을 수련하는 데 더 많은 관심을 가질 것이다. 결국 이런 명예지상 정체 아래에서는 현자보다는 "단순한 성격을 가졌지만 열정적인 인간들, 천성적으로 평화적 통치보다는 전쟁에 적합한 인물들, 군사적인 책략과 교묘한 술수가 뛰어난 자들, 그리고 끊임없는 전쟁을 획책하는 자들"이 권력을 잡게 된다.[17] 놀라운 구절이 아닐 수 없다. 플라톤이 실명을 거론하고 있지는 않지만, 누가 봐도 이 구절은 테미스토클레스를 염두에 두고 쓴 문장처럼 보인다. 테미스토클레스야말로 "단순한 성격을 가졌지만 열정적인 인간들, 천성적으로 평화적 통치보다는 전쟁에 적합한 인물들, 군사적인 책략과 교묘한 술수가 뛰어난 자들, 그리고 끊임없는 전쟁을 획책하는 자들"을 대표하는 인물이기 때문이다. 플라톤의 그다음 문장이 더 충격적이다.

이런 천성을 가진 자들은 과두제 체제 아래 있는 사람들처럼 돈을 사랑하는 사람들이다. 그들은 남들이 알아채지 못하는 금과 은에 대한 갈망을 가지고 있다. 그들은 남들이 알지 못하는 곳에 금고를 숨겨놓고 있다. 자신들의 황금 달걀을 숨겨놓은 거대한 성채를 소유하고 있는데, 자기 아내에게나 본인이 좋아하는 다른 친족에게만 주기 위해서다.[18]

플라톤이 가진 통찰력의 위대한 점은, 이런 인간 유형의 등장을 국가 정체와 연결하는 것에 그치는 게 아니라 이런 유형의 인간이 탄생할 수밖에 없는 사회적 상황과 가정환경까지 통찰하고 있다는 점이다. 놀랍게도 플라톤은 테미스토클레스와 같은 인간의 유형이 나올 수밖에 없는 사회적 상황과 가정환경에 대해 이렇게 말한다.

> 이런 유형의 젊은이가 등장하는 이유는 다음과 같다. 그는 잘못된 통치가 시행되고 있는 아버지의 아들인 경우가 많은데, 그 아버지는 공직이나 명예로운 일에 나서는 사람이 아니다. 그의 아버지는 억울한 일이 있어도 법정으로 가거나 다른 방책을 강구하지 않는다. 그런 선량한 사람들은 자신의 법적인 권리를 포기하더라도, 이런 성가신 일에 나서는 것을 꺼려하기 때문이다.[19]

이 대목에서 우리는 즉각 테미스토클레스의 아버지를 떠올리게 된다. 테미스토클레스의 "선량한" 아버지는 여러 면에서 플라톤이 말하는 아버지와 꼭 닮았다. 큰 야심을 가지고 정치에 나서려는 아들을 만류하기 위해 테미스토클레스의 "선량한" 아버지는 해안에 떠밀려 온 삼단노선의 잔해를 보여주면서, 아들에게 백성들은 쓸모가 없어진 지도자를 이렇게 다룬다고 호소한 바 있다. 그는 전형적인 "선량한 아버지"였다. 플라톤은 여기서 그치지 않는다. 테미스토클레스와 같은 유형의 인간이 등장하는 배경에는 어머니의 영향도 있다고 주장한다. 플라톤의 놀라운 통찰을 들어보자.

> 이런 젊은이의 성격이 형성되는 배경에는 어머니의 불평도 자리잡고 있다. 어머니는 아들에게 아버지에 대한 불평을 늘어놓게 된다. 남편이 공직에 뜻도 없고 사회생활에도 적극적이지 않으니, 다른 여성들이 자기 남편을 자랑하는 것을 들으면 그 불만을 아들에게 털어놓게 된다. 남편

이 돈을 벌어오는 것에 관심이 없고 사람들이 모인 곳에서 허튼 소리만 하고 있다고 생각하니 불평이 늘고, 무슨 일이 생기면 혼자서 조용하게 해결하니 그것도 아내에게는 불만일 것이다. 남편은 자기 생각에만 골몰하고 아내에 대한 애틋한 마음도 없으니, 화가 날 것이다. 그래서 어머니는 아들에게 네 아버지는 남자답지 못한 반쪽짜리 인간이며, 지나치게 안이한 사람이라고 불평을 늘어놓는다. (중략) 결국 그 젊은이는 교만하고 지나치게 명예를 사랑하는 인간이 된다.[20]

물론 플라톤은 이 "교만하고 지나치게 명예를 사랑하는 인간"이 테미스토클레스였다고 분명하게 밝히고 있지는 않다. 그러나 그 당시 『국가』를 읽은 아테네의 독자라면 무릎을 치면서 "그래, 테미스토클레스가 바로 이런 사람이었지!" 하고 탄성을 질렀을 것이다. 고지식하고 공직에 관심이 없었던 아버지 밑에서 자란 테미스토클레스가 바로 명예지상 정체 시대의 통치자였음을 누구나 미루어 짐작할 수 있기 때문이다. 또한 계속되는 기원전 5세기의 아테네 역사 전개 과정이 플라톤의 정체 설명을 증명해준다. 테미스토클레스가 명예지상 정체를 대표했다면, 그다음에 등장한 페리클레스(B.C. 495~429)가 과두제 시대의 지도자였다는 것을 누구나 기억하기 때문이다. 그리고 플라톤이 펠로폰네소스 전쟁 이후에 과두제의 뒤를 이은 무분별한 민주제가 자신의 스승 소크라테스를 죽음으로 내몰고(기원전 399), 결국 '30인의 참주제$_{tyrannis}$'가 실시되면서 아테네는 몰락한다는 역사적 사실을 정확하게 지적하고 있기 때문이다.

테미스토클레스가 주는 오늘의 의미

우리가 살고 있는 지금 시대는 민주제와 참주제 사이를 오락가락한다. 1987년 체제의 정착 이후 한국 사회는 명목적 민주주의를 수용하고 있지만, 근대적 시민의 자유를 완전히 체득하지 못한 상태에서 확보된 민주제는 쉽사리 참주제의 힘에 굴종되곤 한다. 만약 테미스토클레스를 플라톤의 정체 프레임으로 본다면, 지금 대한민국의 정치 현장에서 이런 인물을 찾는 것은 모순일 것이다. 테미스토클레스는 명예지상 정체를 대표하기 때문에, 우리는 지금의 정치 현장에서 그런 본성을 가진 인간형을 찾기 힘들다. 오히려 우리 시대의 테미스토클레스는 정치판이 아니라 치열하게 펼쳐지는 경영 현장에서 찾아볼 수 있다. 우리는 대대로 사농공상士農工商의 사회 계층 전통을 유지해왔다. 유교적 세계관이 지배하던 100년 전만 해도 경영인은 상인 계층으로 하대를 받았다. 대한민국에는 이런 유교적 가치를 우선시하는 "선량한 아버지" 밑에서 자란 아들들과 상대적으로 고생한 어머니의 모습을 지켜보면서 성공에 대한 욕망을 불태운 아들들이 아주 많았다. 그러니 대한민국은 테미스토클레스와 같은 인물들이 자생하기에 최적의 공간을 제공했다. 그래서인지 주위에 보면 경영적인 면에서 탁월한 성과를 내는 사람도 많지만, 동시에 돈과 명예에 대한 욕심을 억제하지 못하는 대한민국의 테미스토클레스들도 많이 보게 된다. 돈과 명예에 대한 욕심이 과다한 사회가 형성될 수밖에 없는 환경이 펼쳐졌기 때문이다. 테미스토클레스의 공과功過를 면밀히 검토하면서, 그리고 플라톤의 인간 본성에 대한 통찰력을 숙고하면서 무엇보다 자신의 본성을 돌아봐야 할 때다. 이번 기회에 테미스토클레스와 우리 자신의 본성을 '비교'해보면 어떨까? 사실 그런 비교가 플루타르코스가 『비교 영웅전』을 쓴 이유이기도 하다.

테미스토클레스의 무덤은 피레우스 항구의 높은 언덕에 자리 잡고 있다. 피레우스는 아테네의 상인들이 분주하게 교역 물자를 실어 나르는 항구였

로마 인근 오스티아 고고학박물관에 있는 테미스토클레스의 흉상. 기원전 450년경에 제작된 그리스 테미스토클레스 흉상을 로마 시대에 복제한 것이다.

으며, 지금도 그리스를 대표하는 최대의 무역항이다. 한 시인은 그의 무덤 앞에 이런 시비詩碑를 세웠다. 미래의 상인들에게 경종을 울리는 시구다.

그대의 무덤은 피레우스 항구가 내려다보이는 멋진 곳에 자리잡고 있으니, 항구로 돌아오는 상인들이 기쁨의 눈물을 흘리며 당신을 우러러보게 되리라.
그대의 무덤은 그 상인들이 항구로 드나드는 모습을 보게 될 터이니 속도를 내며 달리는 상인들의 배를 구경하게 되리라.[21]

06

과오를 깨닫는 자만이
앞으로 나아갈 수 있다

카밀루스

사두마차를 타고 가는 남자

소가 땅의 경작과 단백질 섭취를 위해 인류에게 필요한 동물이었다면, 말은 경주와 전쟁을 위한 도구였다. 말을 타고 전투에 나가면 훨씬 유리했다. 적진을 향해 빠르게 달릴 수도 있고, 머나먼 원정길도 말안장에 올라앉아 편하게 이동할 수 있다. 그래서인지 위대한 장군들의 모습은 일반적으로 기마상騎馬像으로 표현되며, 중세 기사들도 대부분 말을 탄 모습이다. 포세이돈은 '바다의 신'으로 알려져 있지만, 사실 '말의 신'이기도 하다. 그래서 포세이돈의 조각을 보면 종종 곁에 말을 두고 있거나 사두마차四頭馬車를 모는 모습을 하고 있다. 인간은 아무리 위대한 장군이라 할지라도 한 마리의 말에 오르는 것에 만족해야 했다. 사두마차는 포세이돈 신을 위한 것이었기 때문이다.

인간이 사두마차를 타는 것은 분수를 모르는 교만한 행동으로 간주됐다. 그런데 최초로 사두마차를 타고 당당히 로마로 입성한 장군이 있었다. 그의 이름은 마르쿠스 푸리우스 카밀루스였다. 카밀루스 장군은 '로마의 두 번째 창건자'로 칭송받은 인물이다. 로물루스가 기원전 753년에 로마를 처음으로 창건한 인물이었다면, 카밀루스는 외적의 침입으로 무너질 뻔한 나라를 구한 '로마의 구원자'다. 카밀루스는 평생 단 한 번도 집정관의 자리에 오른 적이 없다. 그럼에도 불구하고 로마 시민들은 국가가 위기에 처할 때마다 카밀루스를 딕타토르dictator, 즉 독재관으로 임명했다.[1] 그것도 무려 다섯 번씩이나 독재관을 역임했는데, 이는 로마 역사상 전무후무한 기록이다. 독재관은 나라가 외적의 침입 등으로 비상시국에 처했을 때 한 사람에게 모든 권력과 결정권을 일임하는 제도였다. 임기는 아무리 비상시국이라 해도 반드시 6개월을 넘지 못하도록 했고, 보통 두 명의 집정관 중 한 명이 독재관으로 임명되어 전쟁을 지휘하는 게 상례였다. 카밀루스는 단 한 번도 집정관 자리에 오른 적이 없는데, 무려 다섯 번이나 독재관을 역임했고 모든 전쟁에서 승리를 거두어 로마를 누란累卵의 위기에서 벗어나도록 했다. 그야말로 '전쟁의 신'이었고, 포세이돈이 타던 사두마차를 끌고 개선식을 받을 만한 충분한 자격을 갖춘 인물이었다.

    플루타르코스는 이 로마의 위대한 장군 카밀루스를 그리스의 테미스토클레스 장군과 대비시켰다. 그런데 안타까운 것은 『비교 영웅전』의 백미인 비교 부분이 '테미스토클레스 vs. 카밀루스' 편에는 빠져 있다는 점이다. 플루타르코스가 왜 하필 테미스토클레스와 카밀루스를 대비시켰는지 정작 그 이유는 알 수 없다. 두 사람 모두 유능한 장군이었고, 외적의 침입을 물리친 탁월한 지휘관이라는 공통점이 있지만 서로 성격과 품성이 달랐고, 임종의 모습도 완전히 달랐다. 조국 아테네를 배신한 테미스토클레스는 황소의 피를 마시면서 자살로 생을 마감했다고 알려진 반면, 카밀루스는 마지막까지 로마 시민들의 존경을 받다가 노환으로 평온하게 임종을 맞이했다.

 테미스토클레스와 카밀루스를 비교할 근거 기록이 남아 있지 않으므로 결국 우리가 할 수 있는 일은 카밀루스를 다른 자료와 비교해 살펴보는 것이다. 앞의 장에서는 테미스토클레스의 생애를 플라톤의 『국가』의 내용과 비교했듯이, 카밀루스의 생애는 마키아벨리의 『군주론』과 비교하도록 하겠다. 왜 카밀루스를 마키아벨리의 『군주론』을 통해 분석하려는 것인지에 대해서는 나중에 자세한 설명이 첨부될 것이다. 우선 피렌체의 2등 서기관이었던 마키아벨리가 늘 카밀루스의 초상화를 보았다는 것만 서두에 밝혀두면서, 먼저 카밀루스가 어떤 인물이었고 어떤 역동적인 삶을 살았는지에 대해 살펴보도록 하자.

'전쟁의 신' 카밀루스의 파란만장한 생애

카밀루스Marcus Furius Camillus(B.C. 446~365) 시대의 로마는 지금 우리가 알고 있는 로마제국과는 그 모습이 상당히 달랐다. 로마는 이제 겨우 건국 200년 정도의 짧은 역사를 가진 작은 나라에 불과했다. 원래 로마인들은 이탈리아 반도의 원주민이 아니라 외부에서 유입되어 온 정착민이었다. 남의 땅을 비집고 들어온 외부인이었기에, 로마인들에 대한 이탈리아 원주민들의 반감과 경계는 좀처럼 수그러들지 않았다. 영토를 확장하기 위한 전쟁은 불가피했고, 자신의 땅을 지키겠다는 원주민들의 저항도 만만치 않았다. 이 혼란의 와중에 카밀루스라는 불세출의 지도자가 등장한다.

언제나 그렇듯이 외부의 혼란이 극심하면 내부의 분열과 갈등도 덩달아 증대하게 마련이다. 로마도 그랬다. 아직 나라의 틀이 잡히지 않은 상태다 보니 권력 구조에 대한 합의도 제대로 이루어지지 않던 때였기 때문이다. 전통 귀족들은 원로원senatus을 중심으로 자신들의 기득권을 지켜나갔고, 일반 평민들은 호민관tribune 제도를 만들어 귀족들의 권력 독점을 견제하고 저항했다. 원로원 중에 두 명의 지도자를 뽑아 집정관으로 임명하는 제도도 사실 한 개인에게 권력이 독점되는 것을 막으려는 고육책이었다. 한 사람이 권력을 독점하지 못하도록 두 사람에게 권력을 나누어놓은 것이다. 그것도 모자라 평민들은 호민관을 동시에 무려 여섯 명이나 임명해 그들의 권리를 지키도록 했다. 소수의 지배를 받는 것보다 두 명의 집정관(원로원 대표)과 여섯 명의 호민관(평민 대표)의 통치를 받는 게 그래도 약간의 위안이 되었던 모양이다. 예나 지금이나 권력 구조와 통치 방식에 대한 합의가 이루어지지 않은 나라에서 관직에 오르는 것은 위험한 일이다. 카밀루스도 그것을 처음부터 알고 있었던 것 같다. 그래서 그는 여러 차례 관직에 오를 기회가 있었지만 모두 사양하며 자세를 낮추었다. 플루타르코스는 이런 현명한 처신 때문에 "카밀루스의 권위는 시기

심을 유발하지 않았고 그의 능력은 그를 논란의 여지가 없는 최고의 위치에 올려놓았다"고 평가한다.²

카밀루스 장군이 유명세를 떨치게 된 것은 물론 전쟁 때문이었다. 아이퀴Aequi 족과 볼스키Volsci 족과의 전투에서, 적이 쏜 화살이 허벅지에 박혔지만 카밀루스는 물러서지 않고 끝까지 싸워 전투를 승리로 이끌었다(B.C. 403). 당시 그는 부관의 신분이었지만 이런 용감무쌍한 행동으로 지휘관보다 더 높은 명성을 얻게 된다. 카밀루스가 처음으로 지휘관 자리에 오른 것은 7년간 지속된 베이이Veii 족과의 전쟁(B.C. 406~396) 때였다. 베이이는 로마에서 북쪽으로 16킬로미터 정도 떨어진 곳에 있는 에트루리아 지역의 요새였다.

에트루리아인들은 이탈리아 중부의 원주민으로 매우 호전적인 사람들이었다. 고대로부터 부족끼리의 전쟁이 그치지 않았기 때문에 에트루리아인들은 아예 언덕이나 산꼭대기에 부족을 이루고 살았다. 군사적 방어를 위해서 고지대에 도시를 건설한 것이다. 지금도 이탈리아 중부 지역에 산악도시가 많은 것은 바로 이들이 에트루리아인들의 후손이기 때문이다. 시에나, 우르비노, 몬테풀치아노, 오르비에토 등의 중부 도시가 모두 에트루리아인들이 거주했던 지역이다. 당시 베이이는 에트루리아인들이 자랑하던 최후의 군사적 보루였다. 로마와 국경을 맞대고 있었지만 높은 성벽과 풍부한 전쟁 자금 때문에 적국 로마에 대한 군사적, 문화적 자신감이 넘치던 도시였다. 로마인들은 세력을 북쪽으로 확장하기 위해 베이이를 공격했지만, 난공불락의 베이이 요새를 공략할 수는 없었다. 무려 7년이라는 오랜 시간이 흘렀고, 로마의 지휘관들은 군사들의 불평을 통제할 수 없는 지경에 이르게 된다. 그러자 인기가 높은 카밀루스가 마침내 작전 지휘권을 넘겨받게 된다(B.C. 401).

카밀루스의 군사작전은 신출귀몰 그 자체였다. 시간을 끌면서 적의 시선을 다른 곳으로 돌린 뒤 땅굴을 파 적진의 중심부로 들어간 것이다. 원래 이탈리아 중부 지역은 사암砂巖이 많기 때문에 지하 토목공사가 비교적 용이하다. 땅굴을 통해 질풍노도와 같이 밀려들어간 로마 군인들은 베이이를 철저하게 파괴했다. 당시의 풍습대로 전투에서 승리를 거둔 군사들은 패자의 재산을 노략질 했다. 당시로서는 승자가 전리품을 챙기는 것은 당연한 일이었다. 로마 군사들도 베이이 주민들을 죽이고 그 재산을 무차별적으로 강탈했다. 그러자 카밀루스는 두 손을 하늘을 향해 뻗고 눈물을 흘리면서 유피테르 신에게 이렇게 기도했다.

"누구보다 위대하신 유피테르여! 그리고 인간의 선행과 악행을 두루 보시고 심판하시는 모든 신들이시여! 신들께서는 알고 계시리라 확신합니다. 저희가 이 무례하고 무법적인 사람들의 도시에 부정을 행한 것은 사악해서가 아니라 필요에 의해서, 저희 자신을 지키기 위해서 한 것입니다. 그러나 형평성을 위해, 승리의 행운을 거둔 저희에게 어떤 보복을 하시려거든 제발 로마나 로마의 군대에 그 보복을 내리지 마시되 지 자신에게 내려주시고, 부디 너무 많은 해는 입히지 마시옵소서!"[3]

베이이와의 전쟁은 무려 10년간 지속됐다. 카밀루스가 베이이를 성공적으로 공략함으로써 이제 로마는 이탈리아 중부와 북부로 나

▲
프란체스코 데 로시(살비아티), 〈카밀루스의 개선식〉, 1545년, 피렌체 베키오 궁전 소장. 사두마차를 타고 개선하는 카밀루스의 당당한 모습이 잘 표현되어 있다.

아갈 수 있는 전략적 교두보를 확보했다. 이런 혁혁한 전공을 쌓은 카밀루스는 네 마리의 백마가 끄는 마차를 타고 당당히 로마로 귀환한다. 그러나 그것은 플루타르코스의 표현대로 "신들의 왕에게만 어울리는 신성한 것"이었다. 카밀루스는 신을 참칭하는 오만을 저질렀다.

이것은 카밀루스의 명백한 실수였다. 사두마차를 타고 개선하는 카밀루스 장군을 보면서 로마 시민들은 겉으로는 찬사를 늘어놓았지만, 속으로는 질투와 경계심을 품지 않을 수 없었다. 시간이 지나자 로마 시민들은 이 젊은 장군의 오만한 개선식에 대한 불편한 마음을 숨기지 않았다. 그들은 카밀루스에게 전리품 중 10분의 1을 델포이 신전에 바치기로 했던 전쟁 전의 맹세를 지키라고 쏟아붙였다.

카밀루스는 자신의 실수를 깨닫고, 다시는 이런 잘못을 범하지 않겠다고 결심한다. 그는 서둘러 전쟁 전에 약속했던 대로 전리품을 델포이 신전에 바쳤다.

이번에는 팔리스키Falisci 족과의 전쟁(B.C. 395)이 벌어졌고 카밀루스는 다시 독재관에 임명되어 이 전쟁을 진두지휘한다. 카밀루스 장군은 장기전을 계획했다. 이것은 적의 전력이 막강해서라기보다 로마 시민들의 관심을 외부로 돌려, 나라를 안정시키기 위해 선택한 전략이었다. 다른 나라와 전쟁이 벌어지면 내부의 문제로 서로 싸우던 국민들도 일치단결하기 마련이다. 복잡한 국내 정치 현안으로 골치가 아픈 현대 정치가들은 카밀루스 장군의 작전을 참고하기 바란다. 국민의 관심과 시선을 외부로 돌리게 하고, 온 국민이 외부의 적을 상대로 일치단결해 싸우도록 만들 수 있다. 플루타르코스는 다소 냉소적인 시선으로 이런 로마인들의 정치 방식을 평가한다. "이것은 로마 사람들이 곧잘 쓰던 처방으로, 마치 용한 의사의 처방처럼 매우 적절하고 효험이 있었으며 나라 체제라는 몸으로부터 골치 아픈 병을 없앴다."4

한편 팔리스키 족들은 자신들 도시의 성벽이 워낙 튼튼했던지라 로마 군대에게 포위되었음에도 불구하고 평소처럼 자유롭게 생활했다. 심리전적인 요소도 있었다. 성을 에워싸고 있던 로마 군인들을 조바심나게 하는 전략을 구사한 것이다. 그런데 팔리스키인들 가운데 로마의 군사력에 겁을 집어먹고 혼자서 항복을 하려던 사람이 있었다. 이 사람은 팔리스키에서 학생들을 가르치던 교사였는데, 그는 제일 먼저 나라를 배신한다. 그는 자신이 가르치던 아이들을 데리고

▲
도메니코 코르비 〈팔리스키의 선생과 카밀루스〉, 1764~1766년, 로마 캄피돌리오 박물관 소장.

함께 로마에 투항해버린다. 그는 카밀루스에게 어린 학생들을 인질로 삼고 싸우면 팔리스키 족이 즉각 항복할 것이라고 귀띔했다. 그러나 카밀루스는 그를 체포해 아이들과 함께 팔리스키 족의 성 안으로 돌려보냈다. "위대한 장군은 자신의 용맹에 의지해서 전쟁을 벌이지, 남의 비열함에 의지하지 않는다"며 그를 회초리로 매질하고, 성 안으로 다시 돌려보낸 것이다.[5] 팔리스키 족은 크게 감명받아 카밀루스에게 투항할 것을 결정한다. 카밀루스는 로마 군사들에게 투항한 팔리스키 족들의 재산을 전리품으로 취하지 못하도록 조치하고 마침내 전쟁을 끝낼 수 있었다.

그러나 팔리스키 족과의 전쟁에 참전한 군사들은 격노했다. 목숨을 걸고 전쟁에 나선 것은 순전히 전리품을 챙기기 위해서였는데, 카밀루스 장군이 이를 금지시켰기 때문이다. 전쟁에서 승리를 했지만 결국 빈손으로 돌아온 로마 군인들은 카밀루스 장군에게 누명을 씌워 로마 법정에 고발했다. 그들은 장군의 집에서 전리품으로 보이는 값비싼 황동 문짝이 발견되었다고 주장했다. 황당한 모함을 받은 카밀루스는 결국 로마를 떠나기로 결심한다. 로마 시민들의 시기와 질투, 권력에 대한 지나친 경계심에 지쳐버린 카밀루스는 결국 유랑자가 되어 조국을 떠난다.

카밀루스가 떠나버린 로마에 또다시 절체절명의 위기가 닥쳐왔다. 갈리아 지방의 야만족들이 일시에 라인 강과 알프스 산을 넘어, 이탈리아로 몰려든 것이다. 갈리아 지방은 지금의 프랑스 지역인데, 골Gaul 족이라 부르는 게르만 족 계열이 살던 야만의 땅이었다. 플루타르코스는 이 갈리아 지방의 야만족들이 이탈리아의 포도주 맛을 보고 집단 이주가 시작되었다고 기록한다.

마침내 그들은 포도주의 맛을 알게 된 것이다. 이탈리아에서 가져온 포도주를 처음으로 맛본 갈리아 사람들은 정말로 마음에 들었다. 그들은 새로운 맛이 주는 기쁨에 흥분한 나머지 무기를 집어들었고, 오로지 포도가 나는 땅을 찾아 식구들까지 데리고 알프스로 나선 것이다. 그들에게 포도가 나지 않는 다른 모든 땅은 황무지로밖에 보이지 않았다.[6]

▲
기원전 4세기의 로마 모형. 로마 역사박물관 소장. 신전이 보이는 앞쪽의 언덕이 카피톨리움이다. 지금의 캄피돌리오 언덕으로 미켈란젤로가 설계한 광장과 박물관이 있다.

   지금은 프랑스 포도주를 이탈리아 포도주보다 상급으로 치지만 그때는 아직 갈리아 지방에 포도가 없었던 모양이다. 갈리아 족의 남침은 기원전 390년에 일어난 고대 로마 역사의 대사건이었다. 당시 갈리아 족의 왕이었던 브렌누스Brennus는 직접 로마를 침공할 의도를 가지고 있지 않았다. 에트루리아의 도시 클루시움Clusium이 그들의 최종 공격 목표였다.[7] 하지만 로마는 클루시움을 뺏길 경우 야만족들의 본격적인 이탈리아 반도 이주가 촉발될 것을 우려했다. 그래서 로마인들은 브렌누스의 의도를 떠보기 위해 클루시움으로 사절단을 급파했다. 브렌누스는 로마가 자신의 클루시움 정복에 관여하지 말 것을 요구하면서 "약한 자가 강한 자에게 가진 것을 양보하는 법칙은 신으로부터 시작해서 필멸의 짐승들에 이르기까지, 온 세상이 따르는 것"이라고 몰아붙였다.[8] 로마의 사절단은 브렌누스의 공격이 클루시움에서 멈추지 않고 결국 로마까지 공격할 것이라고 예측했다. 그래서 사절단은 로마로 귀환하지 않고 클루시움의 군대에 합류해 브렌누스가 이끄는 갈리아 족 군대와 싸우게 된다. 브렌누스는 친선을 모색하러 온 사절단이 전투에 개입하는 것을 보고 분노를 터트리며 로마에 대한 선전포고를 했다. 기원전 387년, 마침내 브렌누스의 갈리아 군대는 로마를 향해 진격을 시작했다. 로마의 중장 보병 4만 명이 방어를 위해 선제공격을 시도했지만 참패하고 말았다. 카밀루스가 없는 로마 군대는 오합지졸일 뿐이었다. 퇴각하던 로마 패잔병들은 모두 베이이에 숨어들었고, 로마에 남아 있던 시민들과 군사들은 공포에 질린 채 카피톨리움 언덕 위에서 최후의 방어진을 구축했다. 피신할 수 있는 로마 시민들은 모두 이 언덕 위에 올라 결사 항쟁을 준비했다. 몸을 움직일 수 없는 노인들은 문 앞에 놓인 의자에 앉아 브렌누스 군대의 무자비한 살육을 조용히 기다려야만 했다. 로마는 카피톨리움 언덕을 제외한 전 지역을 갈리아 족에게 빼앗겼다. 로마가 창건된 지 390년 만에 나라의 문을 닫아야 하는 위기에 처한 것이다.

로마가 경국傾國의 위기에 처했다는 소문이 타지에서 은둔하고 있던 카밀루스의 귀에도 흘러 들어갔다. 그는 즉각 주위의 젊은이들을 설득해 민병대를 조직하고 갈리아 군대의 배후 기지를 공격한다. 물론 승리했다. 그리고 폰티우스라는 청년을 로마로 보내 승전 소식을 급히 알리도록 했다. 로마의 지리를 잘 알고 있던 폰티우스는 카피톨리움을 에워싸고 있던 갈리아 군대의 감시망을 피해 언덕 절벽을 기어 올라갔다. 그리고 로마인들에게 카밀루스 장군이 갈리아 군대의 배후 기지를 점령했다는 기쁨의 승전보를 알렸다. 이 소식을 들은 카피톨리움의 로마 시민들은 카밀루스를 독재관으로 임명하고, 다시 한 번 백척간두에 몰린 나라의 운명을 그에게 맡긴다.

폰티우스가 몰래 기어오른 카피톨리움의 비밀 통로는 갈리아 군사들에 의해 곧 발견되었고, 이번에는 갈리아 군사들이 그 통로를 통해 절벽을 기어 올랐다. 그런데 여기서 놀랍게도 신의 도움이 로마인들에게 임했던 모양이다. 카피톨리움 언덕 위에 유노Juno 신전이 있었는데, 그 주위에는 많은 수의 거위들이 살고 있었다. 야음을 틈타 갈리아 군사들이 비밀 통로를 기어오르자 이 거위들이 큰 소리로 울어대기 시작한 것이다. 시끄러운 거위 울음소리에 잠이 깬 로마의 경비병들은 곧 적을 발견하고, 손도끼로 그들을 내리치며 방어에 나섰다.

이렇게 기적적으로 야간 기습을 막아내긴 했지만 7개월이나 지속된 공성작전으로 로마 시민들은 결국 휴전 협상에 임할 수밖에 없었다. 브렌누스는 철군撤軍의 조건으로 황금 1000리브라를 요구했다. 궁지에 몰린 로마 시민들은 겨우 황금 1000리브라를 구해 전쟁 배상금으로 지불했지만, 브렌누스는 황금의 무게를 재는 저울을 조작해 더 많은 황금을 요구했다. 이런 부당한 조치에 로마인들이 항의하자, 브렌누스는 "패한 자들만이 억울한 법이다Vae victis!"라는 유명한 말을 내뱉었다.⁹ 이런 논쟁으로 로마인들과 갈리아인들이 옥신각신하고 있는 사이, 독재관으로 임명된 카밀루스 장군은 로마 시내로 전격 입성한다. 로마인들과 갈리아인들 모두 숨을 죽이며 전설적인 장군의 모습을 지켜보았다. 말에서 내린 카밀루스 장군은 조용히 황금을 다시 회수하더니, 브렌누스에게 당장 엉터리 저울을 들고 꺼지라고 한다.

그리고 "로마인들은 황금이 아니라 무쇠로 도시를 구원한다"는 명언을 남긴다.[10] 다시 두 종족 간의 전쟁이 벌어졌지만 브렌누스는 역전의 노장 카밀루스를 당할 수 없었다. '전쟁의 신' 카밀루스는 승리를 거두었고, 그동안 협소한 카피톨리움 언덕에 갇혀 7개월 동안 지옥과 같은 삶을 지낸 로마 시민들은 마침내 자유를 얻었다.

그러나 로마 시민들은 다시 카밀루스를 비난했다. 카피톨리움을 제외한 로마 시내는 이미 폐허로 변했고, 로마 시민들 사이에서는 베이이로 수도를 이전하자는 의견이 대두됐다. 그러나 카밀루스는 수도 이전을 반대하며 로마를 다시 재건하자고 주장한다. 수도를 옮기자는 시민들의 안과 로마를 재건하자는 카밀루스의 안이 팽팽히 맞서는 사이, 다시 에트루리아인들이 전쟁을 걸어왔다. 갈리아인들과의 전쟁에서 국력이 소진된 틈을 타 이번에는 이탈리아 중부의 원주민들이 로마를 공격한 것이다. 세 번째로 독재관에 임명된 카밀루스는 이 전쟁에서도 승리를 거둔다. 그는 적의 성벽이 나무로 되어 있는 것을 보고 화공火攻작전을 펼쳐 단숨에 적을 물리쳤다.

다시 로마로 개선한 카밀루스는 도시의 내분을 잠재우기 위해 동분서주한다. 쿠데타를 획책하던 만리우스Manlius Capitolinus를 체포해 적절한 재판 과정을 거쳐 처형한 것도 카밀루스의 공이었다. 만리우스는 갈리아 군사들이 카피톨리움의 비밀 통로로 야간 기습을 할 때 최전선에서 싸운 용사였다. 그는 언덕 위에 버티고 서서 비밀 통로로 올라오던 갈리아 군사들을 도끼로 내리쳤고, 적군은 모두 언덕 밑으로 굴러 떨어졌다. 나중에 반역 혐의를 받은 만리우스는 카피톨리움 절벽 아래로 떨어져 죽는 벌을 받는다. 그에게 카피톨리움은 가장 큰 영광을 안겨준 곳인 동시에 가장 큰 불행을 가져다준 장소다.

 카밀루스는 노인이 된 뒤에도 로마가 위기에 처할 때마다 다시 독재관으로 임명되어 나라를 구한다. 이번에는 로마의 내분이 문제였다. 지금까지 두 명의 집정관은 모두 원로원 후보들 중에 선출됐다. 그런데 로마 평민들이 두 명의 집정관 중 한 명은 반드시 평민 출신이어야 한다고 고집했다. 원로원이 이를 수용하지 않자 거의 내란에 이르는 대혼란이 발생했다. 귀족과 평민의 고질적인 분열과 갈등이 재현된 것이다. 이 문제를 해결하기 위해 다시 독재관으로 임명된 카밀루스는 시간 끌기로 사태가 더 악화되는 것을 막고자 했다. 그러나 로마의 고질적인 내분과 계급 간의 갈등은 카밀루스로서도 어쩔 수 없었던 모양이다. "로마 민중의 불가항력적인 힘을 이길 수 없다"고 판단한 카밀루스는 스스로 독재관 자리에서 물러나는 선택을 한다.[11]

 어느덧 여든의 나이에 접어든 카밀루스는 다섯 번째로 독재관에 오를 수밖에 없게 된다. 패퇴한 갈리아인들이 행군의 방향을 돌려 다시 로마 침략을 감행했기 때문이다. 노장 카밀루스는 새로운 전법을 개발했다. 갈리아 군사들은 도끼와 칼을 마구 휘두르는 검법을 사용했는데, 이를 방어할 수 있는 '미끄러운 무쇠 투구'를 개발한 것이다. 또한 위아래로 긴 방패를 제작하고 그 가장자리를 청동으로 둘렀으며, 전투 시 요긴하게 사용되는 창도 새로 개발했다. 적의 방패를 향해 창을 던지면 앞부분의 쇠가 지지대와 분리되도록 만든 것이다. 갈리아 군사들은 로마 군사들이 던진 창의 무게 때문에 방패를 오래 들고 있을 수 없었고, 이 순간을 공격 시점으로 이용하게 했다. 이런 혁신적인 무기 개량과 전투 수칙의 개선을 통해 카밀루스는 또 한번

위기에 처한 로마를 구해낸다.

　카밀루스의 마지막 업적은 원로원과 평민 간의 화해를 주선한 것이다. 그는 집정관 중 한 명을 평민 중에서 선출하는 법안을 최종적으로 승인하고, 결국 원로원의 동의를 얻어낸다. 두 계급 간의 화해를 이룬 카밀루스는 이를 기념하기 위해 콘코르디아Concordia 신전을 지어 봉헌키로 한다(B.C. 367). 지금도 로마의 캄피돌리오 언덕에서 보면 원로원 건물과 평민들의 민회 사이에 건축된 콘코르디아 신전의 흔적을 확인할 수 있다. 카밀루스의 최후는 우연하게도 로마에 닥친 전염병의 창궐과 겹친다. 카밀루스가 노환으로 임종했을 당시 많은 로마 시민들이 전염병으로 목숨을 잃었다. 플루타르코스는 로마의 두 번째 창건자인 카밀루스의 생애를 이렇게 정리한다. "카밀루스의 죽음은 당시 전염병으로 생을 마친 모든 사람들의 죽음을 합친 것보다 로마 사람들에게 더 많은 슬픔을 안겨주었다."[12]

카밀루스를 14년 동안 지켜본 사람

이 위대한 로마의 장군을 14년 동안 쭉 지켜본 사람이 있다. 바로 니콜로 마키아벨리Niccolò Machiavelli(1469~1517)다. 카밀루스는 기원전 4세기의 인물이고 마키아벨리는 기원후 16세기의 인물이다. 시간적으로 두 사람은 약 2000년의 공백을 두고 있지만, 카밀루스와 마키아벨리는 늘 함께하는 사이였다. 『군주론』의 저자인 마키아벨리는 1498년부터 1512년까지, 그러니까 14년 동안 피렌체의 제2서기장으로 일했다. 지금도 마키아벨리가 고위 공직자로 재직할 때 사용하던 그의 집무실이 팔라초 베키오~Palazzo Vecchio~에 보존되어 있다. 놀랍게도 마키아벨리가 14년 동안 수도 없이 들락거린 그 집무실 문 상단에는 카밀루스 장군의 모습이 그려져 있다. 미켈란젤로의 스승이기도 했던 도메니코 기를란다요~Domenico Ghirlandaio~(1449~1494)가 그린 벽화 제일 오른쪽에 승리의 깃발을 들고 서 있는 카밀루스 장군의 모습이 보인다. 마키아벨리는 이 위대한 장군의 모습을 무려 14년 동안 거의 매일 지켜보았을 것이다.

마키아벨리는 카밀루스의 생애에 대해 누구보다 잘 알고 있었다. 어린 시절부터 탐독한 리비우스의 『로마사』에서 카밀루스는 대단한 영웅으로 묘사되어 있었기 때문이다. 또한 마키아벨리는 플루타르코스의 『비교 영웅전』도 자주 읽었던 것으로 추정된다. 장기간 출장을 나가 있을 때 피렌체에 있는 친구들에게 『비교 영웅전』 전집을 구해달라고 썼던 편지가 남아 있기 때문이다. 실제로 『군주론』의 내용을 자세히 보면 『비교 영웅전』의 내용이 직간접적으로 반영되어 있음을 알 수 있다. 그러니까 마키아벨리는 『군주론』을 쓸 당시, 고대 로마의 위대한 장군 카밀루스에 대한 상당한 지식을 가지고 있었던 것이다.

흔히 마키아벨리 하면 "악의 교사"라든가, 권력을 유지하기 위해 군주가 부려야 하는 권모술수를 가르친 천하의 악당으로 알려져 있다. 하지만 그런 오해는 마키아벨리가 『군주론』을 집필할 때 숨겨놓은 원래의 의도를 잘못 해석했기 때문에 빚어진 것이다. 『군주론』은 군주의 처세나 권력을 잡기 위한 비법을 가르치는 책이 아니라 공직으로의 복귀를 간절하게 소망하던 실업자 마키아벨리가 쓴 애절한 이력서다. 실제로 마키아벨리는 14년 동안 고위 공직에 있다가, 1512년에 메디치 가문의 복귀로 급작스레 일자리를 잃었다. 1494년, 메디치 가문의 붕괴 이후 그가 집권했던 피렌체 공화정의 고위 공직자였기 때문이다. 새로운 정권이 들어서면 전前 정권의 요직에 있던 사람들은 단칼에 날아가기 마련이다. 마키아벨리도 그렇게 공직에서 쫓겨났다. 극심한 가난에 시달렸고, 일벌레였던 그는 어떻게 해서든지 메디치 가문의 눈에 들어 공직으로 돌아가고 싶어 했다. 그래서 그는 평소의 지론과는 다른 과장된 군주의 거울을 메디치 가문에 바친 것이다. 바로 그 애절한 이력서가 『군주론』이다.

　예를 들어 마키아벨리는 『군주론』 15장에서 "군주는 필요하다면 악덕으로 악명을 떨치는 것을 개의치 말아야 한다"고 주장했다. 그는 미덕을 실천하는 군주가 되면 오히려 권력을 빼앗기게 되고, 악덕을 행하는 군주는 자신의 안전을 확보하고 번영을 누릴 것이라는 주장이다. 『군주론』 16장에서는 "군주는 인색하다는 평판에 신경 쓸 필요가 없다"고 주장했고, 심지어 17장에서는 "사랑을 느끼게 하는 것보다 두려움을 느끼게 하는 게 훨씬 더 안전하다"는 획기적인 주장을 펼쳤다.

　이것은 마키아벨리의 교묘한 속임수였다. 그는 메디치 가문에 위장전술을 펼친 것이다. 마키아벨리는 스스로 여우가 되어 자신의 입장과는 정반대 의견을 제시했다. 마키아벨리는 14년 동안 아침저녁으로 카밀루스 장군의 모습을 보면서, 그리고 리비우스의 『로마사』와 플루타르코스의 『비교 영웅전』을 읽으면서, 카밀루스가 어떤 인

▲ 피렌체 베키오 궁전 '백합의 방' 벽에 있는 도메니코 기를란다요의 1482~1484년 작품. 집무실 왼쪽 상단의 그림 중 제일 오른쪽에 깃발을 들고 서 있는 사람이 카밀루스다. 이 방은 마키아벨리의 집무실이었다.

물이었고 그가 어떻게 위기에 처한 로마를 구했는지를 분석했다. 마키아벨리는 카밀루스의 생애를 통해 참된 군주의 모습을 발견했다. 그는 악덕을 버리고 미덕을 소중하게 여기던 탁월한 지도자였다. 로마 시민들의 끊임없는 질투와 경계를 받으면서도 그는 늘 관대했고, 적에게는 두려움의 대상이었지만 백성들에게는 사랑받는 존재였다. 그는 적 앞에서는 당당했지만 백성들 앞에서는 겸손했다. 첫 번째 전투를 승리로 이끌고 우쭐해서 사두마차를 타고 개선하던 젊은 날의 실수를 다시는 반복하지 않았다. 참된 군주는 그런 사람이다. 초기의 실수를 바로잡고, 그것을 거울 삼아 절대로 같은 실수를 반복하지 않는다. 여우 마키아벨리가 『군주론』에서 했던 주장에 속아 넘어가서는 안 된다.

　마키아벨리는 잘 알고 있었다. 카밀루스가 진짜 군주라는 것을. 그리고 그가 우리들의 군주의 거울임을. 젊은 날의 실수를 다시는 반복하지 않고, 적에게는 두려움의 대상이 되어야 하지만 백성들에게는 사랑받는 존재가 되어야 한다는 것을!

07

소박한 삶은 '명예'의 다른 이름이다

아리스티데스 vs. 대大 카토

플루타르코스의 숨은 의도

플루타르코스는 그리스 위인과 로마 위인을 서로 짝지어 비교하면서 은근 슬쩍 그리스인들을 추켜세우는 것으로 자기 조국에 대한 긍지와 자부심을 드러냈다. 비록 그리스가 막강한 로마의 군사력에 굴복할 수밖에 없는 변방의 약소국가이긴 했지만, 로마라는 거대한 제국조차 그리스라는 어머니가 제공해준 문명의 젖을 먹고 자란 신생아라는 생각을 드러낸 것이다.

  이번 장의 로마 쪽 주인공인 마르쿠스 카토는 로마의 젊은이들이 과도하게 그리스 문화에 심취하는 것을 보고 역정을 냈던 인물이다. 그는 그리스 문화에 대한 반감을 노골적으로 드러낸 인물로 유명하다. 이 부분을 묘사하면서 플루타르코스는 다시 한 번 그리스에 대한 자신의 무한한 긍지와 자부심을 슬쩍 강조한다.

　카토는 아들로 하여금 헬라스 문화에 편견을 갖게 만들 요량으로 나이에 어울리지 않는 경솔한 말로 예언과 같은 선언을 하기도 했다. 로마가 그리스 문자에 전염되면 제국이 무너질 것이라고 말한 것이다. 그러나 이 비관적인 예언이 얼마나 헛된 것이었는지는 시간이 보여주었다. 로마제국은 헬라스의 모든 학문과 문화를 자기 것으로 만들면서 전성기를 맞았기 때문이다.[1]

　이렇게 헬레니즘에 대한 자부심으로 똘똘 뭉쳐 있던 플루타르코스가 그리스의 장군 아리스티데스(B.C. 530~468)와 로마의 장군 마르쿠스 카토Marcus Porcius Cato(B.C. 234~149)를 비교하면서 그리스 사람을 더 높이 치켜세우는 것은 당연한 일일 것이다. 우리에게 조선의 이순신 장군과 일본의 도요토미 히데요시 장군을 비교하라면 우리는 당연히 "나의 죽음을 알리지 말라"고 외친 이순신 장군을 선택할 것이다. 모름지기 팔은 안으로 굽기 마련이다. 문제는 그 선택에 논리적 근거가 있어야 한다는 것이다. 플루타르코스는 그리스와 로마에서 각각 대규모 전쟁이 촉발되었을 때 전투를 직접 지휘한 두 명의 장군을 서로 비교하며 다시 한 번 그리스의 손을 들어준다.

　여기서 상찬賞讚하고 싶은 것은 두 인물을 비교 검토하는 플루타르코스의 탁월한 문장력과 논리 구사력이다. '아리스티데스 vs. 마르쿠스 카토'를 비교하면서 우리는 다시 한 번 플루타르코스의 탁월한 글 솜씨와 논리적인 상상력에 감탄하게 된다. 그리고 고개를 끄떡이

▲
빌헬름 폰 카울바흐, 〈살라미스 해전〉, 1868년. 살라미스 해전 당시 아리스티데스는 정적이었던 테미스토클레스의 작전을 지지함으로써 전투를 승리로 이끌었다. 작품 중앙에 작전을 지휘하는 주인공이 테미스토클레스라면 작품 하단 오른쪽에 서 있는 장군이 아리스티데스일 것이다.

며 그의 합리적이고 타당한 주장에 설복당하게 될 것이다. 다른 사람이 이런 종류의 글을 썼다면 우리는 아마 그리스인인 아리스티데스보다 로마인인 마르쿠스 카토를 더 위대한 인물로 생각했을지 모른다. 우리는 플루타르코스의 『비교 영웅전』을 통해 군주의 거울이라는 변치 않는 지도자의 모범을 발견할 뿐만 아니라 플루타르코스로부터 탁월한 문장과 합리적인 논의 전개 방식까지 덤으로 배우게 된다.

정의로움과 가난함의 대명사, 아리스티데스

아리스티데스는 한마디로 테미스토클레스의 명성에 가려진 불행한 인물이다. 테미스토클레스는 살라미스 해전 당시(B.C. 480) 필살기의 작전을 구사해 페르시아의 왕 크세르크세스를 격파한 그리스의 이순신이었다. 아리스티데스 장군은 바로 이 살라미스 해전 때 테미스토클레스와 함께 싸운 역전의 노장이다. 사실 아리스티데스가 테미스토클레스의 기발한 작전을 적극적으로 지지해주었기에 그리스 해군은 살라미스 해전에서 예상치 못한 승리를 거둘 수 있었다. 당시 그리스 연합군 사이에는 살라미스를 포기하고, 즉 해상방어작전을 포기하고 육군의 전력으로 페르시아에 맞대응하자는 주장이 지배적이었다. 그런데 제2인자였던 아리스티데스가 테미스토클레스의 해상작전을 지지해줌으로써 주력부대가 살라미스에 남게 된 것이다.[2] 아리스티데스와 테미스토클레스는 평소 앙숙관계였음에도 당면한 위기 앞에서는 서로를 적극적으로 도왔다.

그러나 잔혹한 역사의 횡포 때문인지 우리는 2인자를 잘 기억하지 않는다. 1등만 기억하는 더러운 세상이다. 우리는 영웅 이순신을 기억하지 그의 직속 군관이었던 송희립宋希立 장군이 누구인지는 잘 모른다. 솔직히 관심도 없다. 그래서인지 아리스티데스의 전기를 쓴 플루타르코스는 그의 탁월한 군사적 용맹에 주목하지 않는다. 플루타르코스는 '아리스티데스' 편 앞부분에서 뜬금없이 그의 지독했던 가난에 대한 언급한다.

그의 형편에 관해서는 여러 다른 이야기가 전해진다. 어떤 이는 아리스티데스가 극심한 가난 속에 살았으며, 그가 죽고 난 뒤 그의 두 딸은 빈곤으로 인해 한동안 혼처를 찾지 못했다고 한다.[3]

가왕歌王 조용필의 시대에 가수로 살아야 한다는 것은 비극일 것이다. 스티브 잡스의 시대에 스마트폰을 만들어 팔아야 하는 회사 또한 불행하다. 외국 책방에서 와인에 대한 소개 책자를 보면서 웃음을 터트린 적이 있다. 와인에 대한 거의 모든 정보를 담고 있던 그 책은 두툼한 두 권으로 편집되어 있었는데, 제1권의 제목은 『프랑스의 와인』이었고, 제2권의 제목은 『나머지 와인』이었다. 압도적 1위의 힘이 바로 이런 것이리라. 기원전 5세기 초반, 페르시아 전쟁이라는 절체절명의 국가적 위기가 닥쳤을 때 아테네의 압도적인 영웅은 테미스토클레스였다. 비록 지나칠 정도로 권력을 탐하고 재물 욕심이 많다는 치명적인 약점을 가지고 있었지만, 역사가들은 그를 그리스의 영웅으로 대접했다. 이런 테미스토클레스의 모든 장점과 단점의 대척

점에 아리스티데스가 서 있다. 한마디로 그는 권력욕도 없고 재물 욕심도 없는 선한 사람이었다. 테미스토클레스와는 정반대의 인물이다. 그래서인지 그는 어릴 때부터 성정이 다른 테미스토클레스와 사사건건 부딪혔다. 학창시절도 같은 학교에서 보냈는데, 두 사람은 늘 치열한 경쟁관계였다. 차라리 적대적인 관계라고 하는 게 더 정확한 표현일 것이다. 이 둘은 서로 정적政敵이었을 뿐만 아니라, 정적情敵이기까지 했다. 두 사람이 모두 스테실라오스라는 잘생긴 아테네의 미소년을 좋아했기 때문이다. 스테실라오스가 나이가 들어 얼굴에 주름이 가득해지자 두 사람은 잘생긴 미소년의 외모 대신 아테네 정치권력을 차지하기 위해 서로 거칠게 힘겨루기를 했다. 아리스티데스와 테미스토클레스는 아테네의 민회에서 사사건건 대립했다. 한 사람이 법안을 발의하면 다른 사람이 무조건 그 법안을 부결시키는 일이 거듭됐다. 아리스티데스는 아테네 시민들에게 다소 불편을 끼치더라도 테미스토클레스가 권력을 독점하는 것은 반드시 막아야 한다고 확신했다. 한번은 아리스티데스가 제안한 법안을 테미스토클레스가 극렬하게 반대하자 민회 장소를 걸어 나오던 아리스티데스가 이렇게 말했다. "테미스토클레스와 나를 함께 지옥으로 보내지 않는다면, 아테네라는 나라는 절대로 평온해지지 않을 것이다."[4]

　이런 아리스티데스의 행동은 정의감에서 비롯했다. 그는 정의로움을 삶의 가장 중요한 덕목으로 삼았다. 그래서 별명조차 "정의로운 아리스티데스"였다. 한번은 한 연극배우가 무대 위에서 "그는 정의롭게 보이려고 애쓰지 않고, 정의롭고자 하며, 정신 속 깊은 고랑으로부터 작물을 거두어들이니, 거기서 존경받아 마땅한 조언이 솟아

나온다"라고[5] 대사를 읊자 아테네의 관객들이 일제히 객석에 앉아 있던 아리스티데스를 바라보았다고 한다. 그가 얼마나 정의로운 사람이었는지는 다음 일화를 통해서도 확인할 수 있다.

아테네에서는 개인이나 소수가 권력을 독점하는 것을 막기 위해 도편추방제를 도입했다. 반드시 시민 6000명 이상이 깨진 도자기 조각에 추방되어야 할 사람의 이름을

에른헤스트 일마쉐, 〈시골 농부에게 자기 이름을 적어주는 아리스티데스〉, 1867년, 프랑스 디종 예술박물관 소장.

적어야 하고, 그중 가장 많은 시민들의 지목을 받은 사람은 10년간 아테네를 떠나 있어야 한다. 이것은 특정 개인에 대한 형사적인 처벌이 아니라 아테네 민주제를 수호하기 위한 고육책이었는데, 우중愚衆정치의 폐해가 자주 나타나곤 했다. 아테네의 위대한 지도자였던 페리클레스도 한때 도편추방을 당한 적이 있다. 아리스티데스도 이런 위험에 놓이게 됐다. 도편추방을 위한 투표를 하던 날, 어느 시골 농부가 지나가던 아리스티데스에게 자기는 글을 쓸 줄 모르니 대신 도자기 파편에 아리스티데스의 이름을 좀 적어달라고 부탁했다. 아리스티데스는 그 농부에게 그 사람이 어떤 잘못을 저질렀기에 도편추방되길 원하느냐고 물었다. 그러자 그 농부는 "해코지라니. 나는 아

리스티데스와 아는 사이가 아니라오. 다들 정의롭다, 정의롭다 해대니 지겨울 뿐이요"라고 대답했다고 한다.[6]

이렇게 정의로운 인물로 널리 알려져 있던 아리스티데스는 페르시아 전쟁이 끝난 뒤 복구 과정에서 델로스 동맹의 핵심 리더 역할을 맡게 된다. 이 점에서 아리스티데스는 그의 정적인 테미스토클레스와 확연한 차이를 보인다. 페르시아 전쟁이 끝난 뒤 테미스토클레스는 동맹국들을 대상으로 거의 해적질이나 다름없는 행동을 한 반면, 아리스티데스는 정의로운 그의 품성에 걸맞게 행동했다. 그는 각 동맹국들의 경제 사정에 맞게 동맹 분담금을 적절하게 책정하는 업무를 맡았다. 그가 얼마나 공정한 사람이었는지, 모든 동맹국들이 자진해서 아리스티데스를 초청해 자국의 분담금을 책정해달라고 부탁할 정도였다. 원하기만 한다면 그는 이 과정에서 엄청난 부를 축적했을 것이다. 동맹국의 분담금을 낮춰주는 조건으로 뇌물을 챙길 수 있었기 때문이다. 그러나 그는 "(분담금 책정) 임무를 수행하러 나갈 때도 가난했고, 돌아와서는 더욱 가난해져 있었다"고 한다.[7] 그는 부정한 뇌물을 받기는커녕 출장에 드는 비용조차 자비로 부담했다. 결국 그는 가난하게 살다가 죽음을 맞이했다. 너무 가난해서 장례식에 드는 비용조차 마련할 수 없었기 때문에 시민들이 그 비용을 추렴해야 할 정도였고, 그의 두 딸은 결혼 지참금을 마련하지 못해 오랫동안 결혼하지 못했다. 결국 시민들은 나라의 세금으로 두 딸의 결혼 지참금을 대신 지불해주었다. "정의로운 아리스티데스"는 평생 가난이라는 지긋지긋한 악마와 싸웠지만 늘 인정 많고 자애로웠으며, 결국 명예라는 천사의 손에 이끌려 멋진 죽음을 맞이했다.

지나치게 엄격했던 마르쿠스 카토

정의롭게 살았지만 평생 가난에 휘둘렸던 아리스티데스와 비교할 인물은 로마의 장군 마르쿠스 카토다. 그렇다고 해서 로마의 카토 장군이 정의롭지 않다거나 평생 부자로만 살았다는 것은 아니다. 아리스티데스가 가난하게 살면서도 늘 인정 많고 자애로웠던 반면, 비슷한 삶의 덕목을 추구했던 로마의 카토 장군은 지나치게 엄격한 성격을 가지고 있었고, 너무 인색하다는 평가를 받았다. 따라서 우리는 이런 관점에서 카토 장군의 생애를 살펴보아야 한다.

로마사에 관심을 가지고 있는 사람을 당혹스럽게 만드는 것 중 하나는 같은 이름이 계속해서 반복된다는 점이다. 명문가일수록 한 집안에서 같은 이름을 사용하는 사람이 너무 많아 헛갈리기 일쑤다. 카토도 그런 이름 중 하나다. 로마사에는 수많은 카토가 등장하는데, 이번 글의 주인공 마르쿠스 카토는 이른바 '대 카토Cato the Elder'로 불리는 인물이다. '대 카토'가 있으면 '소 카토Cato the Younger(B.C. 95~46)'도 당연히 있을 것이다. '대 카토'의 증손자가 바로 '소 카토'이며, 그는 율리우스 카이사르의 반란에 끝까지 항거하다가 자살로 삶을 마친 로마 공화국의 마지막 인물이다. '소 카토'도 워낙 중요한 인물이라 『비교 영웅전』 후반부에 그리스의 포키온과 함께 비교의 주인공으로 등장한다. 한 집안에서 두 명의 인물이 각각 『비교 영웅전』 목록에 오른 것은 카토 가문이 유일하다.

플루타르코스는 카토와 비교되는 아리스티데스를 소개하면서 제일 먼저 지독한 가난 때문에 두 딸이 결혼조차 하지 못했다는 이야

▲
장 기욤 무아트, 〈삼니타이 족의 황금을 돌려보내는 마니우스 쿠리우스〉, 1795~1796년, 뉴욕 메트로폴리탄 박물관 소장.

기로 그의 인생을 요약했다. 반면 '마르쿠스 카토' 편에서는 어느 시인의 시구를 인용하는 것으로 시작한다. 카토는 "쌀쌀맞고 트집 잡기를 좋아하는 빨강머리"였다는 것이다.[8] 아리스티데스에게 가난이 문제였다면, 카토에게는 고집스러운 성격이 문제였던 것이다.

카토가 닮고 싶어 한 삶의 모델은 마니우스 쿠리우스Manius Curius(B.C. 270 사망) 장군의 초연한 삶이었다. 마니우스 쿠리우스는 세 번이나 승전 개선식을 한 로마의 뛰어난 장군인 동시에, 세 번이나 집정관을 역임한 로마의 유능한 정치가였다. 그러나 그는 공직에서 물러난 뒤 직접 작은 밭을 일구며 검소하게 산 은자隱者로 유명하다. 마침 카토의 집 근처에 마니우스 쿠리우스가 살던 작은 집이 있었는데, 한번은 전쟁을 앞둔 삼니타이 족이 마니우스 쿠리우스에게 뇌물을 바치기 위해 꽤 많은 황금을 가져왔다. 마니우스 쿠리우스에게 자신의 나라를 공격하지 말아달라고 부탁하기 위해서였다. 마침 순무를 요리해 한 끼 식사를 준비하던 마니우스 쿠리우스는 "순무로 끼니를 해결하는 것에 만족하는 사람에게는 황금은 필요 없으며, 황금을 갖는 것보다 더 영예로운 일은 황금을 가진 자를 정복하는 것이다"라고 말하고 그들을 돌려보냈다.[9] 카토는 이런 마니우스 쿠리우스를 닮아 평생 검소하고 절약하는 삶을 살고 싶어 했다. 카토는 실제로 "제 손으로 땅을 일구고, 찬 아침식사, 간단한 저녁식사, 검소한 의복, 그리고 누추한 집 한 채로 만족하는 사람"이었다.[10] 카토는 그야말로 혀를 내두를 만큼 근검절약이 몸에 배인 사람이었다. 그는 스페인 원정을 마친 뒤(제2차 카르타고 전쟁) 타고 갔던 말을 현지인들에게 팔고 걸어서 로마로 돌아왔다고 한다. 말을 이동시키는 데 드는 비용을 줄이기 위해서였다. 플루타르코스는 이런 카토의 행동을 두고 "정신이 위대한 것인지, 아니면 그냥 통이 좁은 사람인지 생각하기 나름"이라고 일침을 가한다.[11] 카토는 평생 세 번밖에 후회를 해본 적이 없다고 공공연히 밝혔는데, 아내를 믿고 비밀을 말했을 때, 걸어갈 수 있는 거리를 괜히 배를 타고 갔을 때, 그리고 아무 것도 하지 않고 빈둥거린 하루였다고 한다.[12] 정말 특이한 사람임에는 분명한 것 같다.

아리스티데스의 일생이 테미스토클레스라는 불세출의 영웅과 함께 꼬여갔다면, 카토의 일생은 스키피오 아프리카누스(B.C. 236~183)라는 로마 최고의 장군과 얽힌다. 한니발~Hannibal~(B.C. 247~181)의 코끼리 부대를 물리친 그 유명한 스키피오 아프리카누스의 최고 경쟁자

▲
카토의 정치적 판단에 의해 카르타고는 로마에 완전히 점령당했다. 사진은 튀니지아(카르타고) 사막 도시인 엘젬에 건축된 로마의 원형경기장.

이자 정적이 바로 카토다. 카토는 스키피오의 능력과 인물됨을 잘 알고 있었지만, 단지 한 명의 손에 권력이 집중되는 것을 막기 위해 그를 탄핵하는 일도 주저하지 않았다. 그는 패색이 짙어가던 전쟁을 승리의 분위기로 바꾸던 스키피오를 당장 로마로 소환해야 한다고 목소리를 높였다.

감찰관으로 활동했던 카토는 로마 시민들의 도덕적인 타락을 막기 위해 지나칠 정도로 엄격한 기준을 적용했고, 심지어 딸이 보는 앞에서 아내를 뒤에서 껴안았다는 이유로 한 원로원의 자격을 박탈하는 엄격한 조치를 취한 것으로도 유명하다. 그는 로마적인 가치

Roman values가 최고의 것이라 자부하던 사람이었다. 그래서 그리스의 철학자들이 로마를 방문했을 때 보여준 로마 청년들의 지나친 관심과 열광에 못마땅한 시선을 보내기도 했다. 카토는 로마 거리에서 그리스 철학자들을 몰아내기 위해 원로원 회의를 소집했고, 큰 목소리로 자신의 주장을 펼쳤다.

"어서 빨리 그리스 사절단의 제안에 대해 투표로 결정을 내립시다. 그래야만 이 그리스의 철학자들이 자기 나라로 돌아가 그리스 젊은이들을 학교에서 가르칠 수 있을 것입니다. 또 그래야만 로마의 청년들이 정신을 차리고, 지금까지 그렇게 해왔듯이 법률이 정한 바와 관리들의 결정에 따를 것 아닙니까?"[13]

카토의 또 다른 결점은 노인이 다된 나이에 늦장가를 들어 과다하게 여색을 밝혔다는 평가를 받은 점이다. 플루타르코스는 아예 그가 "나이가 들어서도 왕성한 성욕을 채우고자 했다"는 노골적인 표현의 기록을 남겼다.[14] 노년에 상처喪妻를 한 뒤 어린 노예 소녀와 함께 침실에 누워 있다가 아들과 며느리가 이 광경을 목격하는 불미스러운 사건이 벌어졌다. 아들과 며느리가 불쾌한 표정을 지었을 것은 당연하다. 그러자 카토는 로마 사람들이 모여 있는 광장으로 가 어느 신분이 낮은 사람에게 딸을 자신의 아내로 맞게 해달라고 공개적으로 요청한다. 그 사람은 카토에게 여러 차례 신세를 지었기에 그의 청을 차마 거절할 형편이 아니었다. 카토는 결국 자기 딸보다 어린 여성과 재혼했다. 이 소식을 들은 카토의 아들이 아버지를 찾아와, 혹시 자신의 행동 때문에 기분이 나빠서 이렇게 어린 양어머니를 집안에 들이느냐고 묻자 카토는 태연하게 대답했다.

"말도 안 되는 소리를 하는구나! 너는 언제나 내게 훌륭한 아들이었다. 난 너한테 아무 불만이 없어. 다만 나와 이 나라에 너 같은 아들을 더 낳아주고 싶을 뿐이다."[15]

카토는 이렇게 핑계를 잘 대는 색정광이었고, 지나치게 성격이 엄격했으며, 그리스 문화를 폄하하는 우를 범하기도 했지만 그래도 역사에 길이 남을 업적을 남겼다. 그가 공직에 있을 때 남긴 최고의 업적은, 제2차 카르타고 전쟁을 몸소 이끌고, 결국 카르타고를 멸망시킨 전공戰功이다. 물론 실제로 카르타고의 숨통을 완전히 끊어놓은 것은 소小 스키피오Scipio the Younger(B.C. 185~129)였지만, 로마의 안위를 위해 카르타고 잔존 세력을 발본색원해야 한다고 주장해 이를 관철시킨 사람은 카토였다. 카토의 정치적 판단과 수완이 없었다면 카르타고가 다시 지중해의 패권을 차지하기 위해 권토중래捲土重來했을지도 모른다. 실제로 카르타고를 현장 답사하면서 그들의 잠재적인 재기역량을 확인한 카토는 엄청나게 큰 무화과 열매를 로마 원로원 건물 바닥에 떨어트려 사람들을 놀라게 하는 술책까지 부렸다. 이렇게 큰 무화과가 자라는 적국이 로마에서 사흘밖에 걸리지 않는 곳에 있다고 목청을 높이면서, 로마 원로원들에게 카르타고 정벌을 독촉한 것이다. 카토는 제3차 카르타고 전쟁(포에니 전쟁이라고도 함)이 한창 진행될 당시 노환으로 죽음을 맞이했다. 그토록 바라던 카르타고의 몰락을 직접 목격하지 못한 채 그는 로마에서 조용히 눈을 감았다.

소박하게 살 것인가, 인색하게 살 것인가

두 사람의 이야기는 여기까지다. 그리스인 아리스티데스와 로마인 카토는 둘 다 전쟁의 와중에 자신의 존재가치를 드러낸 인물이다. 장군의 지위에서 물러난 뒤에는 두 명 모두 한 시대를 이끄는 정치가로 활동했다는 것 또한 공통점이며, 강력한 정적을 가졌다는 점도 정확하게 닮아 있다. 아리스티데스는 살라미스 해전의 영웅이었던 테미스토클레스와 평생 힘겨루기를 해야 했고, 카토는 카르타고 전쟁을 지휘했던 스키피오 아프리카누스의 세력을 견제하는 정치적 역할을 감당했어야 했다. 두 사람을 비교하면 "수많은 공통점에 가려 차이점을 발견하기 어려울 정도"다.[16] 그런데 흥미로운 것은 플루타르코스는 이 두 사람을 마지막으로 비교하면서, 그들이 발휘한 군사적 리더십이나 정치적 감각에 주목하지 않는다는 점이다. 플루타르코스는 대신 부와 가난이라는 두 사람의 극명한 입장 차이를 강조한다.

아리스티데스는 정의감이 지나쳐서 그것 자체로 대중의 비난을 받을 정도였다. 그래서 결국 아테네 시민들로부터 도편추방까지 당하게 된다. 플루타르코스는 아리스티데스가 이런 지나친 정의감으로 인해 결국 가정까지 망쳐버렸다고 안타까워한다.[17] 반면에 엄격함과 인색함을 겸비한 카토는, 후손들이 4대에 걸쳐 로마의 집정관을 역임하는 등 가문의 영광을 일구었다고 높이 평가한다. 여기까지만 본다면 우리는 아리스티데스보다 카토가 결과적으로 더 위대했다는 결론에 이를 수 있다. 그러나 플루타르코스는 다른 위인들의 비교보다 더 많은 지면을 할애하면서까지 이 두 사람의 차이를 집중적으로 분석한다. 플루타르코스가 "이것은 논의해볼 가치가 있는 문제다"라고 쓴 것을 보면,[18] 이 문제를 매우 심각하게 고민했다는 뜻이다.

플루타르코스는 '아리스티데스 vs. 마르쿠스 카토' 비교편에서 "사소한 일에 신경을 쓰는 사람은 큰일을 도모하기 어렵다"고 강조하면서,[19] 카토에 대한 본격적인 비판을 시작한다. "자신에게 필요한 게 많으면 남이 필요한 것을 가져다줄 수 없기 때문"이라는 것이다.[20] 그다음 플루타르코스의 유명한 구절이 이어진다.

> 공익에 봉사하기 위한 가장 좋은 방법은 부에 있는 게 아니라 자족自足에 있다. 자족하는 사람은 자신을 위한 사치품을 필요로 하지 않기에 나라를 위해 봉사하는 데 아무런 장애가 없다.[21]

플루타르코스는 자족이 물질에 대한 모든 소유욕에서 완전히 벗어나라는 뜻이 아니라고 덧붙인다. 무릇 신만이 모든 소유욕과 욕망에서 자유로울 뿐, 인간은 물질을 소유하고 싶은 욕망에서 완전히 벗어날 수 없다고 말한다. 그는 대신 "욕구를 최대한 줄이는 능력은 가장 완벽하고 신적인 인간의 미덕"이라고 강조하면서, 절제의 정신을 높이 평가한다.[22]

플루타르코스는 카토가 근검절약하고 절제한 게 아니라 단지 인색했을 뿐이라고 평가한다. 스스로에게도 인색해서 삶의 즐거움을 스스로 박탈한 채 살았던 카토는 불행한 인간이었다는 것이다. 지나치게 인색해서 순무를 삶아먹는 것과 같은 무미건조한 생활을 한 카토는 그저 불행한 삶을 살았던 것뿐이다. 아리스티데스도 평생 하인들과 같은 식탁에 앉아 같은 포도주를 마시고, 자줏빛의 허름한 옷을 입고 다녔으며, 평생 평범한 빵으로 허기를 채운 인물이다. 그러나 이런 아리스티데스가 "소박한 삶"을 살았다면, 카토는 단지 "인색한 삶"을 산 것에 불과하다.

두 사람 모두 사치를 몰랐고 평생 절제하는 삶을 살았는데 왜 한 사람은 소박한 삶을 살았고, 또 다른 한 사람은 인색한 삶을 살았다는 상반된 평가를 받게 되었을까? 플루타르코스는 아리스티데스의 "온화한 성품"과 카토의 "엄격한 성품"이 그 현격한 차이를 만들었다고 분석한다. 두 사람의 이런 성품 차이로 아리스티데스는 부에 대해 "완전히 자유로운 삶을 산" 반면, 카토는 "야망으로 가득한 삶"을 살게 되었고 결국 인색한 인간이 되고 말았다는 것이다.[23] 카토는 야망으로 가득한 삶을 살았기에 효율성을 중심으로 모든 것을 판단하고 행동했다. 심지어 평생 부리던 하인이 나이가 들거나 병이 들면 뒤도 돌아보지 않고 그 하인을 노예 시장에 팔아버렸다고 한다. 더 이상 효용 가치가 없다고 판단했기 때문이다. 플루타르코스는 이런 카토의 행동을 매섭게 비판한다.

우리는 살아 있는 생물을 신발이나 솥, 냄비처럼 다루어서는 안 된다. 제 몫을 다하느라 멍이 들고 닳아빠진 뒤에라도 치워버려서는 안 된다. 사람에게 인정을 베푸는 법을 연습하기 위해서라도 다른 생명체를 대하는 데 친절하고 너그럽게 해야 하는 것이다. 나는 소 한 마리라도 나를 위해 일했다면 나이가 들었다고 해서 팔지 않을 것이다. 하물며 나이 든 사람이라면 푼돈이나 받자고 그 사람으로부터 고향이나 다름없는 집, 익숙한 삶의 방식을 빼앗을 수는 없는 것이다.[24]

한국에도 부자들은 많다. 권력을 손에 쥐고 완력을 자랑하는 사람도 많다. 심지어 어떤 사람들은 부자인 데다 권력까지 쥐고 있다. 자신의 영역에서 최고가 된 사람도 많고, 그 덕에 막대한 부를 축적한 사람도 부지기수다. 세계 명품 시장의 판세에 영향을 미칠 만큼 우리나라 부자들의 경제력도 대단하다. 우리 사회에 부디 아리스티데스처럼 "검소한 삶"을 살아가는 온화한 성품의 사람들이 더 많아졌으면 좋겠다.

세상에서 가장 추한 것 중 하나는 부자가 지나치게 인색한 것이다. 엄청난 권력을 가진 사람들이 강호江湖의 서민들을 무서운 호랑이처럼 대하는 것도 천하의 꼴불견이다. 부자들은 가난한 이웃들을 위해 지갑을 열고, 권력을 가진 사람들은 힘없는 서민들을 위해 마음을 열었으면 좋겠다. 아리스티데스처럼 "소박한 삶"을 살라고 강요하고 싶지는 않으나 부디 카토처럼 "인색한 삶"을 살지는 말아주었으면 한다. 이것이 바로 제국의 번영을 구가하던 로마를 향해 품은 플루타르코스의 바람이다. 이런 생각을 하는 사람이 어디 플루타르코스뿐일까.

08

자신을 변화시키면 위기도 기회가 된다

페리클레스 vs. 파비우스 막시무스

위기의 시대에 탄생하는 영웅

위기가 닥치면 영웅이 탄생하기 마련이다. 난세가 영웅을 만든다. 수나라 백만 대군이 고구려를 침공하자(612년) 살수대첩의 영웅 을지문덕 장군이 탄생했고, 임진왜란이 터지자 성웅 이순신이 등장한 것도 그런 이치다. 위기가 닥치면 사람들은 외부의 공격에 맞서기 위해 단결하는 경향을 보이고, 그 집단적 자위의식이 영웅의 탄생을 유도한다. 영웅이 없다는 것은 역설적으로 위기가 없다는 뜻이기에, 영웅 부재의 시대를 굳이 애도할 필요는 없을지도 모른다. 그러나 절체절명의 위기가 계속되는 절망의 시대에 영웅이 나타나지 않는다면 그것은 차라리 재앙이라 불러도 좋다.

그리스와 로마 시대에도 위기의 징후가 곳곳에서 포착되기는 마찬가지였다. 그리스 최고의 위기는 아마 페르시아 전쟁의 상처가 채 아물기도 전에 터진 동족상잔의 펠로폰네소스 전쟁이었을 것이고, 고대 로마의 최대 위기는 카르타고의 한니발 장군이 코끼리 부대를 이끌고 이탈리아를 유린했던 포에니 전쟁(카르타고 전쟁)일 것이다. 두 전쟁이 '시대의 변곡점'이라 할 수 있는 위기를 초래했다. 먹느냐 먹히느냐의 두 갈림길만이 그리스와 로마의 앞길에 놓여 있었다. 펠로폰네소스 전쟁에 패배한다면 아테네는 스파르타의 속국이 될 게 분명했다. 포에니 전쟁에 직면했던 로마 역시 한니발을 꺾지 못하면, 로마라는 나라 자체가 사라질 위기에 처해 있었다.

아테네와 로마가 누란의 위기에 취해 있을 때 등장한 인물이 바로 페리클레스와 파비우스 막시무스다. 이 두 영웅은 지금도 모든 지도자들의 군주의 거울로 간주되기에 손색이 없다. 공정한 평가를 통해 후대 지도자들에게 탁월한 리더의 모델을 제시하고자 했던 플루타르코스는 냉정하고 객관적인 인물 평가로 유명했다. 들추어보면 흠이 없는 지도자는 없기에, 그의 예리한 비판을 피해갈 수 있는 영웅은 거의 없었다. 그러나 펠로폰네소스 전쟁 당시 아테네를 이끌었던 페리클레스에 대해서 만큼은 단 한 번도 비판적인 표현을 사용하지 않았다. 페리클레스가 그만큼 위대한 영웅이었으며, 후대의 지도자들이 반드시 본받아야 할 덕목을 두루 갖춘 인물이었다는 뜻이리라. 그렇다면 과연 페리클레스는 어떤 인물이었기에 플루타르코스로부터 이런 칭찬을 받은 것일까?

아테네의 위기와 페리클레스의 등장

차라리 페르시아 전쟁 때가 훨씬 나았다고 아테네 사람들은 입을 모아 한탄을 쏟아냈다. 페르시아 전쟁 때 무려 500만 명이 넘는 외국 군대가 그리스로 진격해왔지만, 그래도 이렇게 힘들지는 않았다며 아테네 사람들은 고개를 저었다. 펠로폰네소스 전쟁은 그야말로 최악이었다. 그것은 전쟁이라기보다 차라리 살육전에 가까웠다. 상대방이 전멸할 때까지 싸우는 무지막지한 전쟁을 반문명적인 작태로 간주하던 그리스 사람들에게, 펠로폰네소스 전쟁 시 자행된 섬멸전은 충격 그 자체였다. 상대방이 백기 투항을 함에도 군인들은 물론 그 가족들까지 모두 살해하는 참혹한 전쟁이 계속됐다. 그리스 사람들은 가을이 되면 전투를 중단하고 들판에서 자란 곡식을 추수하기 위해 임시 휴전을 했다. 저녁노을이 내리면 휴식과 숙면을 위해 전투를 종료하는 게 전쟁의 예의였다. 그러나 펠로폰네소스 전쟁 당시 스파르타와 아테네 군대는 야간 기습작전을 감행했고, 겨울이 지나도록 봉쇄를 풀지 않는 섬멸작전을 구사하기도 했다. 심지어 식량이 떨어져 인육을 먹는 처참한 일까지 벌어졌다.

　페리클레스는 이런 위기의 시대에 아테네를 '탁월함'으로 이끈 지도자였다. 플루타르코스는 아예 작심한 듯이 첫 번째 절부터 페리클레스의 탁월함을 적극 칭찬하며 "탁월함으로 충만한 업적은 곧장 사람의 마음을 움직여, 그 탁월한 업적을 우러러보는 동시에 그 일을 달성한 사람을 본받고 싶게" 만든다는 점을 강조한다.[1] 페리클레스야말로 아테네 최고의 군주의 거울로 손색이 없는 인물이라는 뜻이다. 그를 '모방해야 할 인물'로 극구 칭찬하는 것이다.

페리클레스는 아테네 귀족 집안 출신으로 철학자이자 과학자인 아낙사고라스Anaxagoras(B.C. 510~428)의 제자였다. 일식日蝕 현상을 과학적으로 설명했던 아낙사고라스의 제자답게 페리클레스는 언제나 합리적인 판단력과 미신에 미혹되지 않는 타고난 논리력을 갖춘 인물이다. 특히 그는 절대로 감정에 휘둘리는 법 없이 논리적으로 연설을 하는 능력을 타고 났고, 이것이 그의 리더십 발휘에 큰 도움이 됐다. 페리클레스의 수많은 명연설은 투키디데스의 『펠로폰네소스 전쟁사』에 잘 기록되어 있다.

페리클레스는 자신을 통제하는 일에도 타의 추종을 불허한 사람이다. 그는 아테네 의회와 자신의 집 사이를 오갔을 뿐, 다른 곳으로는 아예 발걸음도 떼지 않았다고 한다. 관직에 있을 때는 친구와의 저녁식사도 모두 거절했고, 모든 개인 살림 지출을 직접 관리해서 아내와 아들의 불평이 터져 나올 정도였다.

이런 페리클레스의 첫 번째 경쟁자는 키몬(B.C. 510~450)이었다. 그는 페르시아와 처음으로 맞붙은 마라톤 전투(B.C. 490)에서 승전의 영광을 누린 밀티아데스 장군의 아들이다. 그는 또 다른 페르시아 전쟁의 영웅이었던 테미스토클레스가 적국으로 망명을 떠난 뒤 아테네의 귀족 세력을 등에 업고 정치적 세력을 키웠다. 페리클레스는 이런 "부유한 소수보다 가난한 다수"를 위해 일하기로 결심하고,[2] 평민들에게 토지를 무상으로 배분하고, 연극 공연을 무료로 즐길 수 있게 해주었으며, 배심원으로 일하면 보수를 지급하는 등의 서민 우선 정책을 펼쳤다. 이는 키몬이 장악하고 있던 아레오파고스(귀족 집단으로 구성된 최고 사법기관)를 견제하기 위함이었다.

역사가들은 페리클레스가 아테네를 통치했던 기원전 5세기를 '페리클레스의 황금기'라고 평가한다. 널리 알려진 그의 업적은 파르테논 신전(B.C. 447~438년 공사)을 비롯해 공공건물의 대대적인 신축이었다. 아테네의 귀족들은 페리클레스가 새 건물을 짓기 위해 델로스 동맹의 동맹금을 과도하게 사용한다고 비난했다. 그러나 페리클레스는 그것은 낭비가 아니라 아테네의 경제를 살리기 위한 방책이라고 주장했다. 페리클레스의 혜안이 돋보이는 연설은 다음과 같다.

"델로스 동맹금은 제공한 사람이 아니라 받은 사람들의 것입니다. 돈을 받은 사람이 그 대가를 치렀다면 말입니다. 또한 전쟁을 치르는 데 필요한 모든 장비를 충분히 마련하고 난 뒤 넘치는 돈을, 완성한 뒤에 영원한 영광을 가져다 줄 사업에 붓는 것은 아주 적절한 일입니다. 더구나 사업을 완성하는 과정에서 그 넘치는 돈이 실용적으로 쓰여 온갖 활동과 다양한 수요를 촉진하고 그 결과 온갖 기술을 고무하고 모든 이들의 손을 움직여 도시 전체를 먹여살린다면, 도시는 아름다워지는 것에서 그치지 않고 자급자족에 이르지 않겠습니까?"[3]

동맹금 예산으로 대규모 건축 사업을 벌이는 것은 단순히 예술을 후원하는 차원을 넘어 아테네 경제에 활력을 불어넣고 미래의 먹거리를 준비하는 작업이라는 주장이다. 실제로 지금도 아테네 경제의 상당 부분이 페리클레스의 건축물에 대한 관광 수입에 의존하고 있다는 것을 볼 때, 그의 주장은 탁견이었음이 분명하다. 페리클레스의 재정 집행 계획에 따라 파르테논 등의 아테네 건물의 건축을 주도했던 사람은 위대한 그리스의 건축가 페이디아스Pheidias(B.C. 480~430)다. 그는 파르테논 신전 내부의 아테나 여신상을 황금으로 주조한 것으로 유명해졌다. 사용된 금의 일부를 착복했다는 혐의로 재판을 받기도 했지만 그것은 페리클레스를 흠집 내기 위한 정치적 음모였던 것으로 추정된다.

만약 『비교 영웅전』의 저자 플루타르코스가 보통 수준의 작가였다면 이런 식의 영웅담을 계속해서 이어갔을 것이다. 그러나 플루타르코스는 아테네의 영웅 페리클레스와 로마의 영웅 파비우스 막시무스를 비교하면서 자신의 독특한 관점을 제시한다. 그것은 "인간은 과연 변하는가?"에 대한 근본적인 질문에서 출발한다. 인간은 과연 개선될 수 있는 존재인가, 아니면 원래 타고난 본성대로 행동하는가? 인간은 개선될 수 있는가? 아니면 개악될 뿐인가? '페리클레스 vs. 파비우스 막시무스' 편은 이 문제를 직접적으로 다루는 『비교 영웅전』의 최고 사례일 것이다. 플루타르코스는 '페리클레스' 편 15절에서 영웅 페리클레스도 변했다고 기록한다.

> 그는 더 이상 예전 같지 않았으며 전처럼 아테네 시민들에게 순종적이고 고분고분하지도, 바람을 따라가는 키잡이처럼 군중의 욕망에 이끌리지도 않았다. 오히려 느슨하고 때로는 유약했던, 마치 향기롭고 은은한 선율 같던 과거의 통치 방식을 버리고, 귀족적이고 왕다운 정치력이라는 맑은 고음을 때린 것이다.[4]

▲
로마 바티칸 박물관에 있는 아스파시아 흉상. 아스파시아는 밀레투스 출신으로 페리클레스와 소크라테스에게 연설을 가르친 지적인 여성이다. 아스파시아와 사실혼 관계를 이어갔던 페리클레스는 정적으로부터 비난과 공격을 받았다.

탁월한 군주의 거울이었던 페리클레스도 변해버렸다. 그런데 그 변화는 나쁜 쪽으로의 변화가 아니라 좋은 쪽으로의 변화였다. 개선된 것이다. 그의 이런 변화는 냉철한 현실 직시에서 시작됐다.

제국의 면모를 일신하던 아테네는 더 이상 이전의 방식으로 통치해서는 안 된다는 것을 깨달았던 것이다. 그리고 이때부터 페리클레스는 자신을 스스로 변화시켰다.

실로 별 어중이떠중이들이 죄다 모여 있는 그토록 큰 제국에서 온갖 질병이 난무하는 것은 당연했다. 페리클레스는 이 모든 질병을 일일이 적절하게 다스리는 법을 본능적으로 알고 있었던 유일한 사람이었다. 그리고 무엇보다도 민중의 희망과 두려움을 마치 방향타처럼 이용해 그들의 오만을 때맞추어 방지하고 좌절감을 가라앉히며 위로했다.[5]

그 이후부터 이어지는 페리클레스의 활약상은 펠로폰네소스 전쟁이라는 위기를 극복해가는 전형적인 영웅의 모습이다. 그는 "적들에게는 무서운 모습을 보였고, 동료 시민들에게는 신뢰할 수 있는 효과적인 지도자의 모습"을 보여주었다.[6] 물론 언제나 좋은 일만 있었던 것은 아니다. 아내와의 이혼과 자식의 일탈 등 페리클레스도 가정의 불행만큼은 막지 못했다. 사실혼 관계를 유지하던 아스파시아Aspasia(B.C. 470~400 추정)와의 관계 때문에 오해도 많이 받았고, 단호하게 내린 정치적 결정으로 인해 대중의 비난도 피할 수 없었다. 그래서 "그의 정적들은 그를 위협하고 비난했으며, 연극 무대의 합창대는 지저분한 조롱의 노래를 부르며 페리클레스를 비겁한 자라고" 모욕을 주곤 했다.[7] 이런 비난과 조롱을 묵묵히 견디던 페리클레스는 결국 아테네에 창궐한 발진티푸스에 걸려 임종을 맞이한다(B.C. 429). 플루타르코스는 이 영웅의 최후를 기록하면서 아주 흥미로운 내용을 덧붙인다.

> 확실한 것은 테오프라스토스가 그의 저서 『윤리』에서 사람의 성격이, 그 사람의 행복과 불행에 따라 변하고 육체적 고통에 의해 높은 기상을 버리도록 강요받는지 탐구하면서 다음과 같은 사실을 기록했다는 점이다. 몸져누운 페리클레스는 문병 온 친구에게 집안 여인들이 목에 걸고 있는 부적을 보여주면서, 그런 어리석은 짓을 허용할 만큼 자신의 상태가 좋지 않다는 것을 나타냈다[8]

아테네의 영웅 페리클레스도 죽음과 역병의 위협 앞에서 자신의 성격을 바꾸었다는 말이다. 페리클레스의 마지막 임종 부분을 통해 우리는 『비교 영웅전』을 쓴 플루타르코스의 집필 동기가 단순히 영웅의 모습을 보여주는 것에 만족하지 않는다는 것을 깨닫는다. 페리클레스와 같이 뛰어난 영웅도 최후의 순간에 부적과 같은 미신에 의존하는 나약한 모습을 보였다는 것이다. 이것은 어쩌면 플루타르코스가 『비교 영웅전』이라는 대작을 통해 성찰하고 싶었던 인간 본성에 대한 대답일지도 모른다. 인간의 본성은 시간이 지남에 따라 개선되는 게 아니라 오직 개악될 뿐이라는 불편한 진실이다. 천하의 페리클레스도 나중에는 미신을 믿는 사람으로 변했다!

로마의 위기와 파비우스 막시무스의 등장

파비우스 막시무스(B.C. 280~203)는 로마와 카르타고가 맞붙었던 포에니 전쟁의 영웅이다. 펠로폰네소스 전쟁이 아테네의 영웅 페리클레스의 시험대였다면, 포에니 전쟁의 위기는 파비우스 막시무스 장군의 역사적인 무대였다. 포에니 전쟁은 기원전 264년에서 146년까지 전개된 로마와 카르타고의 세 차례에 걸친 전쟁을 말한다. 제1차 포에니 전쟁이 시칠리아 섬을 차지하기 위한 두 나라의 각축전이었다면, 제2차 포에니 전쟁은 이탈리아 본토에서 벌어진 두 나라의 운명을 건 지루한 전쟁이었다. 제2차 포에니 전쟁은 카르타고의 한니발 장군이 코끼리 부대를 이끌고 알프스 산맥을 남하하면서 본격화되어 '한니발 전쟁'이라고도 한다. 스페인 지역에서 행군을 시작한 한니발의 카르타고 군대는 기원전 216년의 칸나이 전투에서 승리를 거두면서 로마를 압박했고, 그에 맞섰던 장군이 바로 파비우스 막시무스다.

감정에 휘둘리지 않고 늘 신중하게 행동했던 파비우스 막시무스는 위기에 처한 로마를 구하기 위한 적임자로 지목되었고, 절대적인 통치권을 가진 전쟁 수행의 독재관으로 선출됐다. 그는 한니발과의 직접적인 전투를 회피하는 지연작전을 주로 선택했기에 "지연시키는 사람Cunctator"이라는 별명까지 얻었다. 성격이 급하고 호전적이었던 로마 시민들은 독재관 파비우스 막시무스의 지연작전을 이해하지 못했다. 그래서

▲
파비우스 막시무스의 동상. 오스트리아 비엔나의 쇤브룬 궁전 정원에 전시되어 있다. 요셉 밥티스트 하게나우어의 작품이다.

마르쿠스 미누키우스Marcus Minucius라는 또 다른 독재관을 임명해 두 명이 함께 작전을 펼치도록 했다. 파비우스 막시무스보다 먼저 공을 세우고 싶었던 성급한 미누키우스는 한니발을 우습게보고 진격하다가 죽을 고비를 맞는다. 군사 전략의 천재였던 한니발은 미누키우스의 군대를 협곡에 몰아넣고 대대적인 공격을 준비했다. 파비우스 막시무스는 경쟁자인 미누키우스와 그의 군대를 구하기 위해 선두에 서서 용감히 싸웠다. 파비우스 막시무스의 결단과 용기가 없었다면 미누키우스와 그의 로마 군대는 한 명도 살아남지 못했을 것이다. 동료 독재관의 도움으로 겨우 목숨을 부지한 미누키우스는 "큰 소리로 파비우스 막시무스를 아버지로 불렀고, 그의 부하들은 파비우스 막시무스의 부하들을 '보호자'로 불렀다"고 한다.⁹ 파비우스 막시무스의

이런 신중하고 관후寬厚한 성격 때문에 로마 시민들은 그를 영웅으로 대접했다.

관후한 사람이란 따뜻하고 인정 많은 사람을 말한다. 플루타르코스는 파비우스 막시무스의 이런 따뜻한 성격을 높이 평가했다. 그는 부하 군사들이나 동료 시민들을 대할 때 늘 인간적인 자세를 잃지 않았다. 장교들이 사병을 함부로 대하거나 반란을 일으킨 동맹국의 시민들을 가혹하게 다루는 행위를 금지했다. 플루타르코스는 파비우스 막시무스의 이런 관후한 성격을 구체적으로 소개한다.

> 파비우스는 하물며 말과 개를 조련하는 사람도 짐승의 고집과 사나운 성격, 그리고 불만을 없애기 위해 막대기나 굵은 목줄보다는 따뜻한 보살핌과 친절함, 그리고 먹이에 의존하는데, 사람을 지휘하는 자들이 호의와 친절을 바탕으로 삼지 않는 것을 안타까워했다.[10]

여기까지가 그의 훌륭함이다. 그는 한니발을 적절하게 다룰 만큼 신중하고 합리적이었으며 관후한 성격을 가진 사람이었다. 그런데 갑자기 그의 성격이 돌변한다. 어쩌면 파비우스 막시무스의 원래 심성이 처음으로 만천하에 드러났다는 표현이 더 정확할지 모른다. 당시 한니발 장군의 카르타고 군대는 이탈리아 남부의 전략 도시 타렌툼Tarentum을 점령하고 있었다. 파비우스 막시무스는 이 도시를 되찾기 위해 기발한 전략을 사용했다. 레기움Rhegium이라는 도시에 주둔해 있던 로마군을 동원해 타렌툼과 레기움 사이 지역을 공격토록 한 것이다. 한니발이 타렌툼에 주둔해 있던 카르타고 군대를 이끌고 중간 지역으로 이동하는 틈을 노려 타렌툼을 수복하겠다는 치밀한 전략이었다. 천하의 명장 한니발은 파비우스 막시무스의 이 전략에 말려들었고, 타렌툼은 다시 로마의 품으로 돌아온다(B.C. 209).

플루타르코스는 "그러나 바로 이 시점에 파비우스 막시무스는 자신의 야심에 굴복한 듯하다"라고 기록한다.[11] 기발한 작전으로 전략의 귀재를

▲
위대한 전략가였던 한니발 장군의 동상. 세바스티앙 슬로츠, 1704년, 루브르 박물관 소장.

물리쳤으니, 이것은 보통 승리가 아니다. 파비우스 막시무스는 승리의 환호성으로 인해 이성의 귀가 멀고 말았다. 그렇게 신중하고 관후했던 사람이 타렌툼의 승리 이후로 갑자기 엉뚱한 행동을 하기 시작했다.

예를 들면 타렌툼에서 노획한 거대한 헤라클레스의 조각상을 로마 시내 한복판에 세우고, 그 옆에 자신의 기마상을 전시하는 등의 행위가 그렇다. 이는 자신을 신격화하려는 허무맹랑한 행동이었다. 로마인들은 파비우스 막시무스의 이 "별난 행동"을 처음에는 무심코 받아들였다.[12] 그러나 변해버린 파비우스 막시무스는 점점 더 이상한 행동을 함으로써 주위 사람들을 놀라게 했다.

플루타르코스가 자세히 기록하고 있는 가장 충격적인 변화는 스

▲
기원전 216년에 치러진 칸나이 전투의 현장. 한니발의 부대가 집정관 루시우스 에밀루스와 가이우스 테렌티우스가 이끌던 로마 군대를 괴멸시킨 전투다.

키피오 아프리카누스를 모함하고 탄핵하는 행동이었다. 널리 알려진 대로 스키피오 아프리카누스는 제2차 포에니 전쟁의 진정한 영웅이다. 스키피오 아프리카누스는 대대로 로마를 통치해온 귀족 명문가 출신으로, 그의 부친과 삼촌이 모두 제1차 포에니 전쟁에서 전사하면서 가문 자체가 이미 로마의 영웅 대접을 받고 있었다. 스키피오 가문의 영광과 명성을 이어받은 스키피오 아프리카누스는 한니발의 전략을 모방해 그를 물리친 뛰어난 전략의 귀재였다. 그는 이탈리아 반도에 잔류해 있던 한니발을 몰아내기 위해서는 카르타고를 선제공격해야 한다는 대담한 주장을 펼쳤다. 그러면 한니발이 이탈리아 반도에서 결국 퇴각하고 말 것이라는 게 그의 계산이었다.

파비우스 막시무스는 그때부터 외부의 적인 한니발과 싸우는 게 아니라 내부의 젊은 경쟁자인 스키피오 아프리카누스와의 전쟁을 시작했다. 자신보다 마흔 살이나 어린 장군의 명성과 인기를 시기한 파비우스 막시무스는 스키피오 아프리카누스의 작전이 터무니없는 것이라고 일축하곤 했다. 그는 "로마가 어리석은 젊은이의 인도에 따라 멀고도 치명적인 위협을 향해 지나치게 서둘러 가고 있다"고 비난을 퍼부었다.[13] 파비우스 막시무스는 더 이상 예전의 신중하고 관후한 성격의 지도자가 아니었다. 그는 순전히 스키피오 아프리카누스를 견제하기 위해 전쟁 예산을 삭감했고, 군대 규모 자체도 줄여버렸다. 플루타르코스는 그의 이런 옹졸한 행동을 신랄하게 비판한다.

> 물론 파비우스 막시무스가 처음 스키피오 아프리카누스를 반대한 것은 극심한 조심성과 분별력 때문일 가능성이 높다. 그러나 점차 시간이 흘러감에 따라 시기심과 경쟁심 때문에, 또 스키피오 아프리카누스의 커지고 있는 영향력을 꺾기 위해 더욱 거칠고 강력하게 반대했을 가능성 또한 높다.[14]

스키피오 아프리카누스는 파비우스 막시무스의 견제와 방해 공작에도 불구하고, 카르타고 원정을 감행했고, 자마 전투(B.C. 202)에서 대대적인 승리를 거둠으로써 제2차 포에니 전쟁을 승리로 이끈다. 파비우스 막시무스는 자신의 경쟁자였던 스키피오 아프리카누스의 승전보가 듣기 싫었는지 자마 전투 승리 1년 전에 로마에서 지병으로 사망했다. 그는 가난하게 죽었는데 남겨진 재산은 철로 된 동전 꾸러미가 전부였다고 한다. 로마 시민들은 그의 장례식을 위해 "로마에서 가장 액수가 적은 동전을 기부"했다.[15] 우리 식으로 말하자면 1원짜리 동전을 모아 장례를 치렀다는 것이다. 무려 다섯 번이나 로마 집정관에 올랐고, 두 번씩이나 로마의 독재관을 지낸 인물치고는 몹시 초라한 최후를 맞이했다는 뜻이다.

인간은 개선되는가, 아니면 개악되는가

플루타르코스는 페리클레스와 파비우스 막시무스의 생애를 자세히 소개한 뒤 두 사람의 장점과 단점을 비교한다. 늘 해오던 대로 아테네 사람 페리클레스는 높이 치켜세우고, 로마 사람 파비우스 막시무스는 깎아 내렸다.

> 불행으로 인해 겸손해지고 필요에 의해 현명한 자에게 복종할 수밖에 없는 나라를 다스리는 것은 비교적 쉬워 보이는 반면, 번영으로 인해 고무되어 있고 오만함과 무모함으로 부풀어 오른 나라 사람들의 고삐를 잡는 것은 어려워 보인다.[16]

한마디로 그리스의 지도자 페리클레스가 더 본받을 게 많은 인물이었다는 것이다. 왜냐하면 파비우스 막시무스 시대의 로마는 한니발의 침공이라는 역경에 처해 있었기에 오히려 통치가 쉬웠다. 예기치 않은 페르시아 전쟁의 승리 이후 기고만장해진 아테네인들을 이끌고 스파르타와의 전쟁을 수행해야 했던 페리클레스보다 더 유리한 입장이었을 것이다. 파비우스 막시무스가 타렌툼을 수복한 게 그의 유일한 승리였다면, 페리클레스는 평생 아홉 번의 승전을 기록했다는 점에서도 비교의 대상이 아니라고 판단했다. 페리클레스와 파비우스 막시무스가 사망한 뒤 아테네와 로마에서 벌어진 일도 두 사람의 능력과 리더십을 반증한다. 페리클레스가 죽은 뒤 아테네에 큰 위기가 닥친 반면, 파비우스 막시무스의 죽음 이후 로마는 더욱 번성했다. 그런데 그것은 파비우스 막시무스의 공이 아니었다. 로마의 새로운 지도자 스키피오 아프리카누스의 "지혜와 용기" 덕에 로마는 지중해의 패권을 완전히 장악하게 되고,[17] 새로운 제국의 꿈을 펼치게 된다. 파비우스 막시무스는 시기심과 경쟁심에 눈이 멀어 스키피오 아프리카누스를 음해하는 옹졸한 전략을 펴다가 시민들의 지탄 속에서 임종했다. 플루타르코스는 다음의 문장으로 두 사람의 차이점을 일갈한다.

> 따라서 아테네가 빠진 곤경은 페리클레스의 명민함을 입증한 반면, 로마의 승승장구는 파비우스의 생각이 완전히 틀린 것이었음을 입증했다.[18]

플루타르코스의 의도는 아테네의 영웅 페리클레스와 로마의 영웅 파비우스 막시무스를 기계적으로 비교하는 게 아니다. 두 사람을 비교하는 플루타르코스의 진짜 의도는 '과연 인간은 개선改善될 수 있는 존재인가, 아니면 단지 개악改惡될 뿐인가?'라는 인간성에 대한 근본적인 질문을 던지는 것이다. 파비우스 막시무스에게 부족했던 점은 질투심과 단견短見만이 아니었다. 마흔 살이나 연하였던 경쟁자 스키피오 아프리카누스를 견제하기 위해 옹졸한 처사를 한 것만이 문제가 아니다. 파비우스 막시무스가 지닌 최대의 단점은 타렌툼 승리 이후 보여준 그의 개악이다. 그동안 그는 본성을 숨겨왔던 것이다. 그가 초기의 경쟁자였던 마르쿠스 미누키우스를 구출하며 보여준 관후한 성격은 일종의 위장술에 불과했다. 파비우스 막시무스는 원래 천성적으로 권력욕이 많았고, 남이 잘되는 것을 몹시 불편해하던 사람이다. 은닉되었던 그의 본성은 천하의 한니발 장군을 무찌른 타렌툼 승리 이후 본격적으로 드러나기 시작한다. 그래서 자신을 신격화하는 일에 관심을 기울이고, 스키피오 아프리카누스에게 온갖 박해를 가한 것이다.

이 점이 페리클레스와 다른 점이다. 페리클레스는 기고만장해 있던 아테네 시민들의 마음을 다잡고, 내전으로 내몰린 나라를 이끈 인물이다. 그는 관후하기보다는 원칙에 충실했다. 미래를 내다보는 탁견과 사람을 감동시키는 명연설로 아테네 권력의 최고 정점에 섰지만, 그는 개악되지 않았다. 오히려 개선됐다. 고대 그리스 최고의 군주의 거울답게, 페리클레스의 마지막 통치는 위엄을 갖추고 있었다.

물론 페리클레스도 인간이기에 마지막 순간에 조금 변한 것은 사실이다. 페리클레스는 아낙사고라스의 문하에서 철학을 배웠기에 "진중한 생각을 갖게 되었고, 분별없는 막말을 피하고 숭고한 언행을 일삼은 것"을 삶의 신조로 지켰다. 그는 "늘 차분한 안색을 유지했고 결코 풀어져 웃음을 터트리지도 않았으며, 말하는 동안에는 그 어떤 감정에도 흐트러지지 않았던" 인물이다.[19] 이런 완벽한 인간에 가까웠던 페리클레스도 죽음 앞에서는 "부적을 달고 다니는 집안 여인들을 말리지 않을 정도"로 변한 것이다. 이 정도의 변화는 용인할 수 있는 수준이다.

페리클레스는 초지일관한 인물로 보는 게 적절할 것이다. 이 점이 파비우스 막시무스와 다른 점이다. 막시무스는 개선되기는커녕 개악된 인물이다. 그러나 페리클레스는 용인할 수 있는 수준의 변화를 제외하고는 시종일관 같은 모습을 보여주었다. 페리클레스와 파비우스 막시무스의 비교를 통해 플루타르코스가 제시하는 군주의 거울은 초지일관하는 지도자의 모습이다. 페리클레스는 초지일관의 리더십을 통해 난세의 영웅이 됐다. 위기가 닥치면 영웅이 탄생하기 마련이고, 난세는 사람의 본성을 드러나게 한다. 그래서 난세는 오히려 우리에게 참된 군주의 거울을 보여주는데, 페리클레스가 바로 그런 인물이다.

3부

영웅들의 흥망성쇠를 통한
현실 극복의 인문학

09

인정받지 못해도
함부로 분노하지 마라

알키비아데스 vs. 코리올라누스

과시욕과 오만함, 엘리트의 고질병

옛날보다 그 맹위가 덜해지긴 했으나 여전히 우리 사회의 상류층을 차지하고 있는 최고 엘리트 그룹은 경기고, 서울대 출신들이다. 일제 강점기와 한국전쟁의 여파로 한국 사회의 신분 계급이 빠르게 해체되면서 학력이 계급 형성에 결정적인 영향을 미친 게 사실이다. 좀 더 범위를 넓혀보면 한국 사회에는 이른바 'SKY'로 불리는 명문 대학이나 미국의 아이비리그 대학을 졸업한 고학력자들이 난공불락難攻不落과 무소불위無所不爲의 엘리트층을 형성하고 있다. 가창력이 좀 떨어져도 서울대 출신 가수라면 뭔가 심오한 철학이 깃들어 있는 것처럼 들리고, 엉터리 연기력을 가졌다 해도 서울대 출신의 예쁜 여배우는 언제나 용서되는 법이다. 세상이 이런 식으로 돌아가다 보니 자연스레 학벌 중심의 교육이 판을 치고 있다. 너도나도 'SKY'를 외치며 죽어도 서울대에 입학하겠다는 학생들로 대입 학원은 언제나 문전성시를 이룬다. 이미 한국의 많은 '상류층' 자녀들은 미국의 아이비리그 대학으로 직행하는 엘리트 코스를 밟고 있다.

일반화의 오류를 범하지 않기 위해 대단히 조심스럽게 피력하는 말이지만 '과시욕'과 '오만한 성격'은 우리 사회에서 쉽게 발견되는 최고 엘리트 집단의 고질병이다. 물론 그렇지 않은 사람들도 다수 있다지만 많은 사람들이 '엘리트 병'에 걸려 있는 게 현실이다. 어쩌면 그것이 인간의 타고난 본성이기에 최고의 위치에 오른 사람들이 부리는 과시욕과 오만한 성격은 일반적인 현상인지도 모른다. 이들이 성취한 눈부신 성공과 막대한 부의 축적은 자연스럽게 사람들의 시선을 끌게 되고, 이런 대중의 관심은 결국 본인 스스로의 과시욕과 결합한다.

이 땅의 얼마나 많은 최고 엘리트들이 그 오만한 성격으로 그렇지 못한 사람들에게 씻지 못할 마음의 상처를 안겨주는가? 집안이 좋은 사람들, 엘리트 부모 밑에서 어릴 적부터 최고의 교육을 받은 사람들, 타고난 머리로 좋은 대학을 다닌 사람들, 뒤에서 밀어주는 선배들이 사회 곳곳에 포진해 있는 사람들, 재벌가의 자녀들, 그래서 남들이 이루지 못한 권력과 부를 축적한 사람들은 대개 오만하다. 최근 우리 사회를 떠들썩하게 했던 '라면 상무'나 '땅콩 회항' 사건이 그 대표적인 사례일 것이다. 이들은 직원들의 사소한 실수에도 폭언을 퍼붓고, 인격적인 모욕을 가하는 것을 주저하지 않는다. 자신은 한번도 그런 실수를 해본 적도 없고, 그런 실수를 하는 직원을 도저히 이해할 수 없기에 그들의 오만한 행동은 지속적으로 반복되기 마련이다. 그들은 최고 수준의 교육을 받은 사람이 도저히 입에 담을 수 없는 욕설을 내뱉거나 심지어 폭력적인 행동도 주저하지 않는다. 그런데 우리가 주목해야 할 현상은 이런 안하무인眼下無人의 엘리트일수록 그 마음속에 분노가 가득하다는 것이다. 주체할 수 없는 감정의 폭발로 나타나는 상대방에 대한 무시와 경멸은 사실 본인의 내면에 잠재되어 있는 자신에 대한 분노일 경우가 많다. 본인이 가지고 있는 내면의 분노가 크면 클수록 감정의 폭발은 더욱 거칠게 나타난다.

엘리트에게서 나타나는 이런 현상, 즉 과시욕과 오만한 성격 그리고 주체할 수 없는 분노의 원인은 무엇일까? 왜 집안도 좋고, 명석한 두뇌를 가졌으며, 명문 대학을 다녔고, 높은 지위와 막강한 부를 누리는 사람들이 다른 사람들에게 상처를 주고, 다른 사람들에게 오만한 언행을 일삼는 것일까? 왜 이들의 마음의 분노는 가시지 않을까? 플루타르코스의 『비교 영웅전』에 등장하는 '알키비아데스 vs. 코리올라누스' 편은 바로 이 점을 집중적으로 다루고 있다.

알키비아데스와 과시욕

"아테네의 악동"으로 알려진 알키비아데스는 명문가 출신의 귀족 청년이었다. 아테네의 탁월한 정치가 페리클레스의 가까운 친척이고, 소크라테스의 애제자이기도 했다. 그는 잘생긴 외모로도 유명했다. 금발에 푸른 눈을 가진 알키비아데스는 "소년기에도, 청년기에도 그

▲
안토니오 카노바, 〈포티다이아 전투에서 알키비아데스를 구하는 소크라테스〉, 1797년, 로마의 산루카 국립 아카데미 소장.

리고 장년기에도 사랑스럽고 보기 좋았던" 인물이다.[1] 하늘을 찌를 것 같은 그의 자존심과 오만한 태도는 많은 일화를 남겼다. 덩치가 큰 소년과 레슬링을 하다가 힘이 부족해서 질 것 같으면 그는 상대방의 팔을 물어뜯는 일도 주저하지 않았다. 상대방이 "계집아이처럼 문다"고 비난하면, 그는 "아니, 사자처럼 널 문 거야"라고 당당하게 대답했다고 한다. 그야말로 "경쟁에 대한 애정과 명성에 대한 갈망"을 타고난 인물이다.[2] 이런 야심덩어리 알키비아데스에게 "영혼의 약점을 드러내고 어리석은 자부심을 꾸짖는" 스승이 있었으니, 바로 소크라테스다.[3] 스승 소크라테스의 가르침은 "알키비아데스의 마음을 사로잡고, 가슴을 쥐어짜게 하고, 두 눈에 눈물이 고이게" 만들었다.[4] 스승과 제자는 적진에서 함께 목숨을 걸고 싸운 전우이기도 했다. 포티다이아 원정(B.C. 432) 당시 소크라테스와 알키비아데스는 같은 막사를 쓰며 함께 어깨를 맞대고 적과 싸웠고, 알키비아데스가 상처를 입고 쓰러지자 소크라테스가 그 곁에서 목숨을 지켜준 적도 있다. 델리움 전투(B.C. 424) 당시에는 일반 보병으로 참전한 소크라테스를 귀족 지휘관이었던 알키비아데스가 보호해주기도 했다. 생사고락을 함께하던 소크라테스의 가르침 덕에 알키비아데스는 마치 "불에 달아 무르게 된 쇠가 찬물에 들어가면 다시 단단해지고 그 입자가 촘촘하게 뭉치듯이" 스승의 가르침을 통해 "겸손하고 조심스러운 성격"으로 바뀌어갔다.[5]

그렇다면 알키비아데스는 탁월한 스승의 가르침으로 인해 완전히 새로운 사람으로 변했을까? 아쉽게도 그렇지 못했다는 게 플루타르코스의 주장이다. 인간의 본성은 쉽게 변하지 않는다는 게 플루타르코스 인간론의 기본 입장이다. 알키비아데스는 자신의 경쟁자였던 니키아스Nicias(B.C. 470~413) 장군을 음해하기도 했고, 계략을 부리며 의도적으로 스파르타와의 분쟁을 촉발시키기도 했다. 그는 제3차 펠로폰네소스 전쟁(B.C. 415~413)을 일으킨 장본인이다.[6] 사치하고 방탕했던 그의 일신의 버릇은 죽을 때까지 고쳐지지 않았다. 많은 아테네의 정치가들은 알키비아데스의 그런 무절제한 행동과 정치적 야심을 지켜보면서 "(그에게) 독재와 무법의 낌새가 보인다고" 분개했다.[7] 그러나 일반 시민들은 알키비아데스의 행동에 관용적이었다. 그가 망나니짓을 해도 너그럽게 받아주곤 했다. 왜냐하면 알키비아데스가 "자발적으로 기부금을 내고 대중을 위한 볼거리에 투자하고 나라에 아낌없이 베풀었기 때문"이다.[8] 플루타르코스는 알키비아데스에 대한 아테네 시민들의 이런 이중적인 태도를 자세히 설명한다.

> 알키비아데스는 빛나는 혈통, 뛰어난 연설 능력, 예쁘장하고 생기 있는 용모에 전쟁 경험과 전투 능력까지 겸비하고 있었다. 그래서 아테네 사람들은 알키비아데스의 일탈 행위에 매번 관대한 이름을 붙여, 철없는 호기와 야망의 산물이라 하였다.[9]

알키비아데스가 일삼던 일탈 행위는 그의 과시욕 때문이다. 명문가 출신에 소크라테스의 애제자였던 그는 아테네라는 역사의 무대에 자신의 명성을 떨치려는 욕구를 숨기지 않았다. 그래서 누가 봐도 무모한 전쟁이라고 할 제3차 펠로폰네소스 전쟁을 일으키게 된다. 뜬금없는 시칠리아 정복의 당위성을 특유의 연설 솜씨로 관철시킨 것이다. 헤라클레스와 같은 무공을 쌓고 싶었던 알키비아데스는 명성에 대한 욕망 때문에 전쟁을 일으켰다.[10] 젊은 나이에도 불구하고 니키아스와 함께 원정군의 총사령관으로 임명된 그는 출항 전날 밤, 또다시 망나니짓을 저지른다. 누군가가 아테네의 도심 아고라 곳곳에 서 있는 헤르메스 신상의 일부분을 훼손시킨 사건이 발생했는데, 아테네 시민들은 그것이 술에 취한 알키비아데스의 소행이라 여겼다. 심지어 그는 그리스에서 신성시하던 엘레우시스 비의秘儀를 우스꽝스럽게 재현해 아테네 시민들의 눈살을 찌푸리게 했다. 결국 알키비아데스는 시칠리아 원정을 가던 중 아테네 법정의 소환을 받게 되고, 그때부터 조국의 등에 비수를 꽂는 행동을 일삼게 된다. 체포 명령을 수행하고자 쫓아오던 함선을 피하기 위해 원정군 총사령관이 임지를 이탈하는 중대한 사건이 발생한다. 심지어 그는 펠로폰네소스 전쟁으로 철천지원수가 된 스파르타를 자신의 망명지로 선택한다. 이것은 단순한 도피가 아니라 조국에 대한 배신 행위였다. 그는 스파르타의 군사 참모를 자청하며 조국 아테네의 군사적 취약점을 적에게 일러바친다. 심지어 스파르타의 왕 아기스Agis의 아내를 유혹해 아이까지 낳게 한다. 스파르타의 왕비 티마이아Timaia와의 불륜은 사랑이나 욕정 때문이 아니라 "단지 자기 자손이 스파르타의 왕위에 앉는 것을 보고 싶었기 때문"이었다.¹¹ 그만큼 자기과시욕이 넘쳤던 것이다.

알키비아데스에게 자기 아내의 정조를 빼앗긴 스파르타의 왕 아기스는 복수심에 불타올랐고, 스파르타 전역에 알키비아데스에 대한 긴급 체포 명령을 내렸다. 그러자 알키비아데스는 스파르타를 탈출해 이번에는 페르시아의 왕을 모시던 태수(지방 장관) 티사페르네스Tissaphernes(B.C. 445~395)에게 자신의 몸을 맡긴다. 조국 아테네에 대한 두 번째 배신이다. 그는 페르시아의 태수에게 내전 중이던 아테네와 스파르타를 분열시키고, 두 나라 간의 세력을 비슷하게 유지해 전쟁을 계속하도록 유도하라고 조언한다.

그러나 아테네 시민들은 알키비아데스를 무작정 미워할 수만은 없었다. 그들이 의지할 곳은 비록 조국의 배신자라 해도 능력이 출중한 알키비아데스뿐이었다. 그래서 아테네 시민들은 "알키비아데스에게 사람을 보내 그를 장군으로 임명하고 군대를 이끌어 독재자들을 처벌해달라고 요청"한다.¹² 알키비아데스는 아테네 시민들의 "동정이나 호의 속에서가 아니라, 영광의 불꽃에 휩싸여 귀국하고 싶어" 했다.¹³ 플루타르코스는 바로 이 부분에 주목한다. 평생 불세출의 명성을 추구하던 알키비아데스는 "영광의 불꽃" 속에서 아테네의 영원한 영웅이 되고 싶었던 것이다. 플루타르코스는 "영광의 불꽃" 속에서 아테네로 귀환하던 알키비아데스의 모습을 이렇게 묘사한다.

> 알키비아데스가 땅을 밟자 사람들은 무리를 지어 환영 인사를 외치며 그에게 달려갔다. 다른 장군들과 맞닥뜨려도 거들떠보지도 않았다. 수많은 군중이 알키비아데스를 따라다녔으며 가까이 갈 수 있었던 사람은 그의 머리에 화관을 씌워주었다. (중략) 바다에서 추방된 것에 다름없었던 아테네가 주변 영토마저 제대로 다스리지 못하고 있을 때, 나아가 성 안에서는 파벌 다툼이 횡행할 때 처참하고 초라한 처지의 아테네를 붙들고 일으켜 세운 것은 바로 알키비아데스였다. 그는 아테네에게 해상의 지배권을 되찾아주었을 뿐만 아니라 육지 온 사방에서 아테네를 승자로 만들기까지 했던 것이다.¹⁴

다시 아테네의 패권을 잡고 보니 알키비아데스의 눈에는 아테네가 여전히 적의 위협에 노출되어 있는 것처럼 보였다. 삼단노선 100척을 인수받아 스파르타와의 전쟁 준비에 총력을 기울였지만 결국에는 돈이 문제였다. 스파르타는 페르시아의 넉넉한 원조를 받고 있는 반면, 아테네는 전쟁 비용이 턱없이 부족했다. 결국 알키비아데스는 전쟁 자금을 마련하기 위해 아테네를 잠시 떠나게 되고, 남아 있던 지휘관의 무모한 작전으로 아테네 해군은 괴멸한다. 리산드로스 장군이 이끄는 스파르타 군대가 아테네를 완전히 정복함으로써 펠로폰네소스 전쟁은 아테네의 참패로 끝났고, 스파르타의 지원을 받던 '30인의 참주'가 아테네 시민들을 억압하기 시작했다.

결국 고립무원에 이른 알키비아데스는 페르시아의 왕 아르타크세르크세르에게 찾아가 망명을 요청하기로 한다. 이 대목은 살라미스 해전의 영웅 테미스토클레스가 말년에 페르시아에 몸을 맡겼던 장면을 연상시킨다. 알키비아데스는 "페르시아 왕이 도움을 허락하기만 한다면 자신이 테미스토클레스보다 못하지 않음을 보여줄 생각"으로 적에게 도움을 청한 것이다.[15] 조국에 대한 세 번째 배신이었다. 그러나 그의 운명은 여기까지다. 그는 페르시아와 스파르타가 짠 음모에 말려든다. 헬레스폰토스 근처의 프리기아 태수였던 파르나바조스Pharnabazus는 스파르타의 리산드로스와 짜고 그를 암살하기 위해 자객을 보낸다. 프리기아에서 고급 창부 티만드라Timandra와 함께 숨어 있던 알키비아데스는 결국 자객들이 던진 창에 맞아 숨을 거둔다.

플루타르코스는 알키비아데스의 최후에 대해 또 다른 이야기를 전한다. 아테네의 악동 알키비아데스가 살해된 것은 파르나바조스와 리산드로스의 정치적 음모가 아니라 그의 또 다른 일탈 행위 때문이라는 것이다. 그가 어느 명문가 집안의 딸을 건드렸고, 이에 격분한 그 집안의 오빠들이 알키비아데스의 집에 불을 질러 밖으로 뛰어나오는 알키비아데스를 창으로 찔러 죽였다는 것이다. 플루타르코스의 예리한 표현대로 "드높은 명성으로 인해 몰락한 자가 있다면, 그가 바로 알키비아데스"였다.[16] 조국 아테네에 대한 세 번의 배신과 평생 멈추지 않은 일탈 행위는 드높은 명성을 추구하던 알키비아데스의 과시욕 때문이었고, 결국 그 본성의 지배에 따라 그는 비참한 최후를 자초했다.

코리올라누스와 오만한 성격

아테네의 악동 알키비아데스와 비교된 인물은 로마의 전설적인 장군 코리올라누스(B.C. 5세기 인물)다. 그의 원래 이름은 가이우스 마르키우스Gaius Marcius였는데, 코리올리Corioli라는 지역에서 볼스키 족을 단숨에 격퇴시키면서 '코리올리의 정복자'라는 뜻인 '코리올라누스'라는 명예로운 이름을 얻게 됐다. 그는 불굴의 용기로 로마를 전쟁의 위기에서 구한 탁월한 장군이었지만 로마 시민들에게는 인기가 없었다. 그는 불같은 성격을 억누를 만한 자제력이 없었고, 평민들 앞에서 자신의 오만함을 숨기지 않은 정치가였다. 로마의 명문가 출신이었고, 장군이 지녀야 할 최고의 덕목인 탁월한 용기를 가졌지만 이 오만한 성격으로 인해 결국 파멸의 주인공이 된다.

코리올라누스는 이미 소년 시절부터 군사적 용맹으로 명성을 떨쳤다. 소년 코리올라누스는 로마의 마지막 왕 타르퀴니우스가 몰락하던 시기에 처음으로 전쟁에 참가했다. 부상당한 전우를 보호하기 위해 끝까지 전투 현장을 지키며 싸웠던 소년 코리올라누스는 떡갈나무 잎으로 된 관을 받는 명예를 안았다. '떡갈나무 관Corona Civica'은 로마 시민의 목숨을 구한 영웅에게 주는 상이었다. 코리올라누스가 어릴 때부터 전쟁에 나선 이유는 엄격한 어머니 볼룸니아 Volumnia가 아들에게 '영웅적인 삶'을 요구했기 때문이다. 어머니 볼룸니아는 자기 가문의 영광을 위해서라면 아들의 붉은 피를 로마의 흰 대리석 제단에 흘려도 전혀 슬퍼하지 않을 여장부였다.[17] 고대 세계에서 보기 힘든 강인한 어머니 상을 보여준 볼룸니아의 영향으로 코리올라누스가 그렇게 명성에 집착했는지도 모

▲
떡갈나무 관를 쓰고 있는 아우구스투스 황제의 조각. 동료 로마 시민의 목숨을 구한 군인에게 하사하는 최고의 명예였으나 후대로 가면서 로마 황제의 장식으로 전용됐다.

른다. 모름지기 아들은 어머니의 관심을 독차지하고 인정받기 위해 목숨까지 내놓는 경향이 있다. 심리학자 프로이트는 이를 '오이디푸스 콤플렉스'로 해석한다.

 코리올라누스는 로마의 귀족 세력을 대표하는 정도가 아니라 시민들에게 권력을 양보하는 귀족 세력의 타협책을 질책하던 초강경 보수파의 대표자였다. 로마의 숙적이던 볼스키 족이 주변 세력을 규합해 로마에 전쟁을 걸어오자 귀족 세력을 대변하던 원로원이 시민 징집령을 내렸다. 그러나 로마 시민들은 원로원의 징집 명령에 복종하지 않았다. 이때 코리올라누스는 다음과 같은 입장을 취했다.

이런 위기에서 권력을 잡고 있던 자들의 의견은 또다시 엇갈렸다. 일부는 평민들에게 양보해야 하고, 지나친 법 집행을 자제해야 한다고 주장했다. 그러나 다른 사람들은 이를 반대했는데, 코리올라누스도 그들 중의 하나였다.[18]

이런 문제는 지금도 우리 주변에서 반복적으로 나타난다. 정치가들은 일반 시민들에게 얼마만큼의 자유를 허락해야 하는지, 또 사(使) 측은 노(勞) 측을 어떻게 대우해야 하는지를 놓고 의견이 분분한 가운데 서로 밀고 당기는 협상이 지금도 계속되고 있다. 로마의 경우에는 이 문제를 잘못 처리하면 혁명이나 국가 파업이라는 파국적인 국면이 초래되곤 했다. 당시 로마 평민들은 원로원과 적대적인 관계에 있었다. 로마의 평민들은 원로원이 볼스키 족과의 전쟁을 위해 징집 명령을 내린 것은 부유층을 보호하기 위한 이기적인 정책일 뿐이라고 믿었다.

사태를 진정시키기 위해 원로원은 평민들에게 타협책을 제시했다. 로마 평민들의 권익을 보호하기 위해 그들의 대변자 다섯 명을 직접 선출하도록 한 것이다. 평민의 권리를 보호하기 위한 호민관 제도가 바로 이때 만들어졌다.[19] 코리올라누스는 이 호민관 제도의 시행을 처음부터 못마땅하게 생각했다. 그는 늘 "귀족이 할 일은 나라의 번영을 위한 경쟁에서 민중과 겨루어 이기는 일이라고" 주장했다.[20] 이기적인 판단이 앞서고 우매한 집단 심리에 사로잡혀 있는 로마 대중들에게 나라의 미래를 맡길 수 없다는 게 그의 확고부동한 입장이었다.

코리올라누스는 로마-볼스키 전쟁(B.C. 494~493)의 영웅이다. 이탈

▲
〈로마 시민들에게 전쟁의 상처를 보여주는 코리올라누스〉. 코리올라누스에 대한 플루타르코스의 글은 셰익스피어의 동명 작품에 큰 영향을 주었다. 사진은 1773년에 출간된 셰익스피어의 『코리올라누스』 2막 7장의 삽화다.

리아 반도 중부의 아펜니노 산맥 지역에서 남하한 볼스키 족은 라틴 지역을 이끌던 로마와 전쟁을 벌였고, 코리올리 지역을 탈환하는 데 혁혁한 전과를 올린 후 '코리올리의 구원자'라는 별명을 얻었다. 당시 집정관은 코리올라누스의 공을 높이 치하하고는 적으로부터 빼앗은 엄청난 양의 전리품 중 10분의 1을 사례로 주겠다고 선포했다. 그러자 코리올라누스는 "군마 한 마리는 감사히 받겠으며 집정관님의 칭찬도 기쁘지만 나머지는 사양하겠습니다"라고 대답해, 로마의 민심을 단번에 얻었다.[21]

전쟁 영웅 코리올라누스는 선거를 거쳐 로마의 최고 공직인 집정관의 자리에 오르게 된다. 집정관을 선출하기 위한 선거전이 한창 진행되자 코리올라누스는 토가(귀족이 입는 옷)를 벗고 전쟁 때 입은 몸의 상처를 보여준다. 그러자 로마 시민들은 열광하며 코리올라누스에게 표를 몰아주었다. 그런데 막상 코리올라누스가 집정관에 취임하자 시민들은 입장을 바꾸어 그를 탄핵하기에 이른다. 평소 자신들을 무시하고 귀족의 입장을 대변하던 강경보수파 코리올라누스가 마음에 들지 않았던 것이다. 로마 민중들의 마음이 이렇게 조변석개(朝變夕改)하자 코리올라누스는 이전보다 더 심하게 그들의 어리석음을 혐오하게 된다. 코리올라누스는 로마 시민들에 대한 적대감을 숨기지도 않았고, "격정적이고 분쟁을 마다하지 않는 성격을 마음껏 드러냈다".[22] 플루타르코스는 코리올라누스의 행동을 이렇게 분석한다.

> 그는 정치가가 가져야 할 가장 중요한 덕목, 즉 이성과 수양을 통해 얻어지는 위엄과 관용을 갖고 있지 못했다. 또 공직을 맡은 사람은 무엇보

다, 플라톤이 '고독의 동지'라고 불렀던 아집을 피해야만 하는데도 이를 알지 못했다. 남들과 어울릴 줄 알아야 하는데도 코리올라누스는 그러지 못했다. 직선적이고 고집스러웠던 그는, 만물을 항상 정복하고 지배하려는 마음이 용기에서 나온다고 믿었다.[23]

우리 주변에 코리올라누스와 같은 사람들이 얼마나 많은가? 이는 우리가 매우 빈번하게 목격하는 인간형이다. 막대한 부를 가지고 있고 엄청난 권력을 행사하는 최고 엘리트들이 "위엄과 관용"을 갖추는 것은 고사하고 라면 한 그릇, 땅콩 한 봉지 때문에 힘없는 사람을 쥐 잡듯 하니 말이다. 그들은 다른 사람들을 지배하고 좌지우지하며 심지어 모욕을 주는 것도 자신의 의무이자 당연한 권리라고 생각하는 모양이다. 권력을 잡은 자들은 협치協治가 아니라 통치統治의 힘으로 자신의 힘을 과시하려 든다.

코리올라누스는 로마 시민들 앞에서 거침없이 '오만한 행동'을 자행했다. "그의 연설은 드러내놓고 시민에 대한 공격적인 어휘로 시작되었으며, 그들에 대한 뚜렷한 비난으로 끝을 맺었다"고 기록되어 있을 정도다.[24] 그는 로마 민중의 권익을 보호하기 위해 신설된 호민관 제도를 철폐할 것을 공공연하게 주장하면서 일반 시민들을 자극했다. 결국 분통을 터트리던 로마 시민들은 부족별로 투표를 통해 코리올라누스에게 영구 추방이라는 처벌을 내리게 되고(B.C. 491), 단세 표 차이로 코리올라누스의 유죄가 인정됐다. 투표를 마친 로마 시민들은 "그 어느 적과 싸워 이겼을 때보다 크게 환호하고 기뻐하며 흩어졌다"고 한다.[25] 코리올라누스가 가족과 이별하고 로마를 떠나던 순간, 누가 귀족이고 누가 평민인지 단번에 알아 볼 수 있었다. 코리올라누스가 추방되는 모습을 보고 기뻐하는 자는 모두 평민이었고, 슬퍼하는 자는 모두 귀족이었다고 한다.

오만한 성격을 숨기지 않았던 코리올라누스에게 로마에서의 영구 추방은 자존심에 말할 수 없는 상처를 남겼다. 플루타르코스는 오만한 코리올라누스가 영구 추방이라는 극심한 스트레스 속에서 '분노'라는 자신의 숨겨진 본성을 드러냈다고 기록한다. 사람의 본성은 잘 변하지 않는 법이다. 수양과 자기 통제 혹은 제도의 엄격성과 성공을 위한 본인 스스로의 조심성으로 일정 기간 본성이 숨겨질 수는 있으나 극심한 고통이나 스트레스는 그 사람이 가진 본성을 만천하에 드러내도록 만든다. 플루타르코스는 이런 인간의 본성을 예리하게 분석한다.

> 분노가 고통에서 비롯되었다는 것을 아는 사람은 많지 않다. 분노로 변형되어 가는 과정에서 고통은, 말하자면 그 자체의 불꽃에 의해 소진되고, 낮은 데 멈추어 있는 본연의 성질을 벗어던진다. 따라서 분노에 찬 사람은 고열에 달아오른 사람처럼 흥분한다. 영혼이 부어올라 욱신거리고 화끈거리는 상태이기 때문이다.[26]

오만한 성격의 밑바닥에는 분노가 도사리고 있는 법이다. 비록 냉정한 성격을 가지고 있다 해도 그 마음속에는 뜨거운 분노가 숨어 있는 것이다. 화화산처럼 뜨거운 분노의 열기를 주체할 수 없었던 코리올라누스는 제 발로 볼스키 족의 장군인 툴루스(Attius Tullus Aufidius)를 찾아간다. 마치 아테네의 배신자 알키비아데스가 적국 스파르타와 페르시아의 품에 자신의 몸을 맡겼듯이, 로마의 배신자 코리올라누스는 볼스키 족에게 투항해 로마를 향한 복수를 다짐한다. 코리올라누스는 적장 툴루스에게 이렇게 말한다.

"내가 탄원자로서 그대의 화로에 앉은 것은 신변의 안전을 보장받기 위해서가 아니오. 죽음이 두려웠다면 왜 여기 왔겠소? 나는 나를 내친 사람들에게 복수하기 위해 왔으며, 내가 그대의 부하가 되는 순간 복수는 시작되오. 그러니 로마라는 적을 쳐부수고 싶다면 내 재앙을 이용하시오. 내 개인의 불행을 볼스키 족 전체의 행운으로 바꾸시오."[27]

그다음 펼쳐지는 이야기는 우리가 예상하는 그대로다. 볼스키 족의 장군이 된 코리올라누스는 파죽지세로 로마를 몰아붙인다(B.C. 488). 그는 타오르는 분노와 복수심을 전쟁터에 쏟아 부었고, 로마군은 그런 코리올라누스의 적수가 되지 못했다. 세상에서 제일 무서운 게 죽자고 덤비는 인간이다. 불타는 복수의 일념에 분노의 기름을 끼얹었으니 코리올라누스의 앞길을 막을 자는 아무도 없었다. 코리올라누스가 이끄는 볼스키 족의 로마 도심 공격이 임박했을 무렵, 돌발적인 상황이 벌어진다. 어머니 볼룸니아가 코리올라누스의 아내와 아들과 함께 적진을 찾아온 것이다. 마치 로마와 사비니 족과의 전쟁이 불가피한 순간, 로마로 시집온 사비니 족의 딸들이 눈물로 전쟁 중지를 호소했던 것처럼 코리올라누스의 어머니가 분노와 살육의 전쟁을 막기 위해 아들을 찾아온 것이다. 어머니는 복수를 다짐하던

▲
〈코리올라누스의 로마 진군을 막는 어머니〉, 콜드웰이 그린 동판화로 셰익스피어의 동명 극본 『코리올라누스』의 장면을 묘사한 작품이다. 『코리올라누스』는 셰익스피어의의 마지막 작품이다.

아들에게 이렇게 눈물로 호소한다.

"네 아내와 자식들은 나라를 잃든가 너를 잃을 것이다. 나는 이것을 전쟁이 결정해줄 때까지 살 마음이 없다. 내가 너를 설득하여 갈등과 적의를 우정과 화합으로 대체하게 만들 수 없다면, 네가 만약 양국의 은인이 되기보다 일국의 파괴자가 되겠다면, 널 낳아준 여인을 짓밟지 않고서는 네 나라를 공격할 수 없으리라는 것을 똑똑히 알아두어라."[28]

본성보다 강한 게 어머니의 눈물인 모양이다. 그토록 오만한 성격을 가졌고, 치를 떨며 복수의 시간을 기다리던 코리올라누스도 어머니의 눈물 앞에서는 고개를 숙이고 만다. 그는 "감정에 북받쳐" 어머니를 끌어안고 놓지 않았으며, 아내와 아들을 껴안고는 "눈물을 아끼지 않은 채, 감정의 홍수에 떠내려가는 자신을 그대로 내버려두었다"고 기록되어 있다.[29] 결국 이렇게 전쟁은 휴전으로 끝이 나고, 볼스키 족의 장군 툴루스가 코리올라누스를 살해하는 것으로 대단원의 막을 내린다. 코리올라누스가 로마 공격을 중단하고 포위 공격을 풀었기에 목숨을 부지할 수 있었지만, 로마 시민들은 그의 죽음을 애도하지 않았다. 코리올라누스라는 명예로웠던 그의 이름은 로마 민중들의 기억 속에서 곧 잊혀졌다.

분노의 심연을 들여다보라

그리스의 알키비아데스와 로마의 코리올라누스는 모두 탁월한 장군이었고, 한때는 조국의 수호자였다가 나중에는 각각 아테네와 로마의 배신자가 되었다는 공통점을 가지고 있다. 둘 다 근본적으로 문제가 있는 사람들이었다. 알키비아데스는 죽을 때까지 타고난 과시욕을 억제하지 못했고, 코리올라누스는 평생 오만한 성격을 주체하지 못했다. 지금까지 그리스와 로마 영웅의 면모를 비교하며 탁월한 지도자의 모델을 모색하던 플루타르코스는 이 두 사람의 사례를 본받지 말아야 할 반면교사反面教師로 소개한다.

두 사람 모두 문제가 있지만 그래도 알키비아데스가 조금 더 낫다고 평가한 플루타르코스의 입장도 이제는 이해가 된다. 알키비아데스는 그래도 아테네 사람이기 때문이다. 알키비아데스는 타고난 과시욕으로 늘 문제를 일으켰지만 "때로는 그의 실수마저도 매력적이고 복스럽게 보였"다. 비록 아테네 사람들로부터 존경을 받지는 못했지만 그래도 많은 사람들로부터 사랑받는 존재였다는 것이다. 그러나 로마의 코리올라누스는 존경도 받지 못했고, 사랑도 받지 못한 일생을 살았다고 분석한다. 플루타르코스는 이렇게 덧붙인다.

> 이 모든 것의 원인은 코리올라누스가 비사교적이고, 몹시 교만하고, 고집스러운 성격을 가지고 있었기 때문이다. 이러한 성격은 그 자체로도 대부분의 사람들에게 거슬리는데, 야심과 결합되면 극도로 잔악하고, 견딜 수 없게 된다. 그리고 이러한 성격을 가진 사람들은 대중의 비위를 맞추는 데 전혀 관심이 없다. 그러나 대중의 존경을 받고 싶지 않다고 말하면서도, 대중이 존경을 표하지 않으면 불쾌해 한다.[30]

좋은 집안에서 태어나 명석한 머리로 명문 대학을 졸업하고 결국 사회 지도층 인사가 된 엘리트 중에는 지나칠 정도의 과시욕과 오만한 성격을 가진 사람이 많다. 이런 사람에게 큰 고통이 닥치거나 통제할 수 없는 스트레스가 가해지면, 그동안 숨겨져 있던 분노 본성이 드러난다. 감정을 통제하지 못하고 욕설을 퍼붓거나 파괴적인 행동으로 주위 사람들을 놀라게 한다. 이런 사람이 분노의 감정을 폭발시키면 주위의 약자들은 쩔쩔매면서 문제에 신속하게 대응하게 되고, 결국 이들의 분노는 지속적으로 반복된다. 심지어 신속한 문제 해결을 위해 다른 사람들 앞에서 크게 화를 내는 게 더 효과적이라고 판단하는 사람들도 있다. 이른바 '분노의 학습 효과'에 길들여지면 점점 더 자주, 그리고 점점 더 격렬하게 내면의 분노를 표출시키는 것이다. 분노는 습관이 되고, 습관적인 분노로 문제를 해결하는 사람은 결국 '분노 중독증'에 걸리게 된다.

플루타르코스는 분노의 중독증에 걸린 코리올라누스의 내면을 심층적으로 소개하면서, 그 분노의 심연을 들여다보라고 말한다. 왜 코리올라누스는 분노의 감정을 주체하지 못했을까? 코리올라누스가 진정으로 로마 시민들의 무지함과 짧은 생각을 경멸했다면, 그들의 추방령도 담담히 받아들여야만 했다. 그것이 상식적인 대응이다. 어차피 민중이란 그렇다고 생각하며 괘념치 말아야 했다. 그러나 코리올라누스는 인정받고 싶어 하는 마음이 지나치게 강렬했던 사람이다. 그것이 어머니의 지나친 기대 때문이었는지는 모르겠으나 코리올라누스의 지나친 오만과 거친 분노의 표현은 사실 "존경심에 대한 지나친 갈망의 감정일 가능성이 높다"는 것이다.

불쑥불쑥 솟아나는 마음의 분노를 주체하지 못하겠다면 자신을 한 번 진지하게 돌아봐야 한다. 존경과 명성에 대한 지나친 갈망을 내면에 숨기고 있지는 않은지, 다른 사람들의 더 많은 인정을 받기 위해 노심초사하고 있지는 않은지 생각해봐야 한다. 그런 자가진단을 마쳤다면,『논어』의「학이學而」편 끝 구절을 마지막으로 떠올려보자. "인부지불온人不知不溫이라도 불역군자호不亦君子乎라!" 남이 알아주지 않아도 성내지 않는다면 또한 군자답지 아니한가.

10

삶의 목적과 방향을
매순간 점검하라

리산드로스 vs. 술라

악인들이 역사에 남긴 질문

아일랜드 출신의 시인 오스카 와일드Oscar Wilde(1854~1900)는 이런 명언을 남겼다. "이 세상 모든 성인聖人에게 과거가 있기 마련이듯이, 이 세상 모든 악인惡人에게도 미래가 있다Every saint has a past, and every sinner has a future." 의미심장한 말이다. 우리는 절대로 본받지 말아야 할 나쁜 인간을 '악당'이나 '죄인'으로 부르며 그들을 경계하지만 그렇다고 모든 악당이나 죄인들이 무가치한 존재라고 말하기는 어렵다. 그들에게도 개선될 수 있는 미래의 여지가 남아 있기 때문이다. 밤의 어둠이 짙어야만 낮의 태양이 더 찬란하고 지옥이 있어야 천국의 소중함을 알 수 있듯이, 죄인이 있어야만 성인의 가치가 더욱 극명하게 드러난다는 소극적인 의미도 분명히 존재한다.

그런데 누가 성인이고 누가 죄인인지 어떻게 판단할 수 있을까? 어떤 기준으로 선과 악을 판단해야 한단 말인가. 인류의 역사는 줄곧 승자의 입장에서 기록되었기 때문에 패자는 늘 죄인으로 낙인찍혀 왔다. 반대로 승자는 성인으로 추대되는 경향을 보인다. 페르시아와 고대근동을 정벌했던 마케도니아의 알렉산드로스 대왕은 성인으로 간주되었고, 패배한 페르시아의 황제 다리우스 3세는 역사의 패배자이자 죄인으로 단죄됐다. 그리스 사람들의 입장에서 볼 때 알렉산드로스 대왕은 성인이 맞다. 자기편이니까. 그러나 침략을 당한 페르시아인의 입장에서 볼 때 알렉산드로스 대왕은 지옥으로 가야 마땅할 역사의 불한당이자 범죄자다. 평화롭기만 한 자신들의 조국 페르시아의 영토를 유린한 외부의 침략자이기 때문이다.

로마 시대의 역사가 플루타르코스도 이 문제를 고민했다. 권력 투쟁에서 승리를 거두었기 때문에 역사의 승자가 된 성인이 진짜 훌륭한 영웅인지, 아니면 역사의 패배자로 낙인찍혀 악인으로 분류된 사람들을 무조건 악당으로 불러도 되는지에 대해서 말이다. 역사의 패배자가 되어 악인으로 몰린 인물에게서는 정말 배울 점이 하나도 없을까?『비교 영웅전』에서 탁월함을 과시한 영웅들의 모습을 짝을 지어 비교한 플루타르코스는 집필의 중반에 접어들면서 이 문제를 심각하게 다루었다. 그러니까 이번 장에 소개할 '리산드로스 vs. 술라' 편은 『비교 영웅전』에서 아주 예외적인 부분이다. 이 두 사람의 비교 부분은 『비교 영웅전』이 아니라 『비교 악당전』이라고 해야 적절할 것이다. 스파르타의 리산드로스와 로마의 술라는 둘 다 천하의 악당들이었기 때문이다. 우리는 이 두 고약한 악당들의 생애를 통해 누구의 악행이 더 부정적인 영향을 미쳤는가에 대해 배우게 될 것이다. 누가 더 역사의 큰 죄를 지었을까? 그리고 그들의 악행으로부터 무엇을 배울 것인가? 바로 이것이 플루타르코스가 제기하는 '리산드로스 vs. 술라' 편의 핵심 질문이다.

스파르타를 '눈 먼 자들의 도시'로 만든 리산드로스

펠로폰네소스 전쟁의 주역이었던 리산드로스(B.C. 395 사망)는 스파르타인들로 하여금 돈에 대한 욕심을 갖게 한 장본인이다. '돈이면 모든 게 가능하다'는 잘못된 생각을 심어놓은 스파르타의 문제적 인물이었던 것이다. 스파르타의 탁월한 정치가이자 펠로폰네소스 전쟁을 최종 승리로 이끈 용감한 장군이었지만, 리산드로스는 명예로운 조국 스파르타를 황금에 눈이 먼 국가로 만들어버렸다. 위대한 입법자 리쿠르고스 덕에 스파르타인들은 재물보다 명예를 소중히 여기는 이상적인 도시국가를 만들었고, 그때부터 스파르타는 그리스 정신의 모범이 됐다.[1] 그런데 물질 소유에 초연하고, 검소한 식사와 남루한 잠자리에 들면서도 조국의 영광을 위해서라면 목숨도 초개와 같이 버리던 스파르타의 젊은이들이 리산드로스 때문에 타락하기 시작했다. 리산드로스가 스파르타 사람들의 마음에 탐욕과 부에 대한 열망을 불어넣자 돈이 최고이고, 돈이면 무엇이든 할 수 있다는 황금만능주의가 스파르타 전역에 퍼져나갔다. 스파르타는 리산드로스로 인해 '눈 먼 자들의 도시'가 되고 말았다.

그런데 흥미로운 사실은 정작 리산드로스 자신의 삶은 재물에 초연했다는 점이다. 숙적 아테네를 정벌하고, 전리품으로 획득한 막대한 양의 금은보화를 스파르타로 유입했지만 정작 본인은 황금 소유에 관심을 보이지 않은 특이한 사람이다. 다른 사람들을 모두 황금에 눈이 멀게 한 그의 삶은 검소하다 못해 가난했다고 한다. 한번은 시라큐사의 참주가 리

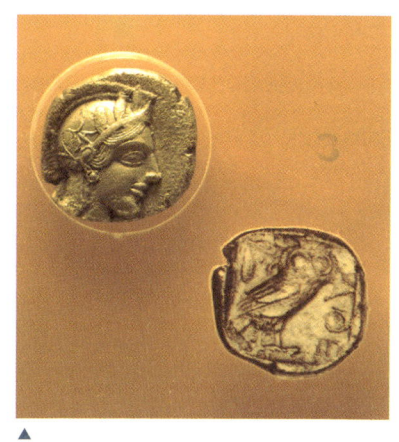

▲
기원전 510년부터 기원전 38년까지 사용된 아테네의 동전(Tetradrachm). 앞면에는 아테나가, 뒷면에는 올리브나무 가지에 앉아 있는 부엉이가 새겨져 있다. 리산드로스는 이 동전을 처음으로 스파르타에 유입했다.

산드로스의 호감을 얻기 위해 최고급 옷감을 딸에게 뇌물로 바쳤는데 그는 그것을 단호하게 거절했다. 그가 죽은 뒤 남겨진 재산을 조사해보니, 자녀들의 생활조차 곤란할 정도였다고 한다. 다른 사람들을 황금에 눈이 멀게 해놓고는 정작 자신은 시선을 다른 곳으로 돌린 독특한 인물이다.

스파르타의 장군 리산드로스는 앞 장에서 소개한 아테네의 지도자 알키비아데스와 한 시대를 겨룬 인물이다. 아테네의 시칠리아 원정(B.C. 415~413)이 참패로 끝났으나 알키비아데스는 다시 아테네의 해상권을 장악하고, 지중해의 패권을 복원시키려는 시도를 하고 있었다. 알키비아데스의 잠재적 위협을 익히 알고 있던 스파르타인들은 리산드로스를 해군 사령관으로 임명하고 아테네 해군을 견제하

도록 했다.

리산드로스는 용감무쌍한 해군 제독이기보다는 노회한 정치꾼에 가까웠다. 페르시아의 왕 소 키루스에게 아부에 가까운 행동을 하면서 더 많은 군사 지원금을 우려냈고, 에페수스에 장기간 진을 치고 공격의 기회를 기다리는 인내의 작전을 구사하면서 정치력을 발휘했다. 마침 아테네의 해군이 성급한 판단으로 에페수스 항구에 무리한 공격을 감행하자, 리산드로스는 즉각 그 틈을 노렸다. 노티움Notium 해전(B.C. 406)으로 알려진 이 전투는 스파르타 해군의 승리로 끝이 났다. 리산드로스의 치밀한 장기전이 실효를 거둔 것이다. 이 작전의 실패로 결국 알키비아데스는 아테네 해군 사령관직에서 해임되고 만다. 리산드로스는 점령지 에페수스에서 처음으로 참주제를 실시한다. 이것은 펠로폰네소스 전쟁 이후 아테네의 정치적 혼란과 소크라테스의 죽음을 야기한 '30인의 참주'의 원조에 해당한다. 리산드로스는 점령지의 전통 귀족들을 부추겨 민중을 탄압하는 참주들의 독재정치를 유도했으며, "그들의 탐욕을 충족시켜주기 위해 그들이 행하고 있던 불의와 악행에도 적극 참여"했다.[2] 나라를 둘로 분열시켜 참주와 민중들이 서로 계급 갈등을 일으키도록 만들고, 뒤에서 그 나라를 간접 통치하는 교묘한 전략을 쓴 것이다.

리산드로스는 전투에서 승리를 거두기 위해 속임수를 쓰는 것을 조금도 주저하지 않았다. 그는 밀레토스에서 속임수로 민중파를 모두 학살한 사건으로 악명을 떨쳤다. 리산드로스는 밀레토스의 민중파에게 먼저 도와주겠다고 접근하면서 웃는 얼굴로 그들을 안심시킨 뒤, 한곳에 모아놓고 전원을 처형해버렸다. 그는 "정의로운 일이라도 이익이 있을 때만 칭찬"했고, "정의롭지 않더라도 이익을 가져오면 명예로운 일이라고 극구 칭찬"한 인물이다.[3] 스파르타인들은 자신들을 정의와 명예를 소중히 여기는 헤라클레스의 후손이라고 자부하던 민족이었다. 그런데 리산드로스 장군이 속임수를 쓰면서 전쟁을 한다는 소문이 퍼지자 스파르타인들은 그를 신랄하게 비난했다. 그러자 리산드로스는 그들의 비난을 일소에 붙이며, "사자의 가죽이 가

▲
헤라클레스는 '네메아의 사자'를 죽인 뒤 자신의 용맹을 드러내기 위해 사자 가죽을 쓰고 다녔다. 이를 흉내 낸 로마의 황제 코모두스의 흉상. 로마 캄피돌리오 박물관 소장.

리지 못하는 곳에는 여우의 가죽을 덧대야지"라고 빈정댔다고 한다.[4] 헤라클레스가 사자의 가죽을 쓰고 다녔던 것을 풍자하면서 자신은 교활한 여우의 가죽을 쓰겠다고 오히려 큰소리를 쳤다.

정치적 속임수의 귀재였으며, 잔인하게 적을 몰살시키는 섬멸전으로 유명했던 리산드로스 덕에 펠로폰네소스 전쟁은 끝이 났다. 자중지란에 빠진 아테네 해군이 작전 실패의 책임을 물어 유능한 제독들을 처형하자, 판세는 완전히 스파르타 쪽으로 기울었다. 리산드로스는 아에고스포타미Aegospotami 해전(B.C. 405)에서 아테네 함선 168척을 침몰시키고, 최소 3000명에 이르는 아테네인들을 포로로 붙잡아 승

기를 굳혔다. 펠로폰네소스 전쟁에서 스파르타가 최종 승리를 거둔 것이다. 그는 아테네 포로 3000명을 모두 학살해 적의 사기를 완전히 꺾은 다음 강력한 아테네의 정계 개편을 추진했다. 친스파르타 성향의 아테네 귀족에게 권력을 일임해 아테네 민중들을 정치적으로 억압하도록 힘을 실어준 것이다. 이른바 '30인의 참주' 시대가 시작되었고, 리산드로스는 이런 아테네 정치의 혼란기를 틈타 도심부터 피레우스 항구까지 에워싸고 있던 '긴 성벽'을 단숨에 철거해버린다. 페르시아 전쟁의 영웅 테미스토클레스가 아테네를 방어하기 위해 만든 긴 성벽은 이제 리산드로스에 의해 완전히 사라지게 됐다. 또한 그는 피레우스 항구에 정박되어 있던 아테네의 삼단노선도 모두 불태웠으며, 그리스 전역에서 아테네의 맹주 시대가 끝났음을 알리는 성대한 축제도 열었다.

리산드로스는 스파르타의 왕이 아니라 해군 제독이었다. 당시 스파르타의 왕은 아게실라오스 Agesilaus II(B.C. 400~360 통치)였는데, 리산드로스에 대한 열등감이 극심한 사람이었다.[5] 작은 키에, 태어날 때부터 불구였던 그는 리산드로스가 누리던 정치적 인기를 시기하고 견제했다. 원래 일인자는 이인자의 인기를 달가워하지 않는 법이다. 당시 스파르타인들 사이에서는 왕이었던 아게실라오스보다 리산드로스 장군의 인기가 더 높았다. 아게실라오스와 리산드로스는 함께 페르시아 원정을 떠났지만, 왕의 자존심을 건드리는 사소한 사건들이 계속해서 발생하면서 둘 사이에 묘한 긴장감이 흘렀다. 행군을 할 때면 대부분의 스파르타 원정군들과 지역 주민들이 아게실라오스 왕보다 리산드로스에게 더 큰 환호를 보냈고, 그에게 더 많은 선물을 보내곤 했다. 화가 난 아게실라오스 왕은 리산드로스에게서 군대 지휘권을 빼앗고, 정육점에서 고기 써는 일을 시키며 모욕을 주기도 했다.

최종적으로 페르시아 원정에 실패했을 뿐만 아니라 왕으로부터 모욕적인 대우를 받은 리산드로스는 아게실라오스의 왕위를 찬탈하기 위한 음모를 꾸민다. 자신의 쿠데타를 정당화할 수 있는 연설문을 미리 작성해두고, 신탁의 예언을 조작해서 왕위 찬탈의 필요성을 스파르타 시민들에게 호소할 준비도 했다. 그는 왕족의 혈통이 아니라 군주의 업무에 적합한 사람에게 나라의 통치를 맡기자는 혁신적인 주장을 펼치기 시작한다. 스파르타는 대대로 헤라클레스의 후손이 통치하는 혈통주의를 따르고 있었는데, 리산드로스가 처음으로 능력본위로 왕을 선출하자고 주장한 것이다. 세습이 아니라 선거로 통치자를 뽑자는 이 주장은 스파르타인들에게 혁명적인 발상으로 들렸다. 그러다가 리산드로스의 운명이 돌발적으로 마감되는 전쟁이 발발하게 된다. '30인의 참주'가 시행한 귀족 독재에 항거했던 일부 아테네 시민들이 테바이로 망명을 떠나게 되고, 리산드로스는 이들을 제압하기 위해 출동했다가 일격을 당하고 만다. 테바이 성문 밖에서 전혀 예상치 못한 공격을 받은 그는 그곳에서 죽음을 맞이한다(B.C. 395). 그의 시신은 고향 스파르타로 돌아오지 못하고 델포이와 카이로네이아를 잇는 길가에 묻혔다. 그의 무덤은 『비교 영웅전』의 저자 플루타르코스가 살았던 동네 어귀였다.

리산드로스의 공(功)은, 지루하게 시간을 끌던 펠로폰네소스 전쟁을 종결시키고 스파르타에게 승리를 안겨준 것이다. 그의 생애에서 가장 흥미로운 부분은 평생을 가난하게 살았다는 점이다. 그가 생존해 있을 때, 모든 사람들은 그가 엄청난 부자일 것이라고 미루어 짐작했다. 그러나 막상 그가 죽은 뒤 조사해보니 그는 아무런 재산도 소유하고 있지 않았음이 밝혀졌고, 이 사실은 스파르타 사람들을 놀라게 했다. 심지어 이 사실을 알게 된 리산드로스 딸의 약혼자는 집안의 가난을 이유로 파혼을 선언할 정도였다. 그런데 더욱 이상한 것은 정작 자신은 평생 검소하고 가난하게 살았으면서 스파르타인들에게는 탐욕을 갖게 한 장본인이었다는 것이다. 입법자 리쿠르고스의 정신을 따랐던 스파르타는 철로 된 화폐를 사용했는데 철로 된 화폐는 무겁고 녹이 잘 슬어 스파르타인들에게 불편만 주었다. 그래서 스파르타인들은 돈을 모으는 행위 자체를 혐오하기에 이르렀다. 스파르타인들이 원래부터 부를 축적하는 일을 불명예스럽게 여겼기에 가능한 일이었다. 그런데 리산드로스는 아테네를 정복한 뒤 금과 은으로 된 엄청난 전쟁 전리품을 스파르타로 대거 유입했다. 그의 결정에 따라 금과 은으로 된 엄청난 양의 동전이 스파르타의 새로운 화폐로 사용되기 시작했다. 스파르타의 원로들은 황금이 아니라 명예를 소중히 여기라고 가르친 리쿠르고스의 정신으로 돌아가자고 호소했지만 리산드로스는 금과 은으로 주조한 새로운 스파르타의 화폐를 만들었고, 결국 이것이 스파르타인들로 하여금 탐욕과 부에 대한 지나친 열망을 갖게 했다. 그는 과연 선한 사람이었을까? 악한 사람이었을까? 그는 왜 자신은 가난하게 살면서 스파르타를 '눈먼 자들의 도시'로 만들었을까? 플루타르코스는 이 아리송한 질문에 답하기 전에 또 다른 악당 한 명을 소개한다. 탐욕과 폭정의 대명사로 불린 로마의 장군 '술라'다.

탐욕과 폭정의 화신, 술라

로마의 몰락한 귀족 출신인 술라Lucius Cornelius Sulla Felix(B.C. 138~78)는 거의 노예와 다를 바 없는 비참한 삶을 겪으며 힘들게 성장했다. 금발에 창백하고 붉은 반점이 있는 얼굴을 한 술라는, 생김새부터 사람들에게 공포심을 주었다. 성격도 기괴했다. 어떤 때는 무자비한 처벌을 내리다가 갑자기 그 사람에게 큰 상을 내리기도 했다. 사소한 잘못을 저지른 사람에게 사망에 이를 정도의 혹독한 몽둥이찜질을 가하는가 하면, 어느 때는 아주 심각한 잘못도 슬쩍 눈감아주는 아량을 베풀었다. 그는 자신의 회고록에 "숙고 끝에 실행한 행위보다 충동적으로 과감하게 저질렀던 행위의 결과가 더 좋았다"고 기록하며 자신의 독특한 성격을 드러낸다.[6] 종잡을 수 없었던 그의 성격에 대해 플루타르코스는 이런 평가를 내린다.

> 술라는 성격이 고르지 못했고 변덕을 부렸다. 많이 빼앗았지만 더 많이 내어줬으며 뜻밖의 칭찬을 하는 만큼, 뜻밖의 모욕도 가했다. 자신이 필요로 하는 사람에게는 알랑거렸고, 자신을 필요로 하는 사람에게는 오만하게 굴었다. 따라서 경멸하는 성격을 타고났는지, 아첨하는 성격을 타고났는지 알 수 없었다.[7]

리산드로스가 스파르타의 왕 아게실라오스의 견제를 받은 것처럼, 술라는 장기 집정관 마리우스Gaius Marius(B.C. 157~86)로부터 경계와 질투를 받았다. 북부 아프리카의 카르타고와 라인 강 유역의 게

▲
독일 뮌헨 국립박물관 조각관에 있는 술라의 흉상.

르만 족을 치기 위해 출정했을 때(B.C. 104) 작전 사령관은 마리우스, 그리고 전속 부관은 술라였다. 물론 승전의 영광을 누리던 개선장군은 마리우스였지만 사람들은 그가 부하 술라의 공을 가로챘다고 숙덕거렸다. 결국 마리우스는 술라와 극심한 갈등을 일으키게 되는데, 이 두 사람의 반목은 결국 "동포 간의 유혈 사태, 돌이킬 수 없는 불화로 이어졌고, 폭정을 낳았으며 나라 전체에 혼란을 가져왔다".[8]

두 사람 사이가 완전히 갈라진 것은 '동맹시 전쟁(B.C. 91~88)' 때문이었다. 기원전 90년 경, 로마 원로원이 포에니(카르타고) 전쟁 시 로마를 지원했던 이탈리아의 여러 도시국가 주민들에게 로마의 시민권을 부여하는 법안을 부결시키자 대대적인 반란이 일어난 것이다. 로마에 대항해 반란을 일으켰던 여러 동맹 국가들은 한 개의 통일 국가로 뭉쳤는데, 그 이름이 바로 지금의 '이탈리아Italia'다. 반란 초기에 '이탈리아'와 맞섰던 로마의 장군은 새로운 세력으로 부상하던 카이사르였고, 후기에 로마의 남부 전선을 방어한 인물이 바로 술라다. 어쨌든 술라는 이 '동맹시 전쟁'을 종결시킨 로마의 영웅이었다(B.C. 89). 그는 로마 장군의 최고 명예인 '풀로 만든 화관Corona Graminea'을 수여할 만큼 혁혁한 공을 세웠다.⁹ 반면 마리우스는 이 전쟁에서 특별한 공을 쌓지 못했고, 결국 두 사람 사이는 더 틀어지게 된다.

마리우스는 자신의 세력을 만회하기 위해 로마의 평민 대표, 즉 호민관이었던 술피키우스Sulpicius와 손을 잡게 되는데, 그것은 악수惡手였다. 술피키우스는 구제 불능의 악한이었다. 당시 로마 사람들은 "그가 누구보다 더 사악한지가 아니라 무엇으로 자신의 사악함을 능가하는지"에 대해 관심을 가질 정도였다.¹⁰ 자객 3000명을 사설 용병 부대로 거느리고 다니면서 원로원과 귀족들을 협박하던 술피키우스는, 당시 공동 집정관이었던 폼페이우스와 기원전 88년에 집정관으로 선출된 술라의 공무를 중지시키는 행패까지 부렸다. 당시 집정관 술라는 원로원으로부터 동방 원정을 승인받았는데, 술피키우스는 이를 무력화시키고 대신 자신과 친분이 두터운 마리우스를 밀었던 것이다.

결국 술라는 술피키우스와 마리우스를 타도하기 위해 내전을 선포하고 로마로 진격한다. 그는 가장 전력이 뛰어나고 충성스러운 여섯 개의 군단을 조직해 마리우스와 술키피우스를 축출하고 로마의 실질적인 통치자로 등극한다. 이 내전 과정에서 술라는 무자비한 살육전을 벌였고, 무고한 로마 시민들의 거주지에 불을 질러 엄청난 비난을 받았다.

그러나 술라는 곧 로마를 떠나야만 했다. 지금의 터키 지역을 차지하고 있던 폰투스Pontus 왕국의 미트리다테스Mithridates가 동방에 거주

▲
술라의 정적이었던 마리우스의 초상화. 존 밴덜린, 〈카르타고의 폐허에서 상념에 잠긴 마리우스〉, 1807년, 샌프란시스코 순수예술박물관 소장.

하던 로마인 15만 명을 학살(실제로는 약 6만 명)하고, 그리스로부터 막대한 세금을 우려냈기 때문이다. 이 전쟁을 '제1차 미트리다테스 전쟁'이라 부른다(B.C. 89~85). 술라는 먼저 폰투스 왕국에 투항하고 미트리다테스에게 세금을 바친 아테네를 무력으로 점령한다. 오랜 포위 작전으로 아테네인들은 식량난에 굶주려 신발 가죽을 삶아 먹을 지경에까지 이른다. 아테네를 먼저 점령한 술라는 로마 군대를 이끌고 미트리다테스와 4년간의 전쟁을 벌이게 된다. 치열한 교전이 오가고, 술라는 이 전투에서 목숨을 잃을 뻔한다. 그러나 정말로 술라를 괴롭힌 것은 폰토스 왕국의 미트리다테스가 아니라 로마에서 다시 세력을 키우던 마리우스다. 그는 서둘러 미트리다테스와 평화협정을 맺고 로마로 급거 귀환한다(B.C. 84).

술라는 또 한 번의 무자비한 주민 학살로 로마를 평정한다. 자신의 두 번째 로마 귀환을 환영하던 시민들을 원형경기장에 몰아넣고 한꺼번에 6000명을 학살하는 만행을 저지른 것이다(B.C. 83). 특별한 근거도 없이 살생부에 시민들의 이름을 적어 넣고, 누구든지 그 시민을 죽이면 상을 내렸다. 이 살생부로 인해 로마에서는 백주대낮에도 피비린내 나는 학살이 자행됐다. 술라는 이 정치적 혼란기에 자신을 스스로 독재관에 임명하고 무소불위의 권력을 휘둘렀다. 플루타르코스에 의하면 로마인들이 권력을 행사하는 공직자에 대해 부정적인 시각을 갖게 된 것은 모두 술라 때문이었다고 한다. 심지어 "관직이 사람의 기존 성격을 바꾸고, 권력이 사람을 변덕스럽고 허황되고 잔인하게 만들 수 있다는 믿음이 퍼진 것"도 다 술라 때문이었다고 기록한다.[11] 로마 시민들이 진짜 분노한 이유는 무고한 사람을 학살한 것보다, 그 살상을 통해 술라 자신이 엄청난 부를 축적했기 때문이다. 남의 재산을 강탈하기 위해 술라는 죄 없는 사람을 무수히 죽였다. 플루타르코스는 로마가 직면했던 당시의 혼란을 이렇게 묘사한다.

> 술라는 살생부에 이름이 올라간 사람들의 아들과 손자들로부터 시민권을 빼앗고 재산까지 모조리 압수했는데, 사람들은 바로 이 조치를 가장 부당하다고 여겼다. 나아가 이 살생부는 로마뿐만 아니라 이탈리아의 모든 도시에 만들어졌다. 신을 모시는 신전도, 손님을 따뜻하게 맞아주던 화롯가도, 아버지의 집도 죄다 피로 물들었다. 남편은 결혼한 아내에게 안긴 채, 아들은 어머니의 품에서 도륙을 당했다.[12]

술라는 여러 여성과 결혼과 이혼을 반복했고, 밤낮으로 주연을 베풀며 여장 남자와 추잡한 성생활로 시간을 보냈다. 결국 그런 방탕한 생활 때문에 피부를 뚫고 기생충이 기어 나오는 끔찍한 피부병에 걸리고 말았다. 술라는 늘 가장 행복할 때 숨을 거두게 될 것이라고 호언장담하곤 했는데, 실제로 그는 로마 권력의 최고 정점에서 임종을 맞았다. 나라에 빚을 진 사람을 직접 목 졸라 죽이는 형벌을 가하다가 과다하게 힘을 쓴 게 화근이었다. 근육을 쓰며 무리하게 힘을 주다가 평소에 앓고 있던 병이 도진 것이다. 비록 권력의 정점에 있었지만 그의 갑작스런 죽음 앞에서 로마 시민들의 절반은 저주를 퍼부었고, 나머지 절반은 비로소 안도의 숨을 내쉬었다.

반면교사의 영웅, 리산드로스와 술라

플루타르코스의 『비교 영웅전』 중에서 아마 '리산드로스 vs. 술라'의 비교편이 가장 해석하기 어려운 부분일 것이다. 리산드로스와 술라를 군주의 거울로 간주하기에는 악덕이 훨씬 더 많은 인물들이기 때문이다. 누가 더 뛰어난 영웅인가가 아니라 누가 더 나쁜 악당인가를 가려야 할 형편이다.

리산드로스와 술라를 통해서 우리는 무엇을 배울 것인가를 고민하는 게 아니라 무엇을 배우지 말아야 할 것인가를 고민하게 된다. 스파르타인들로 하여금 물질에 대한 탐욕을 갖게 한 리산드로스나 본인 스스로 탐욕의 화신이 되었던 술라는 우리에게 절대로 본받지 말아야 할 경계의 대상으로서의 교훈을 준다. 물론 둘 다 나쁜 사람이라는 것은 분명하지만 그래도 플루타르코스는 슬쩍 그리스 사람의 편을 들어준다. 리산드로스가 아게실라오스 왕을 전복시키기 위해 "혈통이 아니라 능력으로 사람을 뽑자"고 주장한 것은 시대를 앞선 혁명적인 발상이었다는 것이다. 플루타르코스는 이렇게 말한다.

> 사냥꾼이 사냥개를 고를 때, 뛰어난 개를 찾지 특정한 암캐의 새끼를 찾지 않고, 기수가 말을 고를 때 특정 암말의 망아지를 찾지 않는다. 마찬가지로, 정치가가 군주를 고를 때, 그가 어떤 사람인지를 묻지 않고, 누구의 자손인가 묻는다면 기막힌 실수를 범하는 것이다.[13]

적절한 비유와 탁월한 통찰력이 담긴 문장이다. 능력이 뛰어난 사람이 자신의 잠재력을 충분히 발휘하지 못하는 경우는 지연과 인맥으로만 사람의 가치가 평가될 때다. 낙하산을 타고 하늘에서 내려오는 특수 부대원의 숫자가 많으면 많을수록 일반 보병들의 사기와 전투력은 떨어진다. 승전의 영광을 소수의 낙하산 부대가 모두 차지하게 된다면 일반 보병들의 사기는 꺾이고 말 것이다. 최후 승리의 깃발은 언제나 일반 보병이 올리게 되는데도 말이다.

그렇다고 해서 리산드로스가 술라보다 더 훌륭한 사람이었을까? 그렇지 않다는 게 플루타르코스의 해석이다. 사실은 술라보다 리산드로스가 더 나쁜 사람이었고, 따라서 절대로 본받지 말아야 할 인물은 술라가 아니라 리산드로스였다는 것이다. 그는 로마의 독재관을 자처하며 양민을 학살하고 부정부패를 일삼았을 뿐만 아니라 자신의 쾌락을 위해서 나라의 미래를 어둡게 만든 탐욕의 화신 술라보다 리산드로스를 더 나쁜 인간으로 여겼다.

왜냐하면 리산드로스는 스파르타인들에게 '돈의 맛'을 처음으로 보게 한 인물이며, 명예를 소중히 여기던 조국을 '눈먼 자들의 도시'

로 만든 원흉이기 때문이다. 스타르타인들은 황금에 눈이 멀었는데, 그것은 모두 금과 은이 세상에서 가장 중요한 것이라고 가르친 리산드로스 때문이다. 가치를 추구하는 삶과 동격이었던 행복한 삶이 황금을 많이 소유한 삶으로 변질되어버린 것이다.

 돈의 소유가 행복의 기준이 되는 순간, 누구나 불행을 경험하게 된다. 나보다 더 많이 가진 사람들이 행복해 보이기 시작하면, 이미 이 '황금의 병' 초기 증상을 보이는 것이다. 더 많이 가진 사람을 모방하기 시작하고 나도 그들처럼 행복하게 보이고 싶다고 생각하기 시작하면, 이미 그 병은 중기 상태다. 가령 명품 가방을 들어야 다른 사람이 나를 무시하지 않을 것이라고 생각하는 증상이 이 시기에 나타난다. 황금의 병이 나타나는 말기 증상은 많이 가진 사람을 혐오하고, 그들이 당하는 불행을 고소해 하는 것이다. '땅콩 회항' 사건에 반응하는 전 국민적 분노는 사실 우리 사회가 이 '황금의 병' 말기에 걸려 있음을 반증한다. 승무원에게 저지른 개인적인 폭행이나 이미 활주로에 들어선 비행기를 회항시킴으로 발생한 항공법 위반 혐의에 대해서는 법정이 해결할 문제다. 그러나 한 개인의 잘못된 행동에 대한 전 국민의 벌떼와 같은 분노는, 우리 사회가 가진 자들에 대한 분노를 통해 연대감을 확인하고 있다는 안타까운 현실을 보여준다. 이런 '황금의 병'에 걸린 사회는 대화가 아니라 분노와 폭력으로 소통한다. 그래서 한 재벌의 딸은 봉지에 든 땅콩 서비스에 분노하고, 한 대기업의 상무는 식어버린 라면 때문에 비행기 안에서 난동을 부리고, 한 대학교수는 자신을 '교수'라고 부르지 않았다고 승무원을 향해 폭언을 퍼붓고, 한 가수는 비행기 좌석 발권이 잘못되었다고 포도주 잔을 연거푸 들이키며 행패를 부린 것이다. 일등석, 비즈니스석, 이코노미석 모든 곳에서 분노와 폭력이 난무하는 것은 그 비행기가 '눈 먼 자들의 도시'에서 이륙했기 때문이다.

봉지에 담긴 땅콩을 받더라도, 라면이 좀 식었더라도, 자신을 교수라고 부르지 않았더라도, 직원의 실수로 좌석이 잘못 배정되었더라도 따뜻한 미소로 승무원을 대할 수 있는 격조 높고 여유 있는 사회가 되기 위해서는 하루 속히 황금의 병이 치유되어야 한다. 우리는 이 지독한 병이 제도의 개선으로도 잘 치유되지 않고, 정치적 타협으로도 쉽게 낫지 않는다는 것을 근대 국가와 자본주의의 역사를 통해 배웠다. 이미 리산드로스가 남긴 병은 전 세계로 전염되었고, 그것은 어쩌면 치료 불가능한 인류의 불치병이 되었는지도 모른다. 술라보다 리산드로스가 더 나쁜 인물인 이유는 이 치료 불가능한 고질병의 원인을 제공했기 때문이다. 플루타르코스는 '리산드로스 vs. 술라' 편을 통해 로마인들에게 돈이 전부가 아니라는 사실을, 그리고 황금의 소유가 행복을 결정하는 요소가 아니라는 사실을 말해주고 싶었을 것이다. 그의 오래된 가르침은 '눈 먼 자들의 도시'에 살고 있는 우리들에게도 여전히 유효하다.

11

공익을 추구하는 것은
덕목이자 전략이다

아게실라오스 vs. 폼페이우스

인간은 어떻게 공존할 수 있을까

자기 종種, species만이 이 세상에서 가장 지혜롭다고 자화자찬하는 존재가 있다. 바로 지구상에 살고 있는 인간이라는 종이다. 스스로 지혜롭다고 주장하며 자칭 호모 사피엔스home sapiens(생각하는 사람)라는 학명을 붙였지만, 인간은 정말 무지막지한 동물적 존재인 것 같다. 인간에게서 동물적 본성이 제거될 조짐은 보이지 않고, 오히려 적자생존과 약육강식의 동물적 논리가 점점 더 강하게 우리 사회를 지배한다.

    대학에 들어가는 과정을 '입시'라고 하고, 자신의 적성에 맞는 직장을 구하는 일을 '취업'이라고 한다. 그리고 우리는 그 뒤에 '전쟁'이라는 단어를 덧붙여 설명한다. 입시 전쟁, 취업 전쟁. 그야말로 삶이 '전쟁'이다. 대학과 직장은 큰 배움의 터전이나 삶을 위한 일터가 아니라 죽느냐 사느냐를 선택하는 교차로일 뿐이다. 떨어지면 죽고, 뒤처져도 죽는다. 이곳은 전쟁터이기 때문이다.

인간은 같은 행성에 살고 있는 다른 종의 동식물들을 게걸스럽게 먹어 치우며 생존해왔다. 다른 동물들의 살점은 우리들의 일용할 양식이 되었고, 그들이 남긴 피륙은 우리의 추위를 막아주는 옷이 됐다. 누가 인간을 만물의 영장이라며 강짜를 부리는가. 인간이 무자비한 폭력성을 숨기고 있는 야수임을 부정하는 사람에게 당장 신문을 펼쳐보라고 권하고 싶다. 2011년 8월부터 2014년 7월까지 중국으로부터 밀반입되다 세관에 적발되었다는 6만 6149정의 인육 캡슐, 캠코더 앞에서 자행되는 이슬람 과격 세력들의 참수 행위와 마주하다 보면 숨겨진 인간의 동물적 본성에 몸서리가 쳐진다.

이런 인간의 '동물적 본성'을 제일 먼저 관찰한 사람은 그리스의 서사시인 호메로스였다. 그래서인지 그의 책 『일리아스』는 아예 '분노'라는 단어로 시작한다. 적을 죽여야만 내가 살 수 있기에 앉아서 당할 수만은 없다는 게 인간이 가진 첫 번째 감정, 즉 분노였다. 태초에 분노가 있었던 것이다. 호메로스의 『일리아스』는 이런 인간의 폭력적인 본성을 가차 없이 드러낸다. 『일리아스』를 보면 아이아스Aias라는 이름을 가진 사람이 두 명 등장한다. 한 명은 오일레우스의 아들이고, 또 다른 사람은 텔라몬의 아들이다.[1] 동명이인이었던 그들은 전쟁을 앞두고 이런 말을 주고받는다.

"나는 지금 전쟁을 하고 싶어 가슴이 벅차오른다오. 내 두 손은 휘두를 준비가 되었고, 전장을 달리고 싶은 내 다리는 새의 날개처럼 가볍다오."[2]

오일레우스의 아들 아이아스는 싸우고 싶어 안달이 난 사람처럼 숨겨진 폭력성을 만천하에 드러냈다. 그러자 텔라몬의 아들인 동명이인의 아이아스도 그에 필적할 만한 또 다른 내면의 폭력성을 가감 없이 드러냈다.

"나도 그렇소! 내 팔은 창을 던지고 싶어 안달을 하고, 내 두 다리는 달리고 싶어 땅에 우뚝 선 채 출전을 기다리고 있소. 내 가슴은 부풀어 올라, 헥토르와 한판 붙을 것을 생각하니, 도저히 날 주체할 수 없을 지경이오!"[3]

고대 그리스인들은 폴리스(도시국가)에서 집단생활을 시작하면서 이런 파괴적인 폭력성의 욕구를 어떻게 잠재울 것인가에 대해 고민하게 된다. 그렇지 않으면 인간들은 공동체의 일원으로 살아갈 수 없기 때문이다. 비록 공개적인 식인 행위는 중지했지만 여전히 사람들은 다른 사람을 잡아먹지 못해 안달이 난 것처럼 행동했다. 권력을 탐하고 돈을 쫓는 그들의 행태는 동물과 다를 바 없었다. 동물적인 그들의 폭력 충동을 억제하기 위해 그리스인들은 올림픽 경기를 열어 젊은 남자들의 폭력성을 순화시키고자 했다. 기원전 776년부터 시작된 그리스의 고대 올림픽은 사실 피비린내 나는 전쟁의 축소판이기도 했다. 가장 인기 있던 것은 전투 대열 상태로 달리는 경기

hoplitodromos였다. 창던지기와 원반던지기는 무기를 투척하는 전투 상황을 모방한 것이고, 복싱과 레슬링은 각개 전투의 실제 상황을 운동으로 재현한 것이다. 고대 그리스의 올림픽 경기는 인간의 폭력성을 체육으로 승화한 제전이었고, 패배한 자는 마치 전쟁터에서 도망친 패잔병처럼 동네 사람들로부터 수치를 당했다. 이런 방식을 동원해서라도 인간의 무자비하고 파괴적인 폭력성을 제어해야 했던 것이다.

고대 그리스인들의 사회학적 성찰은, 어떻게 인간의 폭력성을 잠재워 더불어 살아갈 수 있을 것인가에 대한 고민에서 출발했다. 약육강식의 법칙에 따라 그리스의 폴리스가 운영될 수는 없었다. 적자생존이 유일한 사회적 규약이라면 그들이 사는 도시는 무서운 정글로 변하고 말 것이다. 이번 장의 주제는 어떻게 인간의 폭력적인 본성을 잠재우고, 잔혹한 동물적 본성을 억제하며 서로 공존할 수 있는가에 대한 것이다. 이런 사회적 공존의 가능성을 진지하게 모색했던 스파르타와 그 도시국가의 군주 아게실라오스(B.C. 444~360)의 사례부터 소개하고자 한다. '인간은 어떻게 서로 공존할 수 있을까'에 대한 물음에서부터 출발한다.

스파르타의 부적격자, 아게실라오스

인간의 자연스런 본성인 폭력성을 억제하고 나라를 평화와 공존의 터전으로 만들기 위해서는 강력한 법으로 다스리는 게 최상의 방법이라는 주장이 있다. 위법적으로 폭력을 행사하는 사람에게 피해 복구가 불가능할 정도의 강력한 처벌을 내리는 방식이다. 악한들은 강력한 법의 제재를 받게 하고, 선한 사람들에게는 법의 보호가 작동한다는 것을 보여주어 사회 심리적 안정을 확보하는 효과도 있다. 이런 힘의 방식은 주로 강력한 군주제에서 사용한다. 어떻게 보면 가장 합리적이고 실현 가능성이 가장 높은 제도적 장치일 수 있다.

그러나 여기에는 한 가지 치명적인 결함이 있다. 바로 군주가 악한 일 경우다. 군주가 선한 입법자인 동시에 정해진 법률을 스스로 준수하는 사람이라면 아무런 문제가 없다. 그러나 군주 본인이 악한일 경우 오히려 법은 착하고 정의로운 사람들을 억압하는 도구로 전락한다. 법을 준수해야 할 입법자들이 오히려 법을 어기는 사람들이라면 결국 그 법은 자신들의 위법을 정당화하는 쪽으로 개편될 것이다. 통치 권력을 가진 사람들이 모리배謀利輩, 즉 온갖 옳지 않은 수단과 방법으로 자신의 이익을 꾀하는 나쁜 자들이라면 국민들은 억울한 수탈을 당하게 마련이다. 그동안 대한민국의 국민들이 역사를 통해 숱하게 보아왔던 모습이다.

그리스 사람들은 이런 군주제의 치명적인 약점을 알고 있었다. 그래서 최소한의 장치를 마련해 군주제의 약점을 보완하려 노력했다. 원로원 제도가 대표적이다. 부와 여유를 가진 사람들이 시민들을 위해 군주의 권력을 적절하게 견제하는 제도다. 선거제도도 도입됐다. 시민들의 투표로 군주를 선출한 뒤 그들에게 일정 기간 권력을 위임하는 방식이다. 선출된 군주에게 임기를 두는 것도, 심지어 두 명의 군주를 선출해서 서로 견제하게 하는 고육책을 마련한 것도 그리스였다. 그러나 오늘의 주인공이자 스파르타의 선왕先王이었던 아게실라오스는 전혀 다른 군주의 모범을 보여준 인물이다. 그는 스파르타 역사가 남긴 위대한 군주의 거울이었다.

스파르타의 군주였던 아게실라오스는 "사사건건 나라에 복종함으로써, 매우 커다란 권력을 누렸으며, 원하는 대로 할 수 있었던" 인물이다.[4] 군주가 나라나 백성에게 복종하는 게 아니라 신민이 군주에게 복종하는 게 군주제의 요체다. 보통 군주가 선택하는 통치의 방식은 권력을 휘둘러 신민의 힘을 제압하는 것인데, 아게실라오스는 오히려 플루타르코스의 표현대로 "반대의 길"을 택했다.[5] 에포로스(1년 임기의 총독)와 원로원(평생직)과 "부딪치고 다투기보다, 그들의 호의를 얻고자 애쓰고, 어떤 일에 착수하든 먼저 그들의 지지를 얻는 것"을 최우선의 과제로 여겼다.[6] 우리는 보통 스파르타의 리더십 하면 할리우드 영화 〈300〉의 주인공 레오니다스Leonidas의 울퉁불퉁한 근육과 불굴의 용기를 떠올린다. 페르시아의 신왕神王 크세르크세스가 500만 대군을 이끌고 그리스를 침공했을 때, 테르모필레 협곡에서 300명의 용사들과 함께 싸우다가 장렬하게 전사했던 스파르타의 왕이다. 아들을 전장으로 떠나보낸 어머니들이, 방패를 들고 승리자의 모습으로 돌아오거나 아니면 방패에 실려 시신으로 돌아오라고 외치던 곳이 바로 스파르타라는 나라다. 그런 강력한 리더십의 나라 스파르타에서 아게실라오스는 전혀 다른 군주의 모습을 보여준다. 그것은 힘으로 통치하는 왕이 아니라 나라와 백성을 섬기는 왕이었고, 군림하는 자가 아니라 스스로 낮아지는 신민의 종이었다. 정적에 대해서도 아게실라오스는 늘 관대했다. 그는 "적이라도 정당한 사유가 없으면 해하지 않았고", "적이 넘어져서 땅바닥을 구르면, 제일 먼저 나서서 적의 처지를 동정했고, 적극적으로 도와주기"까지 했다. 그래서 스파르타의 왕 아게실라오스는 "모든 이들의 마음과 충성심"을 얻었다.[7]

아게실라오스와 같은 유형의 지도자는 쉽게 찾아볼 수 없다. 권력은 속성상 그 힘이 한곳으로 집중되게 마련이고, 그 권력의 정점에 서 있는 지도자는 당연히 무소불위無所不爲의 힘으로 다른 사람들을 장악하고 통제하면서 리더십을 펼치게 된다. 그래서 우리 주변의 리더들은 대부분 웃는 모습이 아니라 엄숙한 표정을 짓는 것을 더 선호한다. 심지어 늘 화가 나 있는 모습으로 등장하는 것을 선호하는 리더도 있다. 일사불란하게 통제하고 질서를 교란하는 자를 엄하게 처벌하는 게 리더의 소임이라고 미루어 짐작하기 때문이다.

일반적인 군주와는 전혀 다른 모습을 보여준 아게실라오스는 어릴 때부터 참고 인내하는 훈련을 받았다. 그는 구중궁궐九重宮闕에서 호의호식하며 군주의 통치술을 배운 사람이 아니다. 비록 왕실에서 태어나는 행운을 누렸으나 그는 장애를 가지고 태어남으로써 비극적인 삶을 시작했다. 그는 태어날 때부터 절름발이였다. 널리 알려진 대로 스파르타에서 장애를 가진 아이는 그 사회의 일원으로 받아들여지지 않았다. 그래서 스파르타에서는 장애를 가진 아이가 태어나면 인근 타이케토스Taygetos 산에 며칠씩 버려두어 자연스럽게 죽도록 했다. 태어나자마자 버려진 아이들은 굶어 죽거나 야생동물의 공격을 받아 목숨을 잃었다.

아게실라오스도 타이케토스 산에 버려진 아이였다. 그는 혹독한 추위, 맹수들의 공격과 굶주림 속에서 기적적으로 살아남았다. 그는

▲
스파르타 인근에 있는 타이게토스 산. 장애를 가진 스파르타의 아이들은 이 산에 버려져 굶어 죽거나 야생동물의 먹이가 됐다.

왕실의 소년이었으나 스파르타의 평범한 또래 아이들과 함께 일곱 살 때부터 혹독한 아고게를 받았다. 아고게는 스파르타의 모든 소년이 거쳐야만 하는 혹독한 군사 훈련이다. 일곱 살 때부터 스물한 살까지 스파르타의 모든 소년들은 동료와 함께 야외생활을 하며 적진에서 살아남는 방법과 적을 죽이는 방법을 훈련받는다. 필요하다면 도둑질을 해서라도 살아남는 방법을 배워야만 한다. 어떤 열악한 환경 속에서도 살아남을 수 있는 용사로 길러지는 것이다. 아게실라오스는 장애를 갖고 태어난 스파르타의 부적격자였으나 기적적으로 타이케토스 산에서 살아남았고, 아고게의 혹독한 훈련을 견뎌낸 인물이다. 그가 일생을 통해 보여주게 될 불굴의 인내는 이런 장애와 시련을 통해 배양된 결과다.

성년이 된 후 스파르타의 왕으로 등극한 아게실라오스는 페르시아로 원정을 떠난다(B.C. 396). 철천지원수였던 페르시아를 치기 위해 전쟁을 일으킨 것이다. 그는 테르모필레 전투에서 장렬하게 전사한 레오니다스 왕과 300명의 스파르타 용사를 잊지 않았다. 그때는 페르시아의 공격을 받았지만 이번에는 스파르타가 선제공격을 감행한 것이다. 2600명 정도의 결사 부대가 그와 행군을 시작했다. 이 원정에서 운명적인 만남이 일어나는데, 앞 장의 주인공이었던 리산드로스와의 모진 인연이다. 리산드로스는 스파르타인들로 하여금 돈에 대한 관심과 소유의 욕망을 갖게 한 인물이다. 리산드로스는 아게실라오스 휘하에 속한 장군이었지만 둘 사이의 관계는 썩 좋지 않았다.

리산드로스 장군은 스파르타가 파견한 30명의 지휘관 중 가장 높은 지위에 있었지만 당연히 최고 통수권은 아게실라오스 왕에게 있었다. 여기서 리산드로스가 실수를 범하게 되는데, 2인자는 늘 1인자의 그림자에 조용히 가려져 있어야 한다는 만고불변의 처세 원칙을 어긴 것이다. 리산드로스 장군은 아게실라오스 왕 앞에서 자신의 권력을 자랑하다가 몰락의 길로 들어선다. 왕의 눈 밖에 난 그는 정육점에서 고기 써는 일을 하는 굴욕을 당한다. 결국 리산드로스는 아게실라오스의 왕위를 찬탈하려다가 보이오티아 원정에서 적의 손에 죽게 된다. 아게실라오스 왕과 리산드로스 장군의 질긴 인연은 여기서 끝난다.

아게실라오스는 페르시아 원정 중에 아주 흥미로운 장군을 또 한 명 만나게 된다. 바로 『키루스의 교육』과 『아나바시스』를 집필한 아테네의 장군 크세노폰Xenophon(B.C. 430~354)이다. 소크라테스의 제자였던 크세노폰은 페르시아 내전 시 용병으로 참전했다가 아게실라오스의 도움을 받게 된다. 전진 한복판에 고립되었던 크세노폰과 1만 명의 그리스 용병대는 아게실라오스 왕의 도움으로 페르시아에서 탈출할 수 있었다. 스파르타 왕의 군사 지원을 받은 크세노폰은 아테네 귀국 후 적국과 내통했다는 혐의로 추방당하게 되고, 결국 아게실라오스에게 다시 몸을 맡긴다. 불멸의 명

▲
스파르타의 소년들이 아고게를 받는 모습. 크리스토퍼 빌헬름 에케르스베르크, 〈궁술을 연마하는 스파르타의 세 소년들〉, 1812년, 덴마크 코펜하겐의 히르슈스프룽 컬렉션 소장.

저인 크세노폰의 『키루스의 교육』이나 『아나바시스』는 아게실라오스의 후원 덕에 집필된 책이다. 아게실라오스의 배려로 펠로폰네소스 반도의 올림피아에 정착해 망명 생활을 하게 된 크세노폰은 아게실라오스라는 짧은 단편을 통해 그의 탁월함을 소개하기도 했다.[8]

페르시아에서 보여준 아게실라오스의 용맹과 지략은 그가 "당대의 가장 훌륭한 사람이었고, 가장 눈부신 업적을 이룩한 사람이라는 것"을 잘 보여준다.[9] 그러나 그는 "자신의 지휘 능력보다 자신의 덕성을 더 자랑스러워"한 인물이다.[10] 아게실라오스가 2년간 페르시아 전쟁터를 누비는 동안 "그의 자제심, 검소한 생활방식, 겸손함을 칭찬하는 목소리가 어디서나 들려왔다"고 한다.[11] 함께 참전했던 병사

들 가운데 아게실라오스보다 더 남루한 침상에서 자는 병사를 찾아보기 힘들 정도였다. 페르시아 속지에서 반란의 기미가 보이자 그는 여러 도시의 질서를 신속하게 바로잡았는데, 그 과정에서 어느 누구도 함부로 죽이거나 추방하지 않았다. 탁월한 작전 지휘 능력과 덕성까지 골고루 갖추었던 아게실라오스는 그의 평판을 이용해 이른바 '눈물 없는 전쟁'을 이끌었고, 스파르타 최고의 전성기를 이끈 왕으로 추앙받는다.

그때 스파르타에서 급한 전갈이 온다. 그리스의 다른 국가들과의 전쟁이 발발했으니 급히 군대를 이끌고 고국으로 돌아오라는 에포로스_Ephors_(국정 감독관)들의 다급한 요청이었다.[12] 아게실라오스의 페르시아 원정은 거의 마무리 단계에 있었다. 조금만 더 시간을 주면 페르시아를 완전히 평정하고 금의환향할 수도 있었다. 그러나 아게실라오스는 조국의 부름을 받고 즉각 회군_回軍_을 결정한다(B.C. 394). 플루타르코스는 아게실라오스의 신속한 결정을 이렇게 평가한다.

아게실라오스는 고국으로 돌아갔고, 이것은 그가 세운 가장 고귀하고 위대한 업적이었다. 권위에 대한 충성이 무엇인지 보여주는 이처럼 아름다운 사례는 또 찾아보기 힘들 것이다. 한니발의 경우 몹시 난처한 지경에 처해 있었고 이탈리아 땅에서 쫓겨날 위기에 있었음에도 고국에서 벌어지는 전쟁에 참여하라는 지시에 복종하는 것을 매우 힘겨워했다. (중략) 그러나 아게실라오스는 법에 복종하여 나라에 도의를 다했으니 어찌 스파르타가 행복했다 하지 않을 수 있겠는가? 아게실라오스는 에포로스들이 보낸 서신 두루마리가 도착하자마자 이미 손안에 들어와 있

던 모든 크나큰 행운과 권력을 포기했다. 그를 향해 손짓하던 희망도 버렸다.[13]

스파르타로 귀환하는 길에 보이오티아에서 전투가 벌어졌다. 페르시아 내지에서 만났던 아테네의 크세노폰도 이 전투에서 아게실라오스와 함께 싸웠다. 치열한 전투가 벌어졌고, 아게실라오스는 강력한 테바이 군대의 저항을 받고 목숨까지 잃을 뻔한다. 이 전투가 벌어진 곳은 바로 플루타르코스의 고향인 카이로네이아Chaeronea였다. 테바이와 휴전협정을 맺고 전쟁을 끝낸 아게실라오스는 델포이에 들러 아시아에서 가져온 전리품의 10분의 1을 아폴론 신전에 바친다. 승전의 주역으로 조국 스파르타로 귀환한 아게실라오스는 이전과 다름없이 겸손하고 절제하는 삶의 자세로 돌아가 시민들의 사랑과 존경을 한 몸에 받는다. 전쟁이 끝난 뒤 아게실라오스가 들고 다니던 창이 전시되었는데, "그가 다른 병사들과 똑같은 무기를 들었다는 것"을 알 수 있었다고 한다.[14]

아게실라오스의 전쟁은 계속됐다. 그는 태어날 때부터 불편했던 발 때문에 몇 번이나 죽을 고비를 넘겼는데, 염증이 또다시 재발한 것이다. 이런 신체적인 결함에도 불구하는 아게실라오스는 전쟁이 터지면 제일 선두에 서서 행진했고, 연로한 나이에도 불구하고 아이귑토스(이집트)의 용병으로 나서서 나라의 이익을 도모했다(B.C. 361). 그는 또다시 스파르타에서 전쟁이 발발했다는 소식을 듣고 지중해를 가로지르는 무리한 항해를 시도한다. 결국 그는 리뷔에(북아프리카) 해안의 인적이 드문 메넬라오스 항구에서 84세의 나이로 임종을 맞이한다.

이것이 플루타르코스가 군주의 거울로 보여주고 싶었던 아게실라오스라는 인물의 삶이다. 스스로 고난을 감내하며 권력의 최고 정점에 올랐지만 아게실라오스는 늘 시민들 앞에서 겸손했고, 정적들에게도 자비로웠다. 페르시아에서 불세출의 명성을 쌓고 영원히 사라지지 않을 명예를 남길 수 있었지만 그는 조국의 부름에 즉각 순종했다. 신체적 결함에도 불구하는 스파르타를 위해서라면 물불을 가리지 않고 선두에 서서 행진하는 리더였다. 플루타르코스는 그가 "41년간 스파르타의 왕이었고, 그 가운데 30년이 넘도록 그리스에서 가장 위대하고 가장 영향력이 큰 인물"로 칭송받았다고 칭찬을 아끼지 않는다.[15] 이것이 플루타르코스가 아게실라오스를 통해 우리에게 제시하는 군주의 거울이다. 그렇다면 그런 탁월한 군주와 비교되는 인물은 어떤 모습일까? 바로 로마의 장군 폼페이우스가 보여준 실패한 리더십의 전형이 여기 있다.

전쟁의 신, 폼페이우스

폼페이우스Gnaeus Pompeius Magnus(B.C. 106~48)도 매우 탁월한 인물이다. 그야말로 '전쟁의 신'으로 불리기에 손색이 없다. 앞 장의 주인공이기도 한 독재관 술라가 한번도 관직에 오르지 않았던 젊은 폼페이우스를 '임페라토르Imperator(황제)'라 불렀을 만큼, 그는 전략과 전술을 자유자재로 구사하는 전쟁의 귀재였다.[16] 서른 살 이상이나 연장자였던 술라는 젊은 폼페이우스가 다가오면 "늘 자리에서 일어났으며, 그의 앞에서는 늘 모자를 벗었다"고 한다.[17] 대단한 경외심의 표시다. 폼페이우스는 젊은 나이에 킨나가 일으킨 내란을 단숨에 진압하고, 시칠리아와 북아프리카(우티카와 카르타고)의 반란도 속전속결로 진압했는데(B.C. 82~81), 광활한 아프리카를 정벌하는 데 걸린 시간은 겨우 40일이었으며, "이탈리아의 주인"으로 등극했을 때는 불과 스물넷의 젊은 나이였다.[18] 플루타르코스의 표현대로 "수염도 제대로 나지 않았고, 원로원이 되기에는 너무 어렸던" 폼페이우스지만 술라를 포함한 로마인들은 그를 기꺼이 "마그누스Magnus(위대한 자)"라 불렀다. 폼페이우스는 시칠리아와 아프리카 원정을 마치고 보무도 당당히 로마에서 개선식을 하고 싶었다. 그러나 이것은 법적으로 불가능한 일이었다. 오직 집정관이나 법무관의 지위에 오른 사람만이 로마에서 개선 행진을 할 수 있는데, 아직 젊은 폼페이우스는 이런 관직의 후보조차 되어본 적이 없었기 때문이다. 술라를 포함한 모든 원로들이 개선식을 반대했지만 폼페이우스는 끝까지 화려한 개선식을 고집했다. 그것도 아프리카 정벌을 기념하기 위해 코끼리 네 마리가 끄는 사두마차를 타고 개선식을 올리겠다고 해서 큰 화제를 뿌렸다. 결국 개선문의 크기가 너무 작아 코끼리가 끄는 마차는 포기했지만 성대한 로마의 개선식은 자신의 고집대로 관철시켰다.

전쟁의 신 폼페이우스는 스페인의 내란도 치밀한 작전으로 제압함으로써(B.C. 76~71) 로마 시민들의 찬사와 존경을 한 몸에 받게 된다. 스페인을 평정하고 돌아오는 길에 스파르타쿠스Spartacus라는 노예 격투사가 주동이 된 '노예들의 전쟁'을 마무리 한 것도(B.C. 71) 폼페

▲
가브리엘 자크 드 생토뱅, 〈폼페이우스의 개선식〉, 1765년, 뉴욕 메트로폴리탄 박물관 소장.
아프리카에서 노획한 코끼리 마차를 타고 로마로 행진하는 폼페이우스의 모습이 보인다.

이우스였다. 최근에 〈스파르타쿠스〉라는 제목의 영화 시리즈가 총 38부작으로 제작 방송되었지만 플루타르코스의 『비교 영웅전』에는 단 다섯 줄로 간단하게 묘사된 별로 중요하지 않은 사건이었다. 노예 검투사들의 반란이 일어났을 때 초동 진압을 책임진 사람은 크라수스Marcus Licinius Crassus(B.C. 115~53)였고, 그가 1만 2300명을 죽였다는 내용만 간략하게 설명되어 있다. 그런데 스페인에서 이탈리아로 귀국 길에 올랐던 폼페이우스는 나머지 노예 잔당 5000명을 진압하면서 자신이 전쟁의 종지부를 찍었다고 자랑한다. 반란을 일으킨 노예 검투사들을 "굴복시킨 것은 크라수스였으나, 전쟁을 완전히 종식시킨 것은 폼페이우스 자신"이라며 자신의 무공을 뽐낸 것이다.[19]

　여기서부터 우리는 삼두정치Triumvirate의 또 다른 주인공을 만나게 된다. 바로 크라수스라는 인물이다. 크라수스, 폼페이우스 그리고 카이사르가 바로 제1차 삼두정치의 주인공들인데, 그 첫 번째 인물인 크라수스는 로마에서 가장 부유한 정치가로 유명했다. 크라수스는 엄청난 재력과 정치적 영향력으로 원로원들 사이에서 인기가 높았고, 반대로 폼페이우스는 일반 시민들의 지지를 받았다. 당시 로마에 또 다른 문제가 생겼는데, 지중해 전역에 무법 해적이 창궐해 로마의 물자 보급이 중단되는 사태가 초래된 것이다. 로마 원로원은 다시 전쟁의 신이 필요했다. 원로원은 폼페이우스에게 절대 권력을 부여하고는 해적 소탕을 일임한다. 폼페이우스는 지중해의 모든 해상 통치권을 법적으로 정당하게 장악했으며, 지중해 속지의 세금 징수 권리도 보장받았다. 총 500척의 함선이 전쟁 보급품으로 주어졌으며, 보병 12만 명과 기병 5000명이 폼페이우스의 휘하에 들어왔다. 한 사람에게 이런 절대 권력을 위임한 경우는 그때까지의 로마 역사상 찾아보기 어렵다. 아직까지 공화정의 정체를 유지하고 있던 로마에 처음으로 제정帝政의 가능성이 엿보이는 대목이다. 한 사람에게 절대 권력이 부여되는 정치적 위험이 감지되었지만 원로원으로서는 다른 선택의 여지가 없었다. 단 한 사람만이 원로원의 이런 결정에 반대표를 던졌는데, 바로 그가 삼두정치의 마지막 주인공인 율리우스 카이사르다.

　역시 전쟁의 신은 대단했다. 그는 단 40일 만에 지중해 전역에서

▲
폼페이우스가 말을 타고 운동했던 페트라의 유적지. 이곳은 영화 〈인디아나 존스〉가 촬영된 후 유명한 관광지가 됐다.

파리 떼처럼 극성을 부리던 해적들을 단숨에 소탕해버린다. 이런 놀라운 전과는 "폼페이우스의 지칠 줄 모르는 기력과 부관들의 열의 때문"이었다고 한다.[20] 로마인들은 해적의 약탈로 비어 있던 자신들의 곡물 창고가 다시 가득 차자 폼페이우스를 자신들의 왕으로 추대하려는 듯 열광하며 그를 환영했다. 지중해에 창궐하던 해적을 일거에 소탕한 공을 치하하기 위해 로마 원로원은 지금의 터키와 팔레스타인 지역, 그리고 흑해 부근의 속지를 모두 폼페이우스에게 하사했다. 그는 이제 로마제국의 동쪽 지역을 모두 차지하게 된 절대군주의 위용을 갖춘 것이다. 폰투스의 왕 미트리다테스가 일으킨 전쟁(일명 '미트리다테스 전쟁')도 종결시킨 폼페이우스가 동진東進을 거듭하자 겁을 집어먹은 파르티아(페르시아의 후예)의 왕은 유프라테스 강까지 로마의 영토를 양보할 테니 군사 공격을 중지해달라고 호소할 정도였다. 폼페이우스는 터키 지역과 흑해 지역을 모두 차지한 뒤 팔레스타인의 해안을 따라 계속해서 남하했다. 지금의 이스라엘과 시나이 반도를 지나 홍해와 아라비아 반도까지 다다른 것이다. 그곳의 유명한 유적지인 페트라Petra의 협곡에서 폼페이우스는 운동 삼아 말을 몰았다고 한다. 그는 페트라에서 적장 미트리다테스가 스스로 목숨을 끊었다는 연락을 받았고, 도열해 있던 군사들에게 로마의 최종 승리를 통보한다.

　모든 정복 전쟁을 마치고 로마로 귀환했을 때, 폼페이우스의 인기는 하늘을 찌를 듯했다. 그는 "폰토스, 아르메니아, 카파도키아, 파플라고니아, 메디아, 콜키스, 이베리아, 알바니아, 시리아, 킬리키아, 메소포타미아, 포이니케, 팔라이스티네, 아우다이아, 아라비아"를 모두

▲
기원전 50년에서 30년경에 제작된 폼페이우스의 대리석 조각상. 덴마크 코펜하겐의 글립토테크 미술관 소장.

정복한 로마의 위대한 장군으로 불렸다.[21] 그는 로마 역사상 아무도 이루지 못한 대 과업을 이루었으니, 그것은 한 명의 장군이 세 개의 대륙을 모두 정벌한 것이다. 폼페이우스의 이 위대한 업적은 페르시아의 키루스 대왕과 그리스의 알렉산드로스 대왕만이 성취한 기적과도 같은 결과였다.

그러나 그의 영광은 여기까지다. 플루타르코스는 폼페이우스가 로마에서 세 번째 개선식을 올릴 때, 차라리 그 순간에 그의 인생이 끝나버렸다면 좋았을 것이라고 안타까워한다. 차라리 그랬다면 폼페이우스도 키루스나 알렉산드로스와 같은 영웅의 반열에 올랐을 것이다.[22] 성공의 정점에 달했던 폼페이우스는 그때부터 몰락의 길로 접어든다. 플루타르코스는 폼페이우스의 몰락 과정을 이렇게 요약한다.

이어진 세월 동안, 폼페이우스가 이룩한 성공은 미움을 샀고, 그가 범한 실패는 돌이킬 수 없었다. 폼페이우스는 자신이 합법적인 노력을 통해 얻은 정치권력을 불법적으로 사용했고, 남의 명성을 높여준 만큼 자신의 명성을 낮추었다. 그리하여 폼페이우스는 미처 모르는 사이 자신이

가진 권력의 규모와 힘으로 인해 멸망하기에 이르렀다.[23]

　페르시아 원정을 완전한 승리로 끝낼 수 있었지만 조국의 부름에 즉각 순종했던 아게실라오스의 리더십과 비교되는 장면이다. 아게실라오스는 자신을 낮춤으로써 나라의 질서를 바로 잡은 반면, 폼페이우스는 자신을 높임으로써 나라의 질서를 어지럽게 만들었다. 폼페이우스는 권력이 부족하거나 재산이 없어서 몰락한 게 아니라 오히려 넘쳐나서 몰락의 길로 접어든 경우다. 플루타르코스는 이런 강자의 몰락 과정을 상세하게 설명하면서 "본인 스스로, 그 과정을 미처 알 수 없었다"는 분석을 덧붙인다. 이것은 세상의 모든 리더들이 경험하는 근본적인 문제이기도 하다. 자신의 몰락 과정을 정작 본인은 알아차리지 못한다는 것이다. 널리 알려진 대로 폼페이우스의 몰락은 카이사르와의 경쟁관계 때문이었다. 카이사르가 루비콘 강을 건너 반란을 일으키고, 폼페이우스가 이를 저지하는 과정에서 갈등을 빚게 되는데, 결국 폼페이우스는 이집트에서 살해되어 인생을 마감한다. 폼페이우스의 몰락 과정은 카이사르를 다루는 장에서 다시 자세하게 언급할 것이므로 여기서는 이쯤에서 접도록 하겠다. 다만 그 몰락의 과정을 "본인 스스로, 그 과정을 미처 알 수 없었다"는 플루타르코스의 지적은 기억해둘 필요가 있다. 많은 리더들이 스스로 몰락하고 있다는 사실을 알아차리지 못한다는 게 문제다. 자신은 모든 게 다 잘되고 있다고 믿고 있지만 사실은 그렇게 믿고 싶을 뿐인 경우가 대부분이다.

　'전쟁의 신'답지 않게 폼페이우스는 카이사르의 반란을 적절하게 진압하지 못했다. 그는 페르시아 전쟁 때 아테네 장군 테미스토클레스가 취했던 작전을 따라한다면서 일찌감치 로마를 포기하는 전략을 선택했다. 테미스토클레스가 아테네를 완전히 비우고 살라미스 해전에 임했던 것과 같은 전략이라는 것이다. 그러나 그것은 명백한 실수였다. 수세에 몰린 폼페이우스는 카이사르의 진군을 한번도 제어하지 못한 채 이리저리 도망다니는 신세로 전락한다. 카이사르의 추적을 받던 폼페이우스는 이집트로 망명하기 위해 나일 강 델타 지역에 있는 펠루시움Pelusium에 도착한다. 이집트 북쪽의 해안 도시인 펠루시움에서 그는 이집트의 프톨레마이오스 왕과 그의 누이인 클레오파트라 사이의 갈등을 이용해 망명의 기회를 얻으려 했다. 죽어도 카이사르 밑으로는 들어가지 않겠다고 결심했기에, 폼페이우스는 이집트 왕의 결정에 따라 산 목숨이 될 수도 있고 죽은 목숨이 될 수도 있었다. 그러나 한때 폼페이우스 휘하의 호민관이었던 셉티미우스Septimius가 이집트 왕의 사주를 받아 폼페이우스의 등에 칼을 꽂았고, 결국 전쟁의 신은 죽음을 맞이한다.

아게실라오스와 폼페이우스의 비교

스파르타의 왕 아게실라오스와 로마의 절대 권력자 폼페이우스는 전혀 다른 스타일의 리더였다. 아게실라오스는 다리를 저는 불구의 몸으로 태어났으며 스파르타의 왕이 되기에는 여러모로 부족한 점이 많은 인물이었다. 그러나 그는 시련과 좌절을 통해 인내하는 법을 배웠고, 신민을 지배하고 그 위에 군림하는 게 아니라 나라를 섬기는 자세로 임했기에 그리스를 대표하는 군주의 거울이 됐다. 반면 폼페이우스는 탁월한 지략과 뛰어난 용맹으로 세 개의 대륙을 모두 정벌했고 세 번씩이나 로마의 개선장군이 되는 영광을 누린 인물이다. 그러나 그는 영광의 정점에 섰을 때 만천하에 악한 본성을 드러냈고, 결국 역사의 패배자가 되어 이집트에서 암살되는 비운을 겪었다. 플루타르코스는 이 두 사람의 현격한 차이를 이렇게 설명한다.

> 폼페이우스는 스스로 위대해지기 위해 나라를 도운 반면, 아게실라오스는 나라의 행복을 위해, 알렉산드로스를 제외하고는 훗날 그 누구도 얻은 적이 없는 크나큰 명성과 권력을 포기했다.[24]

사실 군주의 거울이라는 개념을 제일 먼저 고안해낸 사람이 플루타르코스였고, 아게실라오스는 플루타르코스에게 모범적인 군주의 거울로 꼽힌 인물이다. 플루타르코스는 로마제국의 리더들에게 탁월한 군주의 거울을 제시하면서 아게실라오스라는 이름을 구체적으로 지목했다. 아게실라오스는 그리스 전체를 통틀어 가장 탁월한 왕으로 칭송받은 인물이기 때문이다.

플루타르코스가 군주의 거울을 처음 등장시킨 인물이라면 마키아벨리는 그것을 완성시킨 사람이다. 그의 『군주론』은 군주의 거울 전통을 빛낸 마지막 작품이라고 해도 과언이 아니다. 마키아벨리는 자신의 또 다른 책에서 아게실라오스는 "최상의 칭찬"을 받은 인물로 묘사한다.

"군주가 된 자들로서 나비스, 팔라리스, 디오니시오스보다도 아게실라오스, 티몰레온, 디온과 같은 군주로 살기를 원하지 않는 사람은 없을 것이다. 왜냐하면 그들은 전자가 극단적으로 매도되는 반면, 후자는 최상의 칭찬을 받는다는 점을 익히 알기 때문이다."[25]

플루타르코스와 마키아벨리는 왜 아게실라오스를 군주의 거울로 강력하게 추천한 것일까? 이들 후대의 평가자들은 아게실라오스가 페르시아 원정을 거의 끝마칠 무렵, 고국에서 날아온 소환장을 받고 조금의 주저함도 없이 군대를 철수시킨 사례를 높이 평가한다. 한마디로 아게실라오스는 사심이 없는 사람이었다는 것이다. 그는 개인의 이해득실에 초연한 사람이었다. 그래서 그는 알렉산드로스 대왕이 누렸던 영광을 맛볼 수 있는 기회도 깨끗이 포기할 수 있었다. 반면 폼페이우스는 카이사르의 반란을 개인적인 이해득실로 따지다가 결국 로마를 잃고 자신의 목숨도 잃었다. 폼페이우스의 몰락은 단순한 작전 실패 때문이라고 볼 수 없다. 결과는 더 참혹했다. 로마는 극심한 분열을 겪게 되고, 나라와 신민은 혼돈의 세월에 빠져들게 된다.

리더에게 중요한 것은 사심을 버리고 대의를 따르는 것이다. 리더에게 필요한 것은 개인의 이익이 아니라 공공의 안녕이다. 그렇지 않으면 그 조직이나 사회는 약육강식의 정글로 변하게 되고, 그 조직이나 사회의 구성원들은 서로 잡아먹지 못해 안달하며 그동안 억눌렀던 동물적 본성의 송곳니를 드러내게 된다. 플루타르코스 시대의 로마는 이미 그런 조짐을 보이고 있었다.

12

삶에서 언제나
죽음의 장면을 생각하라

포키온 vs. 소小 카토

선인을 위한 나라는 없다

세상에 아무런 결점이 없는 사람이 존재할까? 선하기만 한 사람, 그래서 다른 사람들의 존경을 한 몸에 받고 그들을 잘 이끈 사람, 법 없이도 사는 정도가 아니라 본인 스스로 법의 준칙이 되고 그 사회의 표상과 기준이 된 사람. 놀랍게도 그리스와 로마에 그런 사람이 존재했다. 아테네의 정치가이자 장군이었던 포키온과 로마 공화정 말기의 그 이름도 유명한 소小 카토가 바로 그들이다. 이 두 사람의 이름 뒤에는 '선인善人, The Good'이라는 별명이 따라 붙는다. 아테네의 정치 지도자였던 알키비아데스는 '악동'이라는 별명이 붙었고, 로마 왕정의 마지막 7대 왕 타르퀴니우스는 '거만한 자Superbus'라는 악명이 붙었지만 포키온과 소 카토는 모두 선인의 대명사로 불린 인물이다. 사람들은 그들이 배심원으로 참석하지 않으면, 그 재판에서 부정이 일어날 것이라고 믿었다. 그들의 존재 자체가 정의를 상징했기 때문이다. 양심에 어긋나는 일, 법률에 위배되는 일, 나라 전체의 안위에 반하는 모든 일에 대해 이들은 반대의사를 굽히지 않았고, 무소불위의 권력을 가진 자가 창검으로 위협을 해도 눈 한번 껌벅거리지 않는 강심장을 가진 사람들이었다.

플루타르코스의 『비교 영웅전』에 등장하는 수많은 인물들 가운데 이들처럼 결점이 없는 사람도 드물다. 천하 영웅도 실수를 하는 법이고, 때로 격정에 못 이겨 도의를 저버릴 때도 있는 게 인지상정이다. 그러나 이 두 사람만은 예외다. 그들은 처음부터 끝까지 전혀 흠잡을 게 없는 '선한 삶'을 살았다. 소신과 원칙을 지키는 인간, 그래서 그들은 그리스와 로마에서 선인의 표상으로 존경받았고, 플루타르코스도 후대의 독자들을 위해 이 두 사람을 군주의 거울로 소개한다.

이 두 명의 선한 삶을 소개한 뒤 독자들이 기대하던 비교편이 생략된 것은 어쩌면 당연한 일인지도 모른다. 비교편이 유실되었을 수도 있다. 그런데 비교를 하려면 두 사람의 삶에 차이가 있어야 한다. 그러나 포키온과 소 카토의 선한 삶에서 둘의 다른 점은 보이지 않는다. 그리스와 로마 사람이라는 차이 빼고는 모든 게 거의 일치했다.[1] 아테네의 장군 포키온이 마케도니아 필립 2세의 침입을 받았던 것처럼, 소 카토는 루비콘 강을 건너 조국 로마에서 반란을 일으킨 카이사르와 대결했다. 죽음을 맞이한 그들의 생애 마지막 장면도 유사하다. 포키온은 독미나리로 만든 독약을 마신 후 죽음을 맞이했고, 소 카토는 포도주를 들이키며 플라톤의 책을 읽은 후 자결로 생을 마감했다. 둘 다 스스로 장엄한 죽음을 맞이했다. 포키온의 죽음은 소크라테스의 마지막 장면을 떠올리게 하고, 소 카토의 최후는 후대 사람들에게 장엄하게 죽음을 맞이하는 영웅의 표상으로 남았다.

플루타르코스가 평생 선한 삶을 산 이 두 사람의 비교편을 쓰지 않은 것은 서로 비교할 만한 차이점이 없었기 때문이기도 하지만 차마 묻고 싶은 것을 물을 용기가 없어서였는지도 모른다. 선인의 표상이었던 포키온과 소 카토는 우리에게 다음과 같은 질문을 던진다. 사람이 선하다는 것은 과연 좋은 것인가? 과연 선한 사람은 악한 사람을 이길 수 없는 것인가? 선한 사람은 역사 발전에 어떤 영향을 미치는가? 선한 게 다 좋은 것이라고 말할 수 있는가?

포키온의 선한 삶

포키온(B.C. 402~318)은 기원전 4세기에 위기에 처한 아테네를 이끌던 정치가이자 장군이다. 그의 시대는 북쪽 마케도니아의 세력이 그리스의 패권을 장악하기 위해 남하하던 시기로부터 알렉산드로스 대왕의 동방 원정이 펼쳐지던 때와 정확하게 겹친다. 그는 총 마흔다섯 번의 대규모 전투를 지휘한 아테네의 탁월한 장군stratagos이며, 위기 때마다 아테네를 지켜낸 진정한 조국의 수호자였다. 많은 경우 그는 부재중일 때 아테네의 장군으로 임명되곤 했다. 본인이 원해서 지휘관 자리에 오른 게 아니라 시민들의 요청에 의해 장군으로 호출된 것이다. 다른 지휘관이 전투에 패했을 때나 적이 침공한다는 소문이 퍼지면 아테네인들은 제일 먼저 포키온을 떠올렸다. 그의 전투 지휘 능력이 뛰어나서 그런 것만은 아니었다. 당시 그리스인들에게 포키온이라는 이름은 진정한 리더의 상징처럼 받아들여졌다. 그는 믿고 의지할 수 있는 사람, 공평무사한 사람, 자신의 이익을 차지하기 위해 남에게 해를 끼치지 않는 사람, 무엇보다 조국과 시민을 사랑하는 사람이었다.

위기에 내몰린 사람들이 늘 그렇듯이 아테네의 민중들도 집단적으로 우매한 행동을 하곤 했는데, 상황이 위기였기 때문이다. 펠로폰네소스 전쟁에서 패했고, 소크라테스는 살해당했고, 마케도니아는 준동하고 있었다. 이런 와중에 아테네 시민들은 "잘못을 지적하면 불운을 욕한다고 여기고, 거침없는 말을 하면 경멸한다고 생각"하면서 나라의 운영에 협조하지 않았다.[2] 이런 우매한 집단적 저항에 부딪히면 대부분의 정치 지도자들은 대중이 듣고 싶어 하는 달콤한 말만 골라서 하게 된다. 플루타르코스는 이 상황의 결과를 통찰력 넘치는 말로 설명한다. "오직 환심을 사기 위한 말을 하는 자는 도시와 함께 몰락하고, 환심을 얻지 못하는 말을 하는 자는 도시보다 먼저 몰락한다."[3]

그러나 포키온은 이런 아테네인들의 우매한 집단성이 저지른 죄악을 너무나 잘 알고 있었다. 그는 플라톤의 제자였고, 플라톤은 제자 포키온에게 기회가 있을 때마다 이상국가에 대한 꿈과 염원을 심어주었다. 이상국가를 통치할 수호자는 대중의 횡포에 휩쓸리지 않는 사람이어야 한다. 그런 의식이 강했던 포키온의 미간은 늘 주름이 져 있었다. 실질적으로 매우 다정다감한 사람이었지만 공식적인 자리에서는 인상을 쓰거나 무뚝뚝한 표정을 지었기 때문에 인상이 험

악한 사람으로 알려져 있었다. 조금이라도 허튼소리를 하면 바로 질타가 이어졌기 때문에 포키온에게 쉽게 말을 걸 수 있는 사람은 없었다. 말수도 적은 편이었다. 굳이 대중들 앞에서 연설을 해야 하면 가능한 짧게 하려고 애썼다. 그러나 짧은 연설은 당대 최고의 연설가로 칭송받던 데모스테네스Demosthenes(B.C. 384~322)를 능가할 정도였다. 천하의 데모스테네스가 연설을 마치고 포키온이 다음 연설자로 나서면, 데모스테네스는 "오늘도 내 연설을 작살내려고 오셨군"이라며 푸념했다고 한다.[4]

청년 시절 포키온이 모신 장군은 카브리아스Chabrias(B.C. 357 사망)였다. 그의 상관은 능숙한 지연작전을 잘 구사하는 장군으로 유명했다. 스파르타와 맞붙은 낙소스 해전 당시(B.C. 376), 카브리아스 장군을 보좌하며 좌익 함대를 지휘했던 젊은 장교가 바로 포키온이다. 대대적인 승리를 거두면 카브리아스의 명성이 올라갔지만 아테네인들은 다음 세대의 아테네 장군은 포키온이 될 것임을 예상하며 안도의 한숨을 쉬었다. 아테네를 이끌어갈 새로운 젊은 지도자가 등장한 것이다.

카브리아스는 군사 정벌을 마친 뒤 배 20척을 포키온에게 주며 주변 국가들로부터 조공을 수령해오라고 지시했다. 그러나 포키온은 자비를 들여 자신의 배 한 척만을 이끌고 섬나라를 돌아다녔다. 사람들은 포키온의 배가 온다는 전갈을 받으면 "화환을 걸고 기쁜 마음으로 배를 끌고 나가 맞이했으며", 자발적으로 조공을 바쳤고, 그의 겸손한 태도에 감복했다.[5] 아테네와 그리스 전역의 시민들로부터 지지와 성원을 한 몸에 받은 그는 공직에 오르기 위해 유세를 해본 적이 없었지만 아테네가 위기에 처할 때마다 시민들은 그를 공직으로 소환했다. 그는 평생 마흔다섯 번의 전쟁 지휘를 책임진 아테네의 최고 사령관이었다. 그렇다고 포키온이 아테네 시민들의 민심을 얻기 위해 아부를 하거나 법령을 임의적으로 바꾸거나 한 적은 없다. 그는 대중의 인기에 영합하는 사람이 아니었다. 그래서 포키온의 원칙주의가 자신에게 손해가 된다 싶으면 사람들은 그에게 등을 돌리고 비난을 퍼붓곤 했다. 친구 데모스테네스가 포키온에게 이에 대해 "아테네 시민들이 정신이 나가면 자넬 죽일 수도 있네"라고 경고하자 포키온은 침착한 목소리로 이렇게 대답했다. "하지만 정신을 차리면 자네를 죽일 걸세."[6] 이렇게 촌철살인의 위트까지 넘쳤던 포키온의 삶을 플루타르코스는 다음과 같이 요약한다.

"포키온은 적개심을 갖고 동료 시민에게 해를 끼친 적이 없었고, 나라를 위해서 자신에 반대하는 사람을 굴복시켜야 할 필요가 있을 때에만 가혹하고 고집스러우며 거침없이 굴었다. 그 밖의 관계에 임할 때는 항상 온화했고 열려 있었으며 인간적이었다. 심지어 적이라고 해도 곤경에 빠지거나 문책을 당할 위기에 있으면 도움을 주었다."[7]

이런 포키온의 성품과 행동에 감동한 사람들은 그에게 '선인'이라는 '별명$_{cognomen}$'을 붙여주었다.[8] 그가 선인으로 추앙받았다는 것은 반대로 그 시대가 혼란스럽고 악인들이 준동하던 때였음을 말하며, 위기의 시대가 왔다는 반증이다. 그리스 북부의 마케도니아 지역을 차지하고 있던 필립포스와 그의 아들 알렉산드로스가 제국의 확장을 꾀하던 시대였고, 그 첫 번째 공격 목표는 당연히 아테네였다. 데모스테네스가 매파였다면 포키온은 비둘기파였다. 데모스테네스는 북진을 감행해서라도 선제공격으로 마케도니아를 견제해야 한다는 강경한 주장을 굽히지 않은 반면, 포키온은 평화와 협상을 우선시하는 정책을 펼쳤다. 자연스럽게 필립포스는 협상파였던 포키온과 좋은 관계를 유지했고, 아테네에서 유일하게 존경받을 가치가 있는 사람은 포키온뿐이라고 믿었다. 필립포스가 사망함으로써 이 매파와 비둘기파의 논쟁은 유야무야되어버린다(B.C. 336). 필립포스의 사망에 환호하며 아테네 사람들이 감사의 제물을 신에게 바치려고 할 때 이를 말린 사람도 포키온이었다. 사람이 죽었다고 기뻐하는 것은 문명인답지 않은 행동이며, 카이로네이아(플루타르코스의 고향)에 늘어서서 공격 준비를 하고 있는 마케도니아 군사들 중 단 한 명이 죽었을 뿐이라고 쏘아 붙였다.

필립포스가 죽자 예상대로 그의 아들 알렉산드로스가 왕권을 이어받았다. 마케도니아의 젊은 왕이 원했던 것은 무게가 많이 나가는 황금 왕관이 아니라 적을 무찌를 수 있는 긴 창이었다. 알렉산드로스는 단숨에 아테네를 포함한 그리스 전역을 정벌하고 싶어 했다. 그의 꿈은 동방 원정에 있었기 때문이다. 성급한 데모스테네스는 승리에 대한 확신도 없으면서 다시 아테네 시민들에게 알렉산드로스 군대를 선제공격하자고 부추겼다. 그러나 정작 아테네가 큰 전쟁의 피해를 보지 않았던 것은 포키온의 사려 깊음과 신중함 때문이었다. 알렉산드로스는 부친이 존경했던 포키온에게 경외심에서 우러난 극진한 대우를 했다. 협상을 위해 찾아온 포키온을 친구처럼 대했고, 극존칭

▲
지오아치노 아세레토, 〈알렉산드로스의 선물을 거절하는 포키온〉, 1640년대, 낭트 예술박물관 소장.

으로 대우했다. 그에게 무려 100달란톤에 달하는 엄청난 선물도 보냈다. 아테네에서 알렉산드로스 대왕의 선물을 받을 자격이 있는 사람은 포키온뿐이라고 믿었기 때문이다. 그러자 포키온은 선물을 들고 온 알렉산드로스 대왕의 사신들에게 예물을 돌려주며 이렇게 말했다. "그렇다면 내가 언제나 그렇게 살고, 그렇게 여겨질 수 있도록 내버려두라고 전해주시오."⁹

포키온은 어떤 종류의 뇌물도 받지 않았기 때문에 그의 집안은 늘 검소하고 살림살이는 소박했다. 작은 청동 원반 한 개만이 걸려 있는 그의 집을 보고 사람들은 선인의 삶이 어떤지를 직접 확인할 수 있었다. 포키온의 아내는 너무 가난해서 귀부인들의 조롱을 받기도 했다. 그때마다 포키온의 아내는 "제 자랑은 올해로 20년째 아테네 장군을 맡고 있는 남편뿐입니다"라고 응수했다.[10] 이 정도면 과연 그 남편에 그 아내라고 하겠다. 군주의 아내도 군주감이어야 한다.

다시 세월이 흘러 이번에는 아시아 원정을 나섰던 알렉산드로스 대왕이 사망했다는 전갈이 아테네에 도착했다(B.C. 323). 알렉산드로스가 남긴 거대한 헬레니즘제국은 크게 4등분되었고, 그리스 지역을 차지한 안티파트로스Antipatros(B.C. 397~319)는 또다시 아테네 침공을 감행했다. 그리고 다시 한 번 포키온은 아테네의 장군으로 시민들의 부름을 받는다. 시민들은 그 위기 상황을 극복할 수 있는 사람은 선인이자 역전의 노장인 포키온뿐이라고 생각했다. 절체절명의 위기에 놓인 아테네에서는 60세 이상 되는 노인들도 전쟁 준비를 위해 징집됐다. 식량 부족으로 그 노병들에게도 단 5일치의 식량만이 지급됐다. 불평을 터트리고 두려움에 우왕좌왕하는 아테네의 노병들을 격려하며 포키온은 이렇게 말했다. "그렇게 힘든 일이 아닙니다. 여러분의 지휘를 맡은 저도 올해 팔순입니다."[11]

아테네를 침공한 안티파트로스는 로마를 침공한 카이사르와 대칭을 이루는 존재다. 카이사르에 맞섰던 소 카토가 자결로 명예로운 최후를 선택했다면, 결국 패전하게 된 포키온은 독미나리로 만든 독약을 마셔야 하는 극형에 처해졌다. 그는 최후의 순간에도 자존심과 품위를 잃지 않았다. 한 치의 흐트러짐 없이 담담하게 죽음을 맞이했는데, 포키온의 최후는 "헬라스 사람들에게 소크라테스의 운명을 되새

▲
니콜라스 푸생, 〈포키온의 장례식 풍경〉, 1638년, 웨일즈 국립박물관 소장.

겨주었다"고 한다.[12] 위대한 철학자 소크라테스의 죽음처럼, 포키온의 최후도 선인의 운명에 대한 강력한 의문을 남겼다. 선인의 최후는 왜 이렇게 비극으로 끝나야만 하는가.

소 카토, 로마 공화정의 마지막 선인

소 카토(B.C. 95~46) 역시 로마 역사의 격동기에 원칙과 양심을 지키며 살다가 자결로 생을 마감한 '선인'이다. 비록 로마 공화정의 역사가 기억하는 영광된 죽음이었다고는 하나 그의 죽음도 비참하기는 마찬가지다. 왜 선인의 생은 모두 이렇게 끝이 나야 하는 것일까. 소 카토는 정직하다 못해 완고하다는 평을 받을 정도로 원칙주의자로서의 삶을 살았다. 그의 사전에 타협이라는 단어는 없었다. 정도$_{正道}$와 원칙의 길이 아니면 그 길의 초입에도 들어서지 않았고, 되돌아보아 양심에 어긋난 행동이면 죽음을 통해서라도 그것을 바로잡고자 했다. 이미 동시대 사람인 키케로는 그를 두고 극단적인 인물이라는 평가를 내린 바 있다. 현실주의 정치의 대부 격이었던 키케로는 소 카토가 "로물루스의 잔재들과 함께 살고 있으면서 플라톤의 국가에 사는 것으로 착각하고 행동한다"고 비꼬곤 했다.[13] 이기적이고 폭력적인 천성을 타고난 로마인들과 함께 살면서 지혜를 사랑하는 수호자가 되겠다는 것은 비현실적이고 무모한 착각이라는 것이다.

소 카토는 그야말로 '카토$_{Cato}$'였다. 로마인들은 카토라는 이름만 들어도 자리에서 벌떡 일어나 경의를 표했다. 명문가 중의 명문가이기 때문이다. 그의 먼 조상이었던 마르쿠스 카토는 이미 플루타르코스가 『비교 영웅전』에서 소개한 인물이고, 또 이 책에서도 주인공으로 등장한 인물이다. 같은 이름 때문에 초래될 혼란을 방지하기 위해 마르쿠스 카토는 '대$_{大}$ 카토'라는 이름으로 소개되곤 한다. 대 카토는 소 카토의 증조할아버지다. 그야말로 '카토'는 문무$_{文武}$를 겸한 로마의 최고 가문이었다. 가문의 전통을 이어받은 소 카토는 어릴 때부터 "과장해서 칭찬하는 사람에게는 차갑게 굴며 싫은 기색을 내비치는 한편, 겁을 주려는 사람에게는 더욱 당당하게 굴었다"고 한다.[14]

독재자 술라는 카토 가문의 명성을 존중해 어린 카토를 데려다 키우다시피 했다. 열네 살이 되었을 때도 카토는 여전히 술라의 저택에 머물렀다. 그러나 그곳은 명망 있는 로마의 젊은 인재들이 끌려와 참수를 당하던 피비린내 나는 살육의 현장이었다. 어린 카토는 존경하는 스승에게, 술라가 저런 악행을 일삼고 있는데 왜 사람들은 참고 당하기만 하느냐고 물었다. 스승은 술라에 대한 로마 사람들의 공포심 때문이라고 말했다. 그러자 열네 살 카토는 이렇게 말했다. "그렇다면 왜 내게 칼을 쥐어주지 않습니까? 저자를 죽이고 나라를 예속에서 해방시킬 수 있도록!"[15]

카토는 '제3차 노예 전쟁'이라고 불리는 스파르타쿠스 전쟁(B.C. 73~71)에서 무공을 쌓았고, 호민관으로 임명되어 마케도니아에서 복무했다. 로마를 떠나 임지로 향할 때 다른 사람들이 모두 말을 타고 가는데 카토만이 걸어서 갔다. 그는 자신보다 신분이 낮은 사람들과 함께 대화하며 그 먼 길을 걷고 또 걸었다. 동행하던 군사들은 그를 진심으로 존경했고, 그가 복무를 마치고 임지를 떠날 때면 카토 앞에 자신들의 겉옷을 깔았다고 한다. 명성이 이러하니 당시 로마의 권력을 한 손에 쥐고 있던 폼페이우스도 그를 함부로 대하지 못했다. 열 살이나 연배였으며 원로원으로부터 왕의 자리까지 초대받은 폼페이우스였지만 카토가 찾아오면 언제나 먼저 일어나 그를 영접했다. 카토에게, 만약에 자신에게 무슨 일이 생기면 가족들을 돌봐달라는 부탁까지 남길 정도였다.

군복무를 성공적으로 마치고 로마로 돌아온 카토는 가문의 명성에 걸맞는 '공직의 계단cursus honorum'에 오르기 위해 우선 재무관quaestor 선거에 입후보했다. 로마에서 원로원에 등원한 사람은 여러 가지 단계를 거쳐 공직에 오르게 된다. 우선 최소 10년의 군복무를 마친 뒤 재무관의 자리에 도전한다. 서른 살 이상의 귀족 출신에게만 줄마 자격이 주어지고, 총 스무 명이 선출되어 2년간 일하는 직책이다. 술라의 군대 밑에서 군복무를 마친 카토가 바로 이 자리에 도전한 것이다. 그는 관직에 오른 후 업무를 파악한 게 아니라 선거에 나가기 전에 이미 재무관의 모든 업무를 숙달했다. 당시 재무관은 세금 관련 업무를 총괄했는데, 세금 징수원들과 담당관들의 부정이 만연한 부서였다. 그는 선거를 통해 재무관 자리에 오른 뒤 대대적인 개혁을 시도했다. 이미 오래 전에 세금과 관련한 모든 부정과 문제점을 파악하고 있었기에 아무도 그의 개혁을 막을 수 없었다. 카토가 일할 당시 재무관의 인기와 영향력은 원로원 의원직보다 더 높았다고 한다. 모든 공직자가 본받아야 할 카토의 업무 태도에 대해 플루타르코스는 이렇게 전한다.

> 군중은 카토가 지치지 않고 쉴 새 없이 주어진 임무를 행하는 모습에 매료되었다. 카토는 누구보다 먼저 일터에 나왔고, 누구보다 늦게 일터를 떠났다. 뿐만 아니라 민회나 원로원 회의에도 단 한 번도 빠지지 않았다. 빚이나 세금을 면제해주는 방법으로, 혹은 넘치는 선물을 주는 방법으로 민중의 환심을 사고자 하는 이들을 가까이에서 감시하기 위해서였다.[16]

로마에서 카토는 걸어 다니는 법전과 같은 존재였다. 부정한 방법을 시도하려는 자에게 사람들은 "불가능하네, 카토가 동의하지 않을 거야"라고 말할 정도였다.[17] 로마 사람들은 카토가 재무관으로 있는 이상 어떤 편법이나 부정이 통하지 않는다는 것을 현실로 받아들였다. 카토는 원로원에서도 모범을 보였다. 언제나 그렇듯이 카토는 원로원 회의장에 제일 먼저 도착했고, 제일 마지막으로 그 자리를 떠났다.

동시대의 현실 정치가인 키케로는 카이사르의 야욕과 사악함을 늘 경계했지만 카토의 정직함에는 찬사를 아끼지 않았다. 어느 날 키케로가 또다시 특유의 달변으로 카토의 성품을 칭찬하자, 카토는 그 자리를 떠나면서, 나라의 공무$_{公務}$에 임한 것이니 내게 칭찬하지 말고 대신 로마에 감사하라고 겸손하게 말했다.

여기서부터 카토와 카이사르의 반목이 시작된다. 로마 공화정에 대한 야심을 불태우던 카이사르와 위대한 로마 공화정의 전통을 상징하던 카토가 충돌하지 않는다면 오히려 그것이 더 이상한 일일 것이다. 쿠데타로 나라를 전복시키려 했던 카틸리나$_{Catilina}$(B.C. 108~62)에 대해 카이사르가 애매한 태도를 취하면서 그를 변호하자, 카토는 원로원 회의장 단상으로 걸어 나가 카이사르를 공개적으로 비판한다(B.C. 63). 카탈리나를 탄핵한 키케로의 연설이 널리 알려져 있는 것에 반해 카토의 연설은 역사가들의 주목을 받지 못했다. 아마 카토의 단호한 연설이 없었다면 카틸리나는 국가반란죄로 사형에 처해지지 않았을 것이다. 그러나 정작 로마 공화정을 뒤엎기 위해 반란을 일으킨 인물은 나약한 카틸리나가 아니라 사악한 카이사르였다. 그가 루비콘 강을 건넜기 때문이다(B.C. 49). 카토는 천하의 악당, "주사위는 던져졌다"고 운운하며 루비콘 강을 건너 반란을 일으킨 카이사르와 싸워야만 했다. 카이사르 때문에 카토가 맞이해야 하는 운명의 주사위는 던져진 정도가 아니라 그야말로 내팽개쳐진다. 역사를 거슬러 '그때 그랬다면 역사는 어떻게 되었을까'라는 질문을 던지는 것은 어리석은 일이다. 역사에는 '만약'이 없기 때문이다. 그러나 카토의 생애에 그런 어리석은 질문을 던져보고 싶은 딱 하나의 사건이 있었다. 폼페이우스가 카토 가문과 혼인을 맺고자 했던 것이다. 이유는 간단했다. 카이사르를 견제하기 위해 폼페이우스는 로마 명문가인 카토 가문의 이름과 후광이 필요했던 것이다. 물론 카토는 이를 거절했다. 권력을 쥔 자와 파당을 만들지 않겠다는 그의 변치 않는 원칙 때문이었다. 그러나 결과적으로 보면, 이 간단하게 보이는 결정은 훗날 엄청난 역사의 후폭풍을 맞게 된다. 폼페이우스는 카토 가문과의 혼사를 포기하고 대신 카이사르 편에 붙는다. 폼페이우스는 카이사르의 딸 율리아Julia와 정략 결혼을 했고, "폼페이우스는 카이사르의 지지도 얻었는데, 이것은 어느 정도 카토의 잘못이기도 하다"는 게 플루타르코스가 내린 엄정한 평가다.[18] 만약 폼페이우스가 카토와 혼사로 맺어졌다면 카이사르에게 그토록 큰 힘이 실리지는 않았을 것이고, 만약 그렇다면 로마제국의 역사는 전혀 다른 방향으로 전개되었을지도 모른다.

이베리아에서 법무관 임기를 마치고 집정관 선거에 출마하기 위해 로마로 돌아온 카이사르가 군대를 이끌고 입성하지 못하도록 막은 사람도 카토였다. 수완이 뛰어난 카이사르는 계략을 부려 집정관이 되었고, 억지로 여러 가지 편법을 통과시키려 했다. 또다시 카토는 분연히 일어나 반대 연설을 했고, 결국 카이사르는 카토를 체포해 감방에 투옥한다. 이렇게 사사건건 충돌하던 카이사르와 카토는 마지막 대결을 앞두게 되는데, 이는 기원전 509년부터 시작된 찬란한 로마 공화정의 역사가 하루아침에 무너지는 사건과 연관이 있다. 카이사르의 반란과 카토의 자결이다. 카토의 죽음으로 로마 공화정은 삐걱거리던 역사의 문을 완전히 닫게 된다.

카토는 철저한 원칙주의자이기는 했으나 현실적 정치 감각은 다른 공화주의자 못지않았다. 카이사르의 반란이 현실로 나타나 로마 공화정을 위협하기에 이르자 카토는 폼페이우스를 집정관으로 임명하는 것에 적극 동의한다. 국가의 혼란을 막기 위해 최선의 방식이 아닌 차선을 선택한 것이다. 그러나 기대와는 달리 폼페이우스는 무능한 집정관이었고, 로마의 민중들은 내심 카이사르가 자신들의 군주가 되길 바랐다. 민중의 심리를 파악한 폼페이우스는 가족과 군대를 이끌고 로마를 떠나버린다. 카이사르에게 위협적인 존재는 무력한 폼페이우스가 아니라 시민들의 신망을 한 몸에 받고 있던 카토였다. 그는 카토에 대한 음해 공작을 펼친다. 그에게 돈 욕심이 많다는 누명을 덮어 씌운 것이다. 어느 시인은 카이사르의 음모를 비난하며 이렇게 말했다. "카토가 돈 욕심이 많다니, 그럼 헤라클레스가 겁쟁이라고 해라!"[19]

로마 잔류병들의 사령관으로 임명된 카토는 군대를 이끌고 시칠리아 섬으로 갔다. 500척 전함의 사령관으로 임명된 카토는 첫 전투에서 기대치 않게 승리를 거둔다. 모두가 기뻐하고 있을 때 카토는 나라를 위해 혼자 울었다. 같은 로마인들끼리 살육을 벌이고 동료 시민들이 죽어가는 모습을 보며 그는 큰 슬픔에 빠졌다. 그래도 카이사르의 군대가 공격을 멈추지 않자 카토는 북아프리카 해안의 우티카Utica에 마지막 배수진을 쳤다. 로마 공화정을 끝까지 수호하겠다는 잔류병들의 결의도 대단했고 카토에 대한 존경심 또한 하늘을 찌를 듯했지만 잔혹한 카이사르 군대에 대한 두려움이 부대를 엄습했다. 카이사르의 군대는 골Gaul 지역에서 산전수전을 겪으며 무시무시한 살육 부대로 변해가고 있었다. 항복하고 카이사르의 자비를 구하자는 부대원들이 있는가 하면, 혼란이 가중되면서 이미 300명의 주력부대원들이 카이사르에게 투항할 준비를 했다. 그럼에도 카토는 그들을 원망하기보다 모두 우티카를 탈출할 수 있도록 도왔다.

▲
장 피쇼르, 〈우티카에서 동료를 탈출시키는 카토〉. 1508년경 파리에서 출간된 『비교 영웅전』에 담긴 삽화다.

자결로 생을 마감하기 전에 그가 한 일은 동료들의 안전한 탈출이었다. 부대원들이 함께 배에 올라 탈출할 것을 앙청했지만 카토는 말없이 우티카 해변에 서 있었다. 배에 오르지 못한 일부 병사들은 사막을 걸어 도피했다.

카토의 마지막 임종은 스토아 철학자 아폴로니데스와 소요학파 철학자 데메트리우스가 지켰다. 부하와 동료들을 안전하게 탈출시킨 카토는 거친 바닷길로 떠난 이들과 물 없이 사막으로 떠난 이들을 걱정하며 철학자들과 마지막 저녁식사를 나누었다. 그는 똑바로 앉은 채 허리를 곧추 세우고 마지막 음식을 들었다. 식사를 마친 그들은 포도주를 곁들인 마지막 향연(심포지움)을 펼쳤다. 마지막 철학적 대화의 주제는 스토아학파의 '역설'에 관한 것이었다. "선한 사람만이 자유로우며, 악한 자는 모두 노예"라는 명제를 놓고 카토와 철학자들 그리고 일부 우티카의 관리들이 진지한 토론을 이어갔다.[20] 이렇게 마지막으로 철학적 사유의 시간을 보낸 뒤 카토는 보통 때보다 더 따뜻하게 아들과 친구들을 포옹하고 혼자 침실로 들어갔다. 그리고 침실에서 그는 플라톤의 『영혼에 대하여』를 마지막으로 펼쳐들었다.

철학으로부터 위안을 얻은 카토는 자결을 위해 단검을 찾았다. 그러나 아버지의 자결을 예감한 아들이 그 단검을 숨긴 것을 알아차리고는 그는 아들을 불러 차분히 설득한다. "나는 내가 선택한 길의 주인이 되어야 한다"는 아버지의 말에 아들은 포기하고 단검을 돌려주었다. 다시 친구 철학자들과 눈물의 이별을 한 소 카토는 플라톤의 책을 다시 두 번 정독한다. 그리고는 "이제 내가 나의 주인이다"라는 마지막 말을 남기고 칼을 들었다.[21]

카토는 단검을 들고 운명의 주인이 되기 위해 스스로 자신의 가슴 아래를 찔렀다. 조국의 반역자 카이사르의 칼에 죽는 것은 로마 공화정과 카토 가문의 모독이었기에 그는 스스로 목숨을 끊는 쪽을 택했다. 그러나 그의 칼은 깊숙이 박히지 못했고, 갈라진 배 사이로 장기[22]만 흘러나왔다. 피로 범벅이 된 카토가 잠시 의식을 잃자 주치의 클레안테스가 들어와 삐져나온 창자를 다시 배 안으로 밀어 넣고 임시로 봉합수술을 했다. 의식을 되찾은 카토는 의사의 손을 밀치고 손을 배 안으로 집어넣어 다시 장기를 꺼내 자신의 죽음을 재촉했다.

카토의 손에 들린 것은 그의 창자가 아니라 이제 역사의 막을 내린 로마 공화정의 검은 조기弔旗였다. 그의 죽음으로 로마 공화정은 파국을 향한 질주를 시작했다.

선한 삶을 다시 생각하다

플루타르코스는 포키온과 카토의 비교를 남기지 않았다. 의도된 것인지, 아니면 전래 과정에서 유실되었는지는 확인할 수 없다. 다만 플루타르코스는 두 인물의 전기적 묘사를 시작하기 전에 이런 짧은 문장으로 두 사람의 공통점만을 강조한다.

> 말하자면 두 사람 속에는 엄격함과 상냥함, 조심성과 용기, 타인에 관한 염려와 자신에 대한 대담성, 저열함에 대한 신중한 배격과 정의에 대한 적극적인 추구가 똑같이 배합되어 있었다.[22]

이 두 사람은 모두 '선인'의 모델과도 같은 인물이다. 보통사람도 일생의 어느 부분이나 어떤 선택에서 선인처럼 행동할 수는 있지만 포키온과 카토처럼 태어날 때부터 죽을 때까지 언제나 선인이었던 사람은 찾아보기 힘들다. 그렇다면 지금 플루타르코스는 『비교 영웅전』의 한 모퉁이에서 선인에 대한 찬미를 늘어놓고 있는 것일까? 어떤 비열한 상황 아래에서도 선인의 풍모를 잃지 않은 두 사람을 소개하면서 저자는 우리에게 선인 찬가를 요청하는 것일까?

▲
기욤 기용 르티에르, 〈소 카토의 죽음〉, 1795년, 예르미타시 박물관 소장.

만약 우리에게 포키온과 카토의 비교가 남아 있었다면 플루타르코스가 진심으로 하고 싶었던 이야기를 들을 수 있었을지도 모른다. 그러나 아쉽게도 우리는 그의 생각과 판단에 도움을 구할 수 없다. 다만 두 사람의 선한 삶의 묘사가 장엄하게 끝나고, 스쳐 지나가듯이 두 개의 에피소드가 소개되는 것에 주목할 뿐이다. 모두 합쳐 일곱 줄이 채 되지 않는 이 짧은 문장에서 우리는 플루타르코스의 숨은 의도를 어렴풋이 엿볼 수 있다.

첫 번째 이야기는 카토의 딸 포르키아Porcia에 대한 것이다. 이 두 사람은 '그 아버지에 그 딸'이라는 표현이 꼭 들어맞는 명예로운 부녀였다. 브루투스의 아내 포르키아는 남편과 함께 자결로 생을 마감했다. 플루타르코스의 『비교 영웅전』에는 자세히 설명되어 있지 않지만, 타오르는 석탄을 집어삼키는 끔찍한 방식으로 스스로 목숨을 끊었다고 한다. '카토' 편 제일 마지막에 짧게 이어진 다음 문장은 스타틸리우스라는 인물에 대한 언급이다. 그는 카토가 자결을 결심할 때 자신도 따라 죽겠다고 호언장담하던 인물이다. 당시 카토는 스타틸리우스의 약속을 믿지 않았다. 그런 스타틸리우스는 결국 카이사르를 암살한 브루투스 편에 섰다가 필립포이 전투에서 죽음을 맞이했다는 것으로 전체 이야기가 종결된다.

플루타르코스는 왜 이런 이야기를 포키온과 카토의 생애 속에 포함시켰을까? 왜 선인들은 모두 비참한 최후를 맞이했을까? 선인 포키온은 안티파트로스가 내린 독미나리로 만든 극약을 먹고 임종을 맞이했고, 로마의 걸어 다니는 양심 카토는 두 번이나 단검으로 자신의 몸을 찌르며 회한의 눈을 감았다. 남은 사람들은 그들의 죽음을 슬퍼하며 미래에 대한 불안에 휩싸였다. 그들의 숭고한 죽음은 왜 세상을 구하지 못했을까?

이상적인 군주가 선인이라면 포키온과 카토는 명실상부한 군주의 거울이 되었을 것이다. 그러나 그들의 죽음은 쓸쓸했고, 그들이 남긴 미래는 위태로웠다. 선인은 군주의 거울이 될 수 없다는 말일까? 군주는 선한 사람이어서는 안 된다는 뜻일까? 그래서인지 군주의 거울 장르 자체를 완성시켰다는 마키아벨리는 자신의 책 『군주론』에서 이렇게 말한다.

"그러나 '인간이 어떻게 살고 있는가?'는 '인간이 어떻게 살아야 하는가?'와는 너무나 다르기 때문에, 일반적으로 행해지는 것을 행하지 않고, 마땅히 행해야 할 것을 행해야 한다고 고집하는 군주는 권력을 유지하기

▲
피에르 미냐르, 〈브루투스의 아내 포르키아의
자결〉, 17세기, 프랑스 랑비네 미술박물관 소장.

보다 잃기가 십상입니다. 어떤 상황에서나 선하게 행동할 것을 고집하는 사람이 선하지 않은 많은 사람에게 둘러싸여 있다면, 그의 몰락은 불가피합니다. 따라서 권력을 유지하고자 하는 군주는 상황의 필요에 따라서 선하지 않을 수 있는 법을 배워야 합니다."[23]

마키아벨리의 글을 읽다 보면 심각한 고민에 빠지게 된다. 포키온과 카토처럼 선한 삶은 정녕 군주의 거울이 되지 못하는 것일까? 선을 행하는 것만이 능사는 아님을 포키온과 카토의 사례가 보여주는 것일까? 이런 혼란스러운 생각 때문에 플루타르코스는 포키온과 카토의 비교를 아예 생략해버린 것은 아닐까?

4부

인간 본성을 꿰뚫은
최고의 교과서

13

완벽함 대신
'불완전한 최선'을 추구하라

데모스테네스 vs. 키케로

시대를 바꾼 유능한 2인자들

플루타르코스의 『비교 영웅전』은 파란만장한 삶을 산 영웅들의 이야기다. 한 시대를 풍미한 그리스와 로마의 위인들이 앞다투어 등장한다. 각기 다른 시대를 산 두 명의 영웅들은 서로 자웅雌雄을 겨루며 우리가 본받아야 할 군주의 거울을 제시한다. 그런데 이번 장에서 살펴볼 두 사람은 엄밀하게 말하자면 영웅은 아니다. 시대의 호걸로 불리기에는 어딘가 부족한 부분이 있다.

'데모스테네스 vs. 키케로'편에는 군주의 거울이 될 만한 영웅이 아니라 특출한 연설가가 등장한다. 리더십이 뛰어난 인물이 아니라 말 잘하는 사람들이다.[1] 물론 그리스나 로마 시대의 영웅들은 연설을 곧잘 하긴 했지만 그것은 단지 영웅이 가져야 할 여러 가지 덕목 중 하나로 간주될 뿐이었다. 물론 여기 등장하는 주인공 데모스테네스와 키케로도 정치에 큰 뜻을 두었고 "이름을 빛내고자 하는 마음"이 절박한 인물이었지만, 정작 "전쟁이나 위험이 닥쳤을 때 용기가 부족"한 인물들이었다.[2] 난세를 극복한 영웅으로 불리기에는 부족한 부분이 있다는 뜻이다. 다시 말해 이 두 사람은 『비교 영웅전』의 주인공이기보다 영웅을 보필하며 시대의 흐름을 바꾼 유능한 참모 혹은 뛰어난 조언자의 역할에 머물렀다. '데모스테네스 vs. 키케로' 편은 영웅의 비교라기보다는 신하들의 비교다. 그러므로 이번 장은 『비교 영웅전』의 '2인자론'이라고 보면 될 것이다.

1만 시간의 법칙, 데모스테네스

먼저 소개되는 그리스의 연설가 데모스테네스는 아테네의 몰락한 상류층 출신이다. 상류층이었던 그의 아버지는 칼을 팔아 큰돈을 모았고, 일곱 살 아들 데모스테네스에게 상당한 유산을 물려주었지만 법적 보호자들이 그 돈을 모두 갈취했다. 비록 가난하게 자랐지만 데모스테네스는 어릴 때부터 연설의 매력에 빠져들었던 모양이다. 수사학으로 명성을 떨치던 여러 스승을 찾아다니며 연설하는 법을 배웠다. 심지어 플라톤에게서 직접 연설하는 법을 배웠다는 소문도 남아 있다. 하지만 데모스테네스는 연설가로 대성하기에는 여러모로 부적합한 조건을 가지고 있었다. 무엇보다 먼저 풍부한 성량을 표현할 수 있는 당당한 체격을 가지지 못했고, 목소리가 너무 가늘었으며, 심지어 말을 더듬기까지 했다. 그가 처음으로 입을 열어 연설을 시작했을 때, 사람들은 그의 어눌한 발음을 심하게 놀려댔다. 고심하던 그는 집 지하에 개인 발성 연습실을 만들었다. 플루타르코스는 이른바 '1만 시간의 법칙'을 실천한 데모스테네스의 철저한 훈련 과정을 이렇게 소개한다.

데모스테네스는 이 연습실로 매일 빠짐없이 내려가 연설의 전달력을 높이고 목소리를 다듬는 노력을 했다. 심지어 한 번 내려가면 두석 달을 머무는 경우도 있었다. 그럴 때는 나가고 싶은 욕구를 다잡기 위해 머리의 절반만 삭발하기도 했다.[3]

데모스테네스는 능력을 타고난 사람이 아니라 노력을 통해 실력을 쌓은 사람이다. 그가 쏟아 부은 각고의 노력은 후대 사람들에게 큰 교훈과 영감을 주었다. 모든 것은 유전자에 의해 이미 정해져 있다는 DNA 결정론자들의 숙명론에 맞서듯, 데모스테네스는 그야말로 눈물겨운 노력을 통해 유전자의 한계를 극복해냈다. 그는 부정확한 발음과 혀 짧은 소리를 없애기 위해 "입에 자갈을 물고 낭독하는 방식"으로 자신의 부족함을 극복하려 했고, 호흡을 길게 만들기 위해 "달리기를 하거나 가파른 곳을 올라가면서" 연설하는 훈련을 했다.[4] 이런 노력형의 인간들이 대개 그렇듯이 데모스테네스는 언제나 사전에 주도면밀하게 연설 연습을 했고, 사전 준비가 불충분하면 절대로 연단에 오르지 않았다.

데모스테네스는 정치적 상황이 바뀔 때마다 논조가 변하는 요즘

▲
데모스테네스의 흉상. 루브르 박물관 소장. 폴리에우크토스의 그리스 청동상을 로마 시대에 재현한 작품이다.

논객들과 달리, 한 가지 정책이나 노선을 선택하면 끝까지 초지일관하는 것으로 유명했다. 당시 데모스테네스의 경쟁 상대였던 데마데스라는 연설가는 지지 정책을 자주 바꾸어 아테네 시민들로부터 호된 비판을 받았다. 그를 비난하던 사람들이 "어제 이야기와 오늘 이야기가 다르지 않느냐"며 데마데스에게 항의를 하면, 그는 "자기 자신과 종종 충돌하기는 하지만, 절대로 우리 도시의 이익과는 충돌하지 않는다"며 변명을 늘어놓았다고 한다.[5] 전형적인 소피스트들의 말장난이다. 그러나 데모스테네스의 입장은 달랐다. 그는 말과 행동을 일치시키고자 노력했고, 그가 했던 연설의 핵심은 늘 "선善 그 자체를 위한 선의 선택"을 주장하는 것이었다. 한번 원칙이라고 믿으면 끝까지 그 주장을 굽히지 않았고, 그것이 대중의 기대와 부합하지 않는다고 해서 자신의 노선을 변경하는 일은 절대로 하지 않았다. 한마디로 데모스테네스는 원칙주의자였고, 개인의 이익에 앞서 늘 고결하고 올바른 대의를 추구해야 한다고 믿었던 사람이다. "대중의 욕구에 반대하고, 끊임없이 잘못을 지적"했던[6] 그는 이런 유명한 말을 남겼다.

"아테네 시민 여러분, 여러분이 바라지 않는다고 해도, 나는 충고를 아끼지 않을 것이고, 여러분이 바란다고 해도, 나는 거짓 연설은 하지 않겠습니다."[7]

데모스테네스의 정직은 아테네 내부에만 있지 않고 저 멀리 마케도니아에도 있었다. 바로 마케도니아의 왕 필립포스 2세(B.C. 382~336)로, 그 유명한 알렉산드로스 대왕의 아버지다. 아테네와 마케도니아인은 인종 자체가 아예 달랐다. 아테네인들은 이오니아Ionia 계통 사람들이고, 마케도니아인들은 도리아Doria인의 혈통을 가지고 있었다.

마케도니아의 왕 필립포스는 호시탐탐 그리스 전체의 패권을 노려 북쪽에서부터 세력을 키워나갔다. 데모스테네스는, 모든 그리스 국가가 연합해 반反필립포스 동맹을 결성하고 도리아 세력의 확대를 저지하자는 주장을 펼쳤다. 필립포스 왕을 견제하기 위해 제일 먼저 동맹에 가입시켜야 하는 도시국가는 테바이였다. 테바이는 아테네와 마케도니아 지방 사이에 있는 작은 도시국가였다. 데모스테네스의 뛰어난 연설 솜씨에 반한 테바이인들은 아테네와 운명을 같이 하겠다고 선언했다. 데모스테네스는 필립포스 왕이 그리스의 공동체 정신을 훼손시키고 있다고 신랄하게 비난했고, 테바이인들은 아테네인들과 어깨를 맞대고 마케도니아 군대에 맞섰다. 결국 대규모 전쟁이 불가피해졌다. 하필 이 전쟁은 플루타르코스의 고향인 카이로네이아에서 벌어졌다(B.C. 338). 전쟁의 결과는 테바이와 아테네 연합군의 참패로 끝났다. 전쟁이 시작되기 전 델포이의 무녀는 "패자에게는 눈물이, 승자에게는 죽음이 있으리라"는 신탁을 남겼다.[8] 그 아리송한 예언대로, 전쟁에서 패한 아테네인들은 눈물을 흘려야 했고, 정작 승리를 거둔 필립포스 왕은 2년 뒤에 암살당해 목숨을 잃는다 (B.C. 336).

필립포스 왕이 죽었다는 사실을 비밀리에 전달 받은 데모스테네스는 이 사실을 모른 척한 채 아테네 시민들에게 "간밤에 꿈을 꾸었는데, 아테네에 큰 축복이 내릴 것"이라고 말했다. 그러자 허겁지겁 달려온 전령들이 필립포스 왕이 죽었다는 소식을 전했고, 아테네 시민들은 데모스테네스의 신통력에 혀를 내둘렀다.[9]

데모스테네스의 날카로운 비판의 혀는 필립포스의 아들 알렉산드로스 대왕을 향해 독설을 내뱉기 시작한다. 아테네의 실질적인 지도자로 등극한 데모스테네스는 페르시아의 왕에게 사신을 보내 알렉산드로스 대왕과 전쟁을 벌이라고 부추긴다. 그 편지에서 데모스테네스는 알렉산드로스를 "마르기테스", 즉 '정신 나간 놈'이라고 비난을 퍼부었다.

데모스테네스와 알렉산드로스 대왕과의 악연은 계속된다. 데모스테네스는 대중들 앞에서는 알렉산드로스를 능멸하고 신랄한 공격을 퍼부었지만, 실제로는 그를 두려워하고 존경하기까지 했다. 한편 알렉산드로스의 재무관이었던 하르팔로스가 아테네로 망명을 오는 돌발적인 상황이 벌어진다. 마케도니아의 국가 재정으로부터 막대한 재물을 빼돌린 하르팔로스가 아테네에 도착하자, 사람들은 그가 가진 부의 힘에 현혹되고 만다. 모두 그를 아테네의 시민으로 받아들이자는 주장을 펼쳤지만, 오지 데모스테네스만이 반대 입징을 내세웠다. 마케도니아의 국고를 빼돌린 배신자를 받아들이면 결국 알렉산드로스 대왕의 분노를 사게 될 테고, 그것이 마케도니아와의 또 다른 전쟁의 시발이 되리라 판단한 것이다.

그러나 하르팔로스에게는 큰 재능이 있었으니, 바로 "얼굴에 번지는 표정과 눈동자의 움직임만 보고도, 황금을 탐내는 사람을 감지해내는 탁월한 능력"이었다.[10] 돈을 밝히는 사람을 즉각 알아보고, 필요하다면 돈으로 그를 매수할 준비가 늘 되어 있는 사람이었다. 그는 데모스테네스가 재물에 관심이 많다는 것을 단박에 알아차렸다. 그래서 그는 자신의 아테네 망명을 반대하던 데모스테네스를 매수하기 위해 그가 눈독을 들이고 있던 황금 술잔에다 금화 20달란톤을 몰래 담아 뇌물로 바친다. 단숨에 매수된 데모스테네스는 다음 날 모직 붕대로 목을 감싼 채 민회民會에 참석했다. 그는 목이 아파서 하르팔로스의 추방을 지지하는 연설을 할 수 없다고 둘러댔다. 아테네인들은 데모스테네스가 하스팔로스의 황금에 매수되었다는 사실을 이미 알고 있었고, 결국 그는 아레이오스파고스 재판정에 소환된다. 원래 이 법정은 이미 판결을 받은 사람의 판정 결과를 다시 엄밀하게 심의하는 곳이었다.

데모스테네스는 유죄 판결을 받고 투옥되었으나 경비병의 묵인 아래 탈옥에 성공한다. 이렇게 아테네를 떠나 망명 생활을 하던 데모스테네스는 알렉산드로스 대왕이 객지에서 죽었다는 소식과 함께 사면되어 겨우 아테네로 돌아오게 된다. 하지만 다시 마케도니아 군대가 아테네를 공격하자 데모스테네스는 남들보다 먼저 도시를 버리고 황급히 도주한다. 알렉산드로스 왕과의 악연 때문에 자신이 제

펠릭스 부아슬리에, 〈데모스테네스의 죽음〉, 1805년, 루브르 박물관 소장.

일 먼저 살해 대상이 될 것이라 생각했기 때문이다. 아테네의 정치가 데마데스는 아테네를 떠났던 조국의 모든 배신자들에게 사형선고를 내렸고, 칼라우리아의 포세이돈 신전에 숨어 있던 데모스테네스는 체포되기 직전 독약을 마시고 자살한다.

그가 죽자 아테네 시민들은 동상을 세워 그의 죽음을 애도했는데, 동상의 받침대에는 이런 냉소적인 구절이 새겨졌다. "그대의 힘이 그대의 결의만 같았더라면, 그리스가 마케도니아의 아레스(전쟁의 신)에게 정복되지 않았을 텐데!"[11]

키케로, 로마의 명 연설가

그리스에 데모스테네스가 있다면 로마에는 키케로Marcus Tullius Cicero(B.C. 106~43)가 있다. 한 사람은 그리스를 대표하는 연설가였고, 또 한 사람은 로마에서 가장 뛰어난 연설가였다. 볼스키 족의 혈통을 타고난 키케로는 어릴 때부터 '병아리 콩'이라는 뜻의 '키케로Cicero'라는 이름을 좋아했다고 한다. 그는 소년 시절부터 배우는 일에 전념함으로써 장차 로마 최고의 연설가로 성장할 싹을 키웠다.

그는 플라톤이 세운 아카데메이아의 철학 전통에서 학문적 훈련을 받았다. 독재자 술라 밑에서 잠시 군대 생활도 했지만 로마의 정치적 혼란을 경험한 뒤 공직 생활보다는 사색하는 삶에 더 많은 관심을 갖게 된다. 어느덧 소장 법률가로서 명성을 쌓기 시작한 키케로는 술라에게 정치적 타격을 입힐 수 있는 변론에 나서게 되고, 극적인 승리를 거둔다. 그의 목소리는 태어날 때부터 우렁찼고, 연설을 할 때는 격정에 사로잡혀 고성을 지르는 것으로 유명했다. 아테네의 데모스테네스가 열심히 노력해서 명연설가가 되었다면, 키케로는 지성적인 면이나 신체적인 면에서 재능을 타고난 사람이라고 할 수 있다.

술라의 박해를 피해 키케로는 그리스로 유학을 떠난다. 아테네에서 아카데메이아 학파의 스승 밑에서 사숙하고, 로도스 섬에서 그 유명한 변증의 대가 아폴로니우스Apollonius로부터 연설하는 법을 배운다. 아폴로니우스가 키케로에게 그리스어로 연설해보라고 하자, 키케로는 별 준비도 없이 그리스어로 탁월한 연설을 해냈다. 다른 사람이

▲ 키케로의 흉상. 로마 캄피돌리오 박물관 소장.

모두 박수를 치면서 열광할 때, 아폴로니우스는 한동안 깊은 생각에 잠겨 있은 뒤 이렇게 말했다.

"그대를 칭송하겠으나, 그리스의 슬픈 운명을 슬퍼할 수밖에 없군요. 그리스의 유일한 자랑이었던 교양과 화술마저, 그대로 인해 로마로 넘어가게 되었으니 말입니다."[12]

로마로 돌아온 키케로는 아폴로니우스도 인정한 연설 솜씨로 법정에서 두각을 나타내기 시작했다. 활동 초기의 키케로는 아테네의 데모스테네스만큼 탁월한 실력을 갖추지 못했던 게 사실이다. 자주 '그리스인'이라는 놀림과 무시를 받았다. 그러나 그는 연극배우들의 연기를 흉내 내기 시작하면서 연설 실력을 키워나갔다. 키케로 연설의 특징은 농담과 우스갯소리를 적재적소에 섞어 청중들에게 즐거움을 선사하는 것이다. 그는 연설을 하면서 곧잘 익살을 부리곤 했는데, 가끔은 그 농담이 지나쳐서 상대방의 마음에 상처를 입힐 때도 있었다. 어떤 사람들은 그런 키케로의 언행을 경박하다고 비판했고, 실제로 키케로부터 공격을 받은 사람들은 그를 "악의를 가진 사람"이라며 경계했다.[13]

▲
파올로 바르보티, 〈아르키메데스의 무덤을 발견한 키케로〉, 1853년.

키케로는 정치적인 꿈과 야심을 가진 다른 로마의 젊은이들처럼 "공직의 계단"에 차근차근 오르기 시작한다. 첫 번째로 그가 맡은 공직은 시칠리아의 재무관이었다(B.C. 75). 그의 첫 번째 공직 생활은 순조로웠다. 선정을 펼쳐 시칠리아 주민들의 칭송을 받았고, 시칠리아의 도시 시라쿠사에서 수학자 아르키메데스의 무덤을 발견하기도 했다. 그가 시칠리아에 남긴 최대 공적은 부정을 일삼던 총독 가이우스 베레스Gaius Verres를 탄핵한 것이다.

그러나 고쳐지지 않는 키케로의 치명적인 결점은 "남의 칭찬을 지나치게 기쁘게 여기는 마음과, 영광을 향한 뜨거운 욕망"을 가진 것이었다.[14] 시칠리아에서의 공직을 무사히 마치고 로마로 귀환하던 그는 캄파니아 지방을 지나다가 한 로마의 귀족 청년을 만나게 된다.

자신이 시칠리아에서 펼쳤던 선정善政의 소문이 로마에도 퍼졌을 것이라 기대했는데, 그 친구는 대뜸 키케로에게 "그동안 어디에 처박혀 있었나?" 하고 물었다. 로마 정치판에 이름을 올리기에는 키케로는 아직 '신인homo novus'에 불과했던 것이다.[15] 사람들의 인정을 받는다는 게 쉽지 않다는 것을 깨달은 키케로는 그때부터 주요 로마 시민들의 이름을 외우고, 법률적 조언자로서의 활동을 부지런히 하며 성공을 위한 불굴의 처세술을 발휘한다. 로마의 거처를 팔라티누스 언덕 위의 집으로 선택한 것도 다 명성을 얻기 위한 방책이었다. 실제로 많은 사람들이 팔라티누스 언덕 위에 있던 키케로의 집으로 문안을 와 그에게 법률적 자문을 구하곤 했다.[16]

로마에서 법무관praetor으로 취임한 키케로는 사려 깊은 판단과 공정한 법 집행으로 시민들의 찬사를 한 몸에 받는다(B.C. 66). 결국 키케로는 꿈에 그리던 로마 공직의 최고 직위인 집정관 자리에 오르게 된다(B.C. 63). 귀족과 평민들의 고른 지지를 받았기에 가능한 일이었다. 그의 정적은 루키우스 카틸리나Lucius Catilina(B.C. 108~62)였다. 아프리카 속주 총독이었던 그는 세금을 착복한 죄로 재판에 회부되어 공직 출마 권리를 박탈당했다. 품행이 단정치 못했고, 젊은이들을 선동하는 것으로 유명했던 카틸리나는 독재자 술라의 힘을 이용해 정권을 잡으려 했다. 그는 로마의 유력 귀족들을 모두 살해하려는 계획도 세웠다. 그 유명한 '카틸리나의 음모' 사건은 이렇게 해서 시작되었고, 당연히 정권을 장악하고 있던 키케로는 반역자들의 암살 대상으로 지목되어 있었다. 기원전 63년의 집정관 선거에서 카틸리나는 키케로에게 참패를 당한 아픈 기억이 있었기 때문이다. 반란의 조짐을

▲
체사레 마카리, 〈카틸리나를 탄핵하는 키케로〉, 1889년, 이탈리아 팔라조 마다마 소장.

인지한 키케로는 기원전 63년 11월 7일, '신성한 길Via Sacra'이 시작되는 유피테르 스타토르 신전에서 원로원 회의를 소집한다. 로마의 원로원은 카틸리나 곁에 앉기를 거부했고, 키케로는 원로원의 이름으로 카틸리나의 로마 추방을 결정한다. 키케로의 유명한 '카틸리나 탄핵 연설'은 이때 발표된 것이다.[17]

결국 카틸리나는 로마의 적으로 선포되어, 이탈리아 중부 지방인 에트루리아로 도피한다. 여기서 2만 명의 반란군을 조직해 로마와의 전쟁을 선포하자, 키케로는 콩코르디아 신전에서 궐석으로 카틸리나의 사형을 언도한다. 앞 장에서도 잠시 언급했던 것처럼 당시 야심만만한 정치 초년생이었던 카이사르는 키케로의 '카틸리나 탄핵 연설'에 반대하면서 카틸리나를 변호하는 듯한 자세를 취했다가 보수파의 지도자인 카토에 의해 제지되기도 한다. 로마에 남아 있던 카틸리나의 추종자들도 모두 키케로의 법 집행 의지에 따라 사형에 처해졌다. 로마 밖에서 반란을 주도하던 카틸리나도 안토니우스가 이끌던 로마 군대에 패해 죽임을 당한다. 키케로는 "사상 최대의 반란을 진압하면서도 부작용을 최소화했다는 점"에서 공로를 인정받았고,[18] 시민들로부터 "나라의 아버지 Pater Patriae"라는 칭호를 받는다. 키케로는 로마 역사상 최초로 이런 명예를 누린 사람이었다. 그러나 문제는 늘 영광의 순간 뒤에 찾아온다. 로마 시민들로부터 국부國父로 불린 키케로는 자신을 지나치게 영웅으로 자화자찬하는 바람에 사람들로부터 기피 대상이 되기 시작한다. 키케로의 치명적인 결점은 지나친 농담을 지나치게 자주 한다는 데 있었다. 키케로는 "재미를 위해 남들을 무차별적으로 공격하기도 해서, 여러 사람들의 미움을 사게" 된다.[19]

키케로는 이른바 제1차 삼두정치의 희생양으로 전락하는 운명을 맞이한다. 권력을 향한 야수의 손톱을 드러낸 크라수스, 폼페이우스 그리고 카이사르 세 사람의 정치적 역학관계에 맞물리면서 키케로는 가혹한 정치적 시련을 겪는다. 크라수스는 이미 키케로의 적이었고, 폼페이우스와 카이사르는 키케로를 자신들의 정치적 이익을 위해 십분 활용했다. 정권의 꼭두각시놀음이 싫었던 키케로가 카이사르의 제휴 제안을 거부하자, 카이사르의 사주를 받은 호민관 클로디우스 Publius Clodius는 재판 없이 로마인을 사형에 처한 키케로를 국외로 추방시키기 위해 기소를 감행했다(B.C. 58). 키케로는 재판 결과의 집행을 피하기 위해 스스로 이탈리아 반도 동남쪽의 항구도시 브룬디시움으로 가서 외국으로의 망명을 시도한다. 한때 "나라의 아버지"로 불리던 키케로로서는 감당할 수 없는 치욕이었다. 그러나 다시 정세가 바뀌어 이번에는 폼페이우스가 키케로를 적극 지지하고 나섰다. 키케로는 폼페이우스의 정치적 후원을 받으며 16개월의 유랑 생활을 청산하고 이탈리아로 귀환한다. 기원전 58년 8월 5일, 브룬디시움 항구에 도착하자 환호하는 로마 시민들 사이에 사랑하는 딸 툴리아Tullia가 서 있었다.

키케로는 루카Lucca 회의(B.C. 56)에서 삼두정치의 실체를 인정하고 공식적인 사면을 받은 뒤 정치와는 거리를 두고 연구와 집필 작업에 몰두한다. 그러나 은둔의 행복도 잠시, 카이사르가 루비콘 강을 건너 로마로 진격(B.C. 49년)하자, 키케로의 운명도 경각에 달한다. 로마의 권력을 쥐락펴락하던 폼페이우스는 로마를 버리고 스페인과 이집트로 줄행랑을 놓았다. 폼페이우스를 처음부터 따라가지 않았던 키케로는 로마로 입성한 카이사르와 화해하는 것 같은 인상을 준다. 하지만 키케로는 자신의 정치적 입장을 정하지 못한 상태였다. 새로운 세력으로 부상하는 카이사르에게 붙어야 할지, 아니면 폼페이우스를 따라야 할지 망설인 것이다. 어떤 친구는 카이사르 편에 붙는 게 대세의 흐름이며, 만약 그것이 부담스러우면 그리스로 이주해 조용히 여생을 보내라고 조언했다. 키케로는 그 친구의 조언이 카이사르가 사주한 것이라 추측하고, 즉시 로마를 떠나 폼페이우스 편에 붙기로 결정한다. 그러나 폼페이우스는 카이사르와 함께했던 키케로를 환대하지 않았고, 키케로는 지나친 농담을 함으로써 가뜩이나 심기가 불편한 로마 사람들로부터 미움을 받게 된다.

결국 키케로는 다시 카이사르 편에 붙기로 한다. 폼페이우스의 진영에서 장군의 역할을 맡겼지만 이를 거절한 키케로는 다시 브룬디시움으로 돌아가 카이사르를 기다린다. 카이사르가 인근 항구도시인 타렌툼에 상륙했다는 소식이 들리자 키케로는 서둘러 그곳으로 가서 카이사르를 마중한다. 정치적 수완이 뛰어났던 카이사르는 말에서 내려 키케로와 포옹을 나누며 그를 환대한다. 이로써 두 사람은 화해를 한 것처럼 보였다. 하지만 더 이상 공직에 나서지 않기로 결심한 키케로는 투스쿨룸이라는 로마 인근의 작은 도시에서 은퇴 생활을 시작한다. 원래 은퇴 계획은 몇 권의 철학책과 역사책을 집필하는 것이었지만 아내 테렌티아와의 이혼과 딸 툴리아의 사망으로 인해 그는 정신적인 충격에 휩싸인다. 정치적으로도 로마 정국은 혼미에 혼미를 거듭했다. 카이사르가 브루투스와 카시우스에 의해 암살되는 정치적 대변혁기가 초래되었기 때문이다(B.C. 44년). 평소 브루투스와 깊은 우정을 나누던 키케로는 카이사르의 지지자였던 마르쿠스 안토니우스Marcus Antonius(B.C. 83~30)로부터 요주의 인물로 주목받게 된다.

한편 카이사르의 조카이자 후계자인 옥타비아누스Octavius(B.C. 63~A.D. 14)는 키케로와 정치적 밀약을 맺는다. 노련한 웅변술과 로마 정치의 원로로서 정치적 영향력을 보유하고 있는 키케로가 옥타비아누스를 지지하는 대가로, 안토니우스로부터 키케로의 신변을 보장해주겠다는 협약이었다. 키케로가 옥타비아누스 편에 서게 된 것은 안토니우스를 증오했기 때문이다. 키케로는 옥타비아누스의 힘을 이용해 안토니우스를 로마에서 추방시키는 데 성공한다. 옥타비아누스는 키케로에게 함께 공동 집정관직에 오르자고 제안한다. 심지어 젊은 카이사르 옥타비아누스는 키케로를 "아버지"로 부르며 존경을 표했다. 그러나 당연히 이것은 정치적인 술책에 불과했다. 집정관직에 오른 옥타비아누스는 키케로를 헌신짝처럼 버리게 되고, 200명의 살생부 명단에 그의 이름을 올린다. 키케로는 다시 망명길에 오르지만 암살자들의 추격을 따돌릴 수는 없었다. 결국 그는 카이에타에 있는 별장지에서 목이 잘린다. 안토니우스의 명령에 따라 암살자들은 그의 목과 함께 안토니우스의 고발장을 쓴 키케로의 두 손도 잘랐다. 키케로의 잘린 머리와 두 팔이 로마에 도착했을 때 안토니우스는 이렇게 말했다고 한다. "이것으로 숙청 작업은 모두 끝났다!" 그리고 그의 잘려진 머리와 두 손은 로마 광장 한복판에 있는 로스트라Rostra의 벽에 전시됐다.[20] 역사가들은 이 순간을 로마 공화정이 영원히 문을 닫는 순간이라 명명했다.

데모스테네스와 키케로의 비교

지금까지 군주의 덕목을 비교하고 논찬하던 플루타르코스는 '데모스테네스 vs. 키케로' 편에서 군주가 아닌 참모의 자질에 대해 논의한다. 마치 마키아벨리의 『군주론』이 군주의 덕목을 다루는 반면, 동시대에 집필된 카스틸리오네의 『궁정론』이 참모와 2인자의 자질을 논하는 것과 같다.[21] 데모스테네스와 키케로는 전혀 다른 스타일의 참모 혹은 2인자였다. 데모스테네스가 위엄 있는 말로 감동을 주는 연설가였다면, 키케로는 때론 상스러울 정도의 농담과 현란한 말솜씨를 자유자재로 구사하는 연설가였다. 키케로는 천성적으로 웃음과 여유가 많았고 지나칠 정도로 농담을 즐긴 반면, 데모스테네스는 늘 표정이 엄숙했고 절대로 허튼 소리를 하지 않는 사람이었다.

데모스테네스는 다른 사람에게 무례하게 행동하는 법이 없는 반면, 키케로의 자화자찬하는 버릇은 많은 사람들의 눈살을 찌푸리게 했다. 타고난 연설 솜씨로 명성이 하늘을 찔렀고, 카탈리나의 반란 음모를 적절하게 분쇄해 '국부'로 추앙을 받았지만 지나친 자화자찬에 빠지거나 그 명성에 스스로 탄복한 것은 키케로가 "명예의 욕망"에 사로잡혀 있었다는 증거다. 플루타르코스의 비교를 통해 발견하게 되는 또 하나의 흥미로운 점은, 이 두 사람이 재물에 대해 상반된 태도를 보였다는 것이다. 데모스테네스는 돈과 부를 지나치게 밝히는 약점을 드러낸 반면, 키케로는 돈에 대한 욕심에서 자유로운 인물이었다. 키케로는 경박하고 지나치게 농담을 구사하는 단점에도 불구하고 재물과 돈에 초연했다는 큰 장점을 가지고 있다.

우리는 당혹스러운 결론에 이르게 된다. 플루타르코스는 말과 행동의 습관과 재물에 대한 욕심을 서로 비교하고 있기 때문이다. 데모스테네스와 키케로의 습관과 욕심을 표면적으로 비교하면, 위엄 있는 척하고 근엄하게 행동하는 사람들은 실제로는 뒤에서 돈을 밝히는 사람들이고, 반대로 농담을 즐기며 때때로 경박하게 행동하는 사람들은 돈 욕심이 없다는 장점을 가지고 있다는 뜻일까?

아마 플루타르코스가 '데모스테네스 vs. 키케로' 편을 통해 진정으로 말하고 싶었던 것은 100퍼센트 완벽한 참모, 흠결이 전혀 없는 2인자는 존재하지 않는다는 점일 것이다. 근엄하고 예의바른 데모스테네스는 사실 돈 욕심이 많았다는 결점을 가지고 있었고, 반대로 돈 욕심은 없었던 키케로는 지나치게 농담을 즐겼으며 정치적 지조를 지키지 않았다. 모든 면에서 완벽한 사람은 없다. 장점이 있으면 단점이 있기 마련이고, 그 단점 때문에 장점이 간과되어서는 안 된다는 이야기를 플루타르코스는 하고 싶었던 것이다.

14

한계를 인정하고
운명을 개척하라

알렉산드로스

최후의 영웅, 알렉산드로스와 카이사르

이제 가장 중요한 두 명의 영웅 이야기를 남겨두고 있다. 플루타르코스의 『비교 영웅전』에서 가장 중요한 인물로 간주되는 사람들이다. 마케도니아 출신으로, 그리스의 모든 영웅을 대표하는 알렉산드로스 대왕과 로마제국의 기초를 닦은 불세출의 영웅 카이사르가 바로 그들이다. 탁월함으로 모범을 보인 그리스와 로마의 영웅들을 서로 비교하면서 후대 사람들에게 군주의 거울을 제시해온 플루타르코스는 이 두 사람을 소개하는 데 전혀 다른 방식을 사용한다. 알렉산드로스와 카이사르를 서로 비교하는 게 아니라 한 사람씩 독립시켜 소개하는 방식을 선택한다. 그러니까 그리스와 로마의 '영웅'을 대표하는 이 둘은 다른 사람과 비교할 수 없을 만큼 가장 위대한 인물이었다는 뜻일 수 있다. 각 개인의 삶과 업적 자체를 살펴보는 것만으로도 후대에 군주의 거울이 되리라는 판단 때문이었으리라. 하지만 『비교 영웅전』이 세상의 빛을 본 이후로 서구 지성사에서는 알렉산드로스 와 카이사르 중 누가 더 위대했고 탁월한 인물이었는지에 대한 논쟁 이 끊이지 않았다. 예를 들어 『수상록』의 저자 몽테뉴는 로마의 카이 사르보다 그리스의 알렉산드로스를 더 높이 평가했다. 비록 알렉산 드로스가 지나친 야심을 가졌고, 때로 감정에 치우쳤으며, 나쁜 술 버릇을 가진 것 등의 문제가 없지 않았지만 나라를 통치하고 군대를 이끄는 측면에서 그는 "가장 탁월한 사람" 중 한 명으로 칭송받아야 한다는 것이다.[1] 알렉산드로스와 카이사르를 비교한 몽테뉴의 평가 는 이렇게 계속된다.

알렉산드로스가 원정을 시작했던 나이를 생각해보라. 비록 열악한 자원 을 가지고 있었지만 끝내 성취시킨 영광스러운 모습을 생각해보라. 그 는 나이 어린 소년에 불과했지만 가장 탁월한 지휘관이었고, 후대의 모 범이 된 인물이다. (중략) 그렇게 많은 덕성이 한 사람에게 모두 나타난 것은 지극히 예외적인 일이었다. 정의로움, 자제력, 관대함, 말한 것을 반드시 지키는 습성, 사람들에 대한 애정, 겸손한 태도 등은 보통 사람 의 수준을 훨씬 넘어섰다. (중략) 이 모든 것을 고려해본다면, 알렉산드 로스와 카이사르를 비교하는 것은 잘못된 게 아닐 것이다. 나는 이런 비 교를 주저하지 않는다. 카이사르의 업적에는 카이사르의 덕목이 있었지 만, 알렉산드로스의 업적에는 행운의 여신이 작용했다. 많은 점에서 그 들은 서로 자웅을 겨룰 만했다. 어떤 부분은 카이사르가 조금 뛰어난 점

▲
기원전 336년~323년까지 사용된 4드라크마 은화에 새겨진 알렉산드로스의 모습. 사자 가죽을 쓰고 다닌 헤라클레스의 모습을 재현하고 있다. 그는 이미 살아서 신화가 된 인물이기도 하다.

도 있었다. 그들은 두 개의 엄청난 격돌이었고, 두 개의 각기 다른 물줄기였다.[2]

『수상록』에 남아 있는 몽테뉴의 이 기록은 마치 플루타르코스의 '알렉산드로스 vs. 카이사르' 편에서 생략된 비교편을 보는 것과 같은 착각을 불러일으킨다. 『수상록』에 『비교 영웅전』을 늘 탐독한 흔적을 여러 차례 남긴 몽테뉴는 알렉산드로스의 탁월함에 어떤 신적인 요소까지 있다고 격찬했다. 카이사르가 자신의 노력으로 영웅이 되었다면, 알렉산드로스는 행운의 여신이 늘 함께 했다는 것이다. 그렇다면 몽테뉴가 극구 칭찬한 알렉산드로스는 어떤 사람이었을까? 우리는 알렉산드로스의 역사적 실체를 파악할 수 있을까?

알렉산드로스의 영웅적 인간성

사실 기원후 1세기 초반의 플루타르코스 이전에 이미 많은 사람들이 알렉산드로스에 대한 기록을 남겼다. 그와 동시대의 인물들도 현장의 목격담에 가까운 많은 글을 남겼다. 철학사 아리스토텔레스의 조카 칼리스테네스Callisthenes는 알렉산드로스의 동방 원정에 직접 참전했고, 역사가의 자격으로 자신의 목격담을 기록으로 남겼다. 아리스토텔레스의 제자였던 클레이타르코스Cleitarchus도 알렉산드로스의 임종 후 한 세대가 지났을 즈음에 지중해 연안과 근동 지방에 흩어져 있던 그의 전설과 역사를 한 권의 책으로 정리했다. 그러나 현존하는 알렉산드로스에 대한 역사 기록은 실제 원정이 일어난 후 300년쯤 지났을 때 본격적으로 모습을 드러냈다. 그리스어를 사용한 디오도로스 시켈로스Diodoros Sikelos와 라틴어를 사용한 퀸투스 쿠르티우스Quintus Curtius의 기록을 거치면서 보존되었던 알렉산드로스의 역사는 플루타르코스의 『비교 영웅전』에서 집대성된다. 플루타르코스가 남긴 '알렉산드로스 편'이 그에 대한 가장 신빙성 있는 역사 기록으로 남게 된 것이다.

사실 플루타르코스의 관심은 알렉산드로스의 역사를 객관적으로 재구성하는 게 아니었다. 실제로 알렉산드로스가 전설적인 아마조네스 족 여왕의 예방을 받았다는 이야기에 대해 플루타르코스는 "그러나 이런 이야기를 신뢰하든지, 아니면 신뢰하지 않는다 할지라도 우리가 가진 알렉산드로스에 대한 경외심은 늘지도 줄지도 않는다"면서,[3] 자신의 관심이 객관적인 역사 집필에 있지 않다는 입장을 분명히 한다. 『비교 영웅전』의 집필 동기를 이해하는 데 도움이 되므로 좀 더 자세한 그의 입장을 들어보자.

다루어야 할 업적이 엄청나게 많은 만큼, 별다른 머리말을 쓰기보다는 독자들을 향한 부탁으로 대신하고자 한다. 나는 이 두 사람의 이름난 업적을 전부 다 쓰지 않겠다. 특정한 업적에 대해 쓸 때도 그와 관련된 모든 사항을 속속들이 쓰지 않겠다. 주로 중요한 부분만 요약해서 쓸 것인 만큼 불만이 없기를 바란다. 이 책에서 다루고 있는 것은 역사가 아니라 생애다.⁴

인용된 위의 문장은 플루타르코스의 『비교 영웅전』이 추구하는 본질을 드러낸다. 두 사람의 생애를 비교하는 것이지, 객관적인 역사의 재구성이 아니라는 것이다. 플루타르코스는 "말 한마디나 농담 한 마디가 사람을 더 잘 말해준다"면서, 알렉산드로스의 인간성 자체에 주목하겠다는 그의 입장을 재삼 밝힌다.⁵ 군주의 거울은 역사의 재구성이 아니라 영웅의 인간성에 드러나는 교훈적 가치를 추구한다.

매사에 긍정적인 사람, 알렉산드로스

요즘 중국인들 사이에서는 '스트레스가 산처럼 크다'라는 뜻의 '야리산다壓力山大'라는 표현이 유행이라고 한다. 중국어 발음으로 '야리산다'는 알렉산더(알렉산드로스의 영어식 표기)의 발음과 비슷해서 이 표현이 대중적인 인기를 얻게 됐다. 알렉산드로스는 그야말로 '스트레스가 산처럼 큰' 삶을 살았던 인물이다. 그러나 그는 매사에 긍정적이었다.

　알렉산드로스는 그리스 북쪽 마케도니아 왕국의 왕자로 태어났다. 아버지는 전설적인 헤라클레스의 후손인 필립포스 왕이고, 어머니는 역시 아킬레우스의 가문에 속한 올림피아스였다. 그러니까 알렉산드로스는 스파르타의 전설적인 건국자 헤라클레스와 트로이 전쟁의 신화적인 영웅 아킬레우스의 피를 모두 가지고 태어난 것이다. 장차 불세출의 영웅으로 성장할 조짐이 출생 단계에서부터 시작되었다는 의미다. 어린 영웅 알렉산드로스는 아버지 필립포스를 통해 아폴론적인 요소를 이어받는다. 절제의 미덕과 용기의 모범을 만천하에 드러내면서 거대한 제국에 질서를 부여하고자 했던 그의 본성은 아버지로부터 이어받은 아폴론적 요소였다. 또 아들은 어머니 올림피아스로부터 디오니소스적인 요소도 함께 물려받는다. 가는 곳마다 떠들썩한 주연酒宴을 베풀고, 쉽게 흥분하고 작은 슬픔에 감성적으로 빠져들곤 하던 알렉산드로스는 스스로를 주신酒神 디오니소스의 현신이라 믿을 정도였다.[6] 이런 이중적 유전자의 특징을 모두 타고 난 그는 당연히 내면적 갈등을 겪게 되고 결국 아버지와의 불화를 피하지 못한다. 아버지가 큰 도시를 정복하거나 전투에서 승리를 거두면 아들은 그것을 기뻐하기는커녕 "아바마마께서 또 선수를 치셨군. 계속 이런 식으로 하신다면 내가 어찌 너희와 함께, 세상에 자랑할 위대하고 눈부신 업적을 이룬단 말이냐"며 친구들에게 한탄할 정도였다.[7] 어느 집안에서나 아버지와 아들은 일종의 심리적 긴장관계를 형성한다. 플루타르코스는 아버지 필립포스가 어떻게 아들 알렉산드로스와의 관계를 풀어갔는지 자세히 설명한다.

필립포스는 아들이 타고난 고집쟁이이며 강요하면 오히려 반발한다는 사실을 깨달았다. 대신 논리를 앞세워 이끌면 쉽게 의무를 받아들였으

므로 아들에게 명령을 내리기보다 아들을 설득하려고 했다.[8]

아들과 갈등을 빚는 많은 아버지들이 꼭 기억해야 할 조언처럼 들린다. 특히 자존심이 센 아들을 둔 아버지가 경청해야 할 조언이다. 아버지는 아들의 교육을 위해 당대 최고의 철학자를 스승으로 모셨다. 바로 아리스토텔레스다. 그러나 세상에 알려진 것과 달리 두 사람의 관계는 좋지 않았고, 시간이 지나면서 두 사람 사이는 곧 멀어졌다고 한다.[9] 알렉산드로스에게 한때 "고귀한 삶"을 가르쳤던 아리스토텔레스는,[10] 인간을 두 부류로 나눈 철학자였다. 모든 인간을 자유인과 노예, 두 부류로 나눈 것이다. 노예는 당연히 자유인에게 복종해야 하는 덜 떨어진 존재였다. 그러나 그의 제자 알렉산드로스는 인간을 다르게 보았고, 전혀 다른 세상을 꿈꾸었다. 자유인과 노예가 하나가 되는 세상이었다. 그리스인과 마케도니아인이 하나 되는 세계를 꿈꾸고, 유럽인과 페르시아, 심지어 유럽과 인도가 거대한 문명으로 하나 되는 세상을 희망한 인물이다.

이 점에 대해 알렉산드로스를 만족을 모르는 야망에 사로잡힌 인물로 혹평하는 것은 지나친 일일 것이다. 알렉산드로스 덕에 세계는 하나가 될 수 있다는 희망을 품는다. 박트리아나 소그디아나와 같은 역사의 존재가 미미했던 중앙아시아의 변방 국가들은 알렉산드로스 덕에 찬란한 헬레니즘 문명의 세례를 받을 수 있었다. 알렉산드로스의 동방 원정이 있었고, 그 진군의 끝이 간다라였기에 우리는 부처님의 불상을 그리스 조각처럼 시각화할 수 있다. 만약 알렉산드로스가 없었다면 아직도 우리는 부처님을 수레바퀴[法輪]로 시각화했을지 모른다.

알렉산드로스는 호메로스의 『일리아스』를 늘 지니고 다니면서 전술의 교본으로 삼았다. 아시아 원정의 초기에는 『일리아스』의 주인공인 아킬레우스의 무덤을 직접 찾아가 경의를 표하기도 했다.[11] 일리온(트로이)에 도착한 그는 아킬레우스의 무덤을 꽃으로 장식하면서 이런 찬사를 바쳤다. "살아서 믿을 수 있는 친구가 있었고, 죽어서 명성을 널리 퍼뜨려줄 친구가 있었던 아킬레우스는 행복했다."[12]

실제로 알렉산드로스는 『일리아스』의 주인공인 아킬레우스를 모방하는 행동을 많이 했다. 앞에서 잠시 언급한 대로 알렉산드로스가 아마조네스 여왕의 예방을 받았다는 것은 아킬레우스가 아마조네스 족과 싸워 승리를 거두었다는 이야기와 연결시킨 것이다. 가자$_{Gaza}$를 함락시킨 뒤 총독의 두 발을 묶어 마차로 끌고 가게 한 것은 아킬레우스가 헥토르에게 가한 무자비한 형벌과 닮아 있다. 후대의 마키아벨리도 『군주론』에서 알렉산드로스가 아킬레우스를 모방했다고 밝힌바 있다.[13]

어쨌든 장성한 아들과 아버지의 관계는 틀어지게 되고, 결국 필립포스는 암살을 당해 목숨을 잃는다. 스무 살이었던 청년 알렉산드로스는 마케도니아 왕국을 물려받는다. 그는 왕국을 차지하자마자 바로 정복 전쟁을 시작했고, 테바이가 그 첫 번째 공격 목표였다. 테바이가 아테네와 함께 반마케도니아 동맹을 맺었다는 게 전쟁을 일으킨 주된 이유였다. 앞 장의 주인공인 데모스테네스가 바로 그 동맹의 주창자다. 물론 테바이는 알렉산드로스 군대의 적수가 되지 못했다. 알렉산드로스는 정복지에서 승리를 거둔 뒤 온갖 호의를 베풀어 그

▲
루이 장 프랑수아 라그르네, 〈델포이의 무녀와 알렉산드로스〉, 1789년, 프랑스 파브르 미술관 소장.

나라 백성들이 자발적으로 자신들에게 복종하도록 유도했다. 겁탈을 당했다고 자신의 부하들을 우물에 빠뜨려 죽인 티모클레티아를 사면해주었고,[14] 마케도니아 타도를 외치던 아테네 신민들을 모두 사면하는 아량을 베풀었다.[15] 코린토스에서 철학자 디오게네스와 조우한 장면은 매우 유명하다. 제국의 통치자로 등극하는 알렉산드로스가 자기 앞에 서자 "햇볕을 가리지 마시오"라고 당당하게 요구했던 견유학파의 발칙함도 코린토 해안에 펼쳐진 바다처럼 넓은 마음으로 따뜻하게 받아주었다.[16]

알렉산드로스는 늘 상황을 긍정적으로 보는 큰 장점을 지니고 있었다. 이 점이 바로 알렉산드로스의 위대함이다. 상황이 나빠질 때도 혹은 불리하게 전개될 때도 있었지만 그는 늘 긍정적으로 대처했다. 델포이로 가서 페르시아 원정의 결과에 대한 신탁을 받기를 원했지만 무녀(오라클)는 마침 그날이 신탁이 금지된 날이라며 알렉산드로스의 부탁을 매몰차게 거절했다. 알렉산드로스의 명령으로 신전으로 끌려오던 오라클이 "도대체 맞수가 없는 사람이군!"이라고 푸념을 늘어놓자, 그것을 긍정적인 신탁으로 해석한다.[17] 자신을 대적해 이길 맞수가 이 세상에 아무도 없다는 뜻으로 해석한 것이다. 한번은 편백나무로 만든 오르페우스의 목상이 땀을 흘리자, 모든 사람들이 앞으로 닥칠 불행의 전조라고 걱정했다. 그러나 알렉산드로스는 그것을 장차 쌓게 될 자신의 업적을 찬양하기 위해(오르페우스는 노래하는 신) 오르페우스가 비지땀을 흘리는 것이라고 긍정적으로 해석했다.

이렇게 불리한 상황도 늘 긍정적으로 볼 수 있었던 것은 그가 언제나 희망을 품고 산 사람이었기 때문이다. 큰 꿈을 지닌 사람이었

▲
칼리아리 파올로 베로네세, 〈알렉산드로스 앞에 있는 다리우스의 가족〉, 1565~1567년, 런던 내셔널 갤러리 소장.

다는 뜻이다. 알렉산드로스는 전쟁에서 이기면 모든 전리품을 주위 사람들에게 모두 나누어 주었다. 그러자 부하들이 "이러시면 전하께 남는 게 무엇입니까?"하고 물었다. 그러자 알렉산드로스는 "희망! 이 또한 그대와 함께, 원정을 가는 모든 사람들과 함께 나누어 가질 것이네"라고 대답했다.[18] 동방 원정의 목적이 재물의 약탈이나 영토 확장이 아니었다는 의미다. 이런 특출한 사람의 특징은 관대함으로 표현된다. 흔히 '관후한 성격'으로도 표현되는 이런 대인의 넓은 마음은 긍정적인 사람, 희망을 품고 사는 사람의 특징이다. 큰 희망을 품고 살아가는 사람은 절대로 인색하지 않다. 패자에게 관용을 베풀고, 약자에게 자비를 베푼다. 패배한 다리우스의 가족들에게 자비를

베푸는 알렉산드로스의 모습은 서구의 역사 전통에서 강자의 관용을 상징하는 모습으로 각인되어 있다.[19]

유대인들이 거주하던 팔레스타인 지역과 이집트를 단숨에 정복한 알렉산드로스는 사하라 사막의 암몬 신전에서 또 다른 신탁을 받게 된다. 사막을 가로질러 도착한 암몬 신전에서 사제가 호의를 표하기 위해 "오 파이디온ō paidion"이라는 환영의 말을 던졌는데, 알렉산드로스는 이를 "오 파이디오스ō paidios"라고 받아들였다. 실제로 암몬 사제가 말한 것은 "오, 내 아들이여!"였는데, 이를 "오, 제우스의 아들이여!"라고 해석한 것이다. 이것은 단순한 해석의 오류나 착각이 아니다. 매사를 긍정적으로 볼 뿐만 아니라 사소한 것까지도 자신의 꿈을 실현시키기 위한 도구로 활용한 알렉산드로스의 적극적인 자세를 보여준다. 플루타르코스는 알렉산드로스가 "자신이 신의 혈통이라는 믿음에 어리석게 휘둘리지도 않았으며 그것을 내세워 으스대지도 않았다. 다만 타인을 복종시키는 데 이용했다"고 밝혔다.[20] 이때부터 알렉산드로스는 기념주화에 자신을 뿔이 달린 아문Amun의 모습으로 표현하기 시작했다.

대담한 발상과 예상치 못한 행동

알렉산드로스의 숙적은 페르시아의 왕 다리우스 3세(B.C. 380 추정~330)였다. 장창長槍을 앞세우고 파죽지세로 공격을 감행하던 알렉산드로스의 마케도니아 군대를 막을 길이 없던 다리우스 왕은 결국 패주를 계속하다가 아군의 손에 피살된다. 알렉산드로스는 패주하던 다리우스를 추격하며 점점 아시아 내륙 깊숙이 진입했다. 지금 터키의 수도 앙카라는 당시 고르디온Gordion이라 불렸다. 그 유명한 '고르디온의 매듭Gordian knot'을 푸는 사람이 전 세계를 통치하는 왕이 될 것이라는 전설이 있었는데, 알렉산드로스는 칼로 매듭을 잘라 문제를 단숨에 해결했다.

이런 대담한 발상과 행동은 알렉산드로스의 두 번째 특징을 보여준다. 아무도 예상하지 못했던 행동을 서슴지 않고 행함으로써 그는 주위 사람들을 놀라게 했고, 또 강력한 리더십에 대한 확신도 동시에 심어주었다. 그의 이런 대담한 발상과 행동은 그에 대한 인간적인 신뢰로 이어졌는데, 주위 사람들에게 어떻게 충성심을 유도했는지 보여주는 사례가 있다. 그 유명한 '주치의의 약을 받아 마시는 알렉산드로스 이야기'다. 이야기의 전개 과정은 이렇다.

알렉산드로스가 병이 들어 주치의 필리포스가 약사발을 들고 병실 안으로 들어왔다. 그런데 심복이 사전에 비밀 서찰을 올렸는데, 적장 다리우스에게 매수된 주치의가 독약을 진상할 것이라는 내용이었다. 알렉산드로스는 주치의가 건넨 약사발을 그대로 받아 마시면서, 나는 자네를 조금도 의심하지 않는다고 말하며 그 비밀 보고서가 적혀 있는 서찰을 주치의에게 보여주었다. 실제로 "알렉산드로스는 기쁘고 환한 표정으로 필리포스에 대한 선의와 신뢰를 드러냈다"고 한다.[21] 서찰의 내용을 읽은 주치의는 왕의 침상 곁에 무릎을 꿇고, 하늘에 맹세를 거듭하며 자신의 결백을 주장했다. 그리고 최선을 다해 병든 주군을 치료했다(B.C. 333). 프랑스의 사회계약론자 장 자

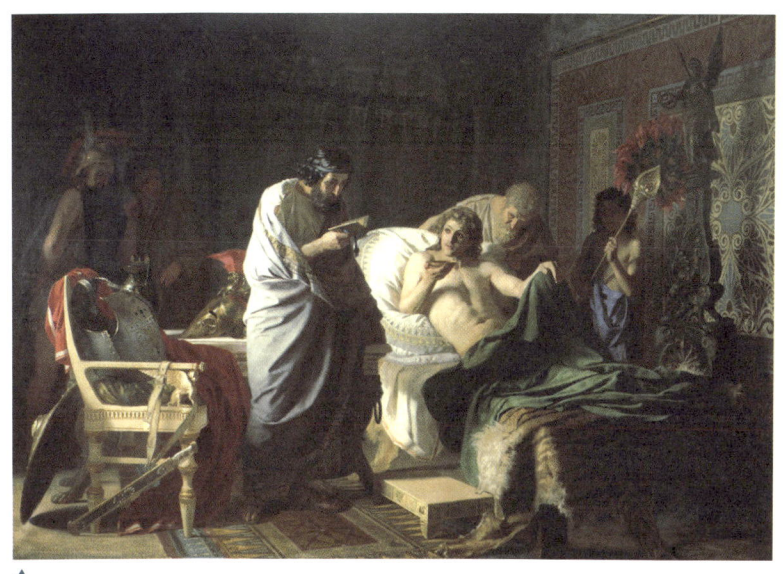
▲
헨릭 세미라드즈키, 〈의사 필리포스를 신뢰하는 알렉산드로스〉, 1870년, 벨라루스 국립미술박물관 소장.

크 루소Jean-Jacques Rousseau(1712~1778)는 『에밀』에서 알렉산드로스가 의사 필리포스가 전해주는 약을 의심하지 않고 마시는 장면을 토론의 주제로 삼는다. 고전 공부에 힘들어하는 소년에게 알렉산드로스가 약사발을 받아 마시는 장면을 소개한 선생님과, 이에 대한 소년의 평가에 대한 이야기다. 소년과 주위에 있던 사람들은 알렉산드로스가 무모한 모험을 했다고 비판했다. 그러자 루소는 사람들이 알렉산드로스의 진정한 가치를 모른다며 이렇게 말한다.

"알렉산드로스는 덕을 믿었다. 그는 덕을 믿었기에 자신의 목숨을 걸 수 있었다. 그의 영혼이 위대했기에 그런 믿음에 목숨을 걸 수 있었던 것이다. 독약일지도 모르는 그 약을 단숨에 들이킬 수 있었던 것은 그가 그런 믿음을 간직한 사람이었기 때문이다. 언젠가는 죽기 마련인 이 세상의 그 어떤 사람도 이런 행동을 할 수 없을 것이다. 나는 만약 알렉산드로스가 우리 시대의 사람이라면, 이런 행동을 한 사람을 직접 만나보고 싶다."[22]

타고난 영웅의 DNA

알렉산드로스의 세 번째 특징은 원래부터 자질이 뛰어났다는 것이다. 그는 행운의 힘으로 우연히 성공을 거둔 사람이 아니라 자력으로 일어선 인물이다. 알렉산드로스가 거둔 승리에 "행운의 여신의 선물보다 알렉산드로스 지휘력이 더 중요"하게 작용했다.[23] 그 자질의 원천은 타고난 자제력에서 출발한다. 성공한 사람이 쉽게 빠져드는 자만심이나 권력을 쟁취한 사람들이 가질 수 있는 오만함을 억누를 수 있는 자제심이 뛰어났던 것이다. 알렉산드로스는 다리우스 왕의 여인들이 페르시아 최고의 미인이라는 것을 잘 알고 있었다. 그러나 그는 "자신을 다스리는 일이 적을 정복하는 일보다 더 왕다운 일이라고 생각"했다.[24] 한 노예 상인이 잘생긴 미소년 두 명을 팔겠다고 하자, 자신을 얼마나 우습게보았으면 그런 제안을 하느냐며 크게 화를 내기도 했다.[25] 그의 절제력은 식사의 양과 질에도 적용됐다. 카리아의 여왕이 자신의 나라에서 가장 뛰어난 요리사를 보내주자 이를 정중히 사양하며 "아침식사를 맛있게 먹으려면 밤에 행군을 하고, 저녁식사를 맛있게 먹으려면 아침을 간단히 먹으라"는 가르침을 자신의 요리사로 삼겠다고 말했다.[26] 기원전 333년의 이소스 전투 이후 페르시아의 패색은 짙어졌다. 그러자 다리우스의 부하들이 알렉산드로스의 환심을 사기 위해 보석 상자를 보냈는데, 알렉산드로스는 그 안에 자신이 소중하게 여기는 보물을 담았다. 바로 호메로스의 『일리아스』 필사본이었다. 그는 『일리아스』의 주인공 아킬레우스처럼 불멸의 전사가 되고 싶어 했고, "적에게는 물론 시기와 장소에도 꺾이지 않는" 높은 기상으로 부하들을 이끌었다.[27]

늘 긍정적인 생각을 가졌고, 대담한 행동으로 부하들의 신뢰를 얻었을 뿐 아니라 뛰어난 자제력으로 탁월한 지도자의 자격을 갖춘 알렉산드로스였지만 거느리고 있던 부하들은 대왕의 품격에 이르지 못했고, 그의 기대에도 미치지 못했다. 그들은 작은 성공에 눈이 멀어 재물을 약탈하는 데 집중했고, 일이 조금이라도 잘못되면 지도자를 탓하곤 했다. 그는 재물에만 관심을 두는 부하들에게 "정복 행위의 목표이자 결과는 정복당한 자와 똑같은 짓을 하지 않는 게 아니겠습니까?"라며 질책했고,[28] 함부로 불평을 늘어놓는 부하들 앞에서 "호의를 베풀고도 비난을 받은 게 왕의 운명"이라고 말하며 스스로를 위로하곤 했다.[29] 그러나 부하들을 사랑하는 그의 마음은 끝이 없었다. 사막을 횡단할 때 마지막 남은 물을 알렉산드로스에게 바치자 그 귀한 물을 바닥에 쏟아버리면서 차라리 부하들과 함께 갈증을 견디겠다고 말했던 에피소드는 그의 이런 품성을 잘 보여준다. 알렉산드로스의 자제력과 숭고한 모습을 지켜보던 부하들은 이렇게 말했다. "왕에게 과감한 전진 명령을 내려달라고 외쳐댔고 알렉산드로스

▲
지우세페 카데스, 〈마지막 마실 물을 거절하는 알렉산드로스〉, 1792년, 에르미타슈 미술관 소장.

가 왕으로 있는 한 피곤하다는 생각도 목마르다는 생각도 인간이라는 생각도 하지 않겠다고 선언하면서 말을 채찍질하기 시작했다."[30]

이것이 바로 플루타르코스의 『비교 영웅전』에서 최고의 군주의 거울로 소개되는 알렉산드로스의 리더십이다. 감동을 받은 부하들은 주군을 위해 목숨을 바칠 각오가 되어 있었고, 그 어떤 군대도 그들의 진격을 막을 수 없었다. 결국 알렉산드로스는 다리우스 왕을 제거하고 페르시아 전역을 차지하게 된다. 마침내 헬레니즘제국을 완성시킨 것이다. 그는 영토에 대한 욕심 때문에 제국을 차지한 게 아니라는 것을 보여주기 위해 페르시아 원주민 소년 3만 명을 선발해 그리스 문명을 전수시켰고, 박트리아의 공주 록사네와 결혼까지 해서 현지 문화와 동화되는 그리스 문명의 가능성을 타진했다.

세계를 제패한 황제의 무상한 죽음

여기까지가 알렉산드로스 생애의 전반부다. 마케도니아에서 행진을 시작한 알렉산드로스 대왕의 군대가 아시아로 진격해 다리우스 왕을 제거한 시점까지다. 플루타르코스가 알렉산드로스를 다른 사람과 비교해놓지 않은 첫 번째 이유는, 아마 그가 다른 사람과 비교되기에는 너무도 큰 인물이었기 때문일 것이다. 그리고 두 번째 이유는 알렉산드로스 대왕의 전반과 후반의 삶이 판이하게 달랐고, 전반과 후반의 삶을 비교하는 게 다른 사람의 생애 전체와 비교하는 것보다 더 많은 교훈을 담고 있기 때문일지도 모른다.

다리우스 왕이 죽은 뒤 알렉산드로스는 내리막길을 걷게 된다. 간절히 바라던 일을 이루면 사람들은 그동안 숨어 있던 나쁜 본성을 드러낼 때가 많다. 새가 하늘을 향해 오르면, 그것은 곧 하강을 의미한다. 지도자가 내리막길로 치달을 때 나타나는 현상은 두 가지다. 좋은 친구들이 그의 곁을 떠나고, 대신 나쁜 친구들이 그의 곁에 모여든다. 주위에 선인은 사라지고 악당이 꾄다. 그동안 산전수전을 함께 겪으며 우정을 나눈 친구들을 멀리하고, 대신 귀에 솜사탕 같은 말을 해주는 아첨꾼들을 곁에 두게 된다. 알렉산드로스도 마찬가지였다. 그는 함께 전선을 누비며 생사를 같이한 친구 플로타스와 클레이토스를 처형시킨 사건과,[31] 자신을 "세상의 지배자"로 추켜세우며 불법을 정당화시켜주던 아낙사르코스를 곁에 두는 잘못을 범한다.

알렉산드로스는 인도의 갠지스 강을 넘어 지구 끝까지 진격하기를 원했지만 오랜 원정에 지친 부하들의 성화에 못 이겨 결국 회군을 결정한다. 그래도 인도양을 발견한 공로는 알렉산드로스의 몫이었다. 그는 잠시 정복했던 인도의 갠지스 강 유역에서 나체 수행자 열 명을 체포해 인도의 지혜를 구하는 이상한 행동을 취한다. 심지어 디오게네스의 제자를 보내, 인도 철학자들에게서 한 수 배워오라는 지시까지 내린다. 인도를 대표하던 철학자 이름이 단다미스였는데, 그는 디오게네스의 제자에게 "알렉산드로스 왕이 이처럼 먼 곳까지 온 이유가 무엇입니까?"라고 물었다고 한다.[32] 결국 회군해 고향으로 돌아갈 운명이면서, 어떤 목적을 성취하기 위해 그토록 먼 길을 행군해왔는지 물은 것이다. 결국 죽게 될 인생을 그토록 치열하게 산 알렉산드로스에게 근본적인 인생의 질문을 던진 것일 수도 있고, 인생의 내리막길을 걸어가게 될 알렉산드로스의 삶에 대한 통찰일 수도 있다. 아니면 그의 아시아 정벌 때문에 초래된 폭력과 무수한 죽음에 대한 비판일 수도 있다. 그래서인지 단테도 『신곡』에서 알렉산드로스를 지옥에서 벌을 받고 있는 모습으로 묘사했다.[33] 알렉산드로스가 지옥의 형벌을 받는 곳은 "남에게 피를 흘리게 하고 재산을 앗아갔던" 포악한 영혼들이 가는 곳이었다.[34]

알렉산드로스와 함께 인도에서 회군해 살아 돌아온 군사는 원래 원정군 규모의 4분의 1도 되지 않았다. 그들은 전염병과 열악한 음식, 끔직한 더위 그리고 굶주림으로 죽어갔다. 알렉산드로스는 회군하던 도중에 키루스 대왕의 무덤을 발견하게 된다. 자신보다 먼저 세

▲
페르시아의 건국 왕 키루스 대왕의 무덤. 현재 이란 남부 파르스 지역에 있는 파사르가다이에 보존되어 있다.

계를 제패한 페르시아제국의 황제였던 키루스 대왕의 묘비명에는 이런 글귀가 기록되어 있었다.

> 그대가 누구든 그대가 어디 사람이든 난 그대가 올 줄 알고 있었다. 내 이름은 키루스, 나는 페르시아 사람들에게 제국을 안겨주었다. 그러니 내 몸을 덮은 이 미미한 흙을 아까워하지 말라.[35]

제국 건설의 꿈을 안고 세상을 향한 큰 포부를 품었던 키루스가 한 뼘 땅에 묻힌 것을 보면서, 알렉산드로스는 인생의 무상함을 느꼈을 것이다. 결국 알렉산드로스도 키루스 대왕처럼 작은 땅에 묻히는 운명에 처한다. 천하를 얻고자 그렇게 큰 영토를 정복했는데, 그가 마지막으로 몸을 눕힌 곳은 정말 작은 땅에 불과했다. 그날은 기원전 323년 6월 2일이었다.

알렉산드로스가 남긴 교훈

알렉산드로스는 정말 불꽃같은 삶을 산 영웅이다. 서른세 살의 젊은 나이에 세상을 등졌지만 평생 벅찬 가슴으로 살았던 멋진 사람이다. 그의 삶은 호메로스의 『일리아스』에 등장하는 전설적인 영웅들의 모습을 떠올리게 한다. 그는 아킬레우스의 살아 있는 화신이었다. 끊임없는 전쟁 속에서도 불굴의 용기를 보이며 운명을 개척해나간 알렉산드로스는 마침내 제국의 끝에 도달했다. 그리고 다시 사랑하는 부하들과 함께 고향으로 돌아간다. 여기서 다시 우리는 호메로스의 두 번째 서사시인 『오디세이아』를 떠올리게 된다. 전쟁을 마치고 산전수전을 겪으며 고향으로 돌아가는 사나이들의 이야기에서 우리는 오디세우스와 알렉산드로스를 동시에 목격하게 된다. 어떻게 보면 알렉산드로스는 호메로스의 서사시 두 편을 온몸으로 산 신화적인 존재인지도 모른다. 그가 목숨을 건 전쟁터에서 타고 다녔다는 명마名馬 부케팔로스는 사실 하늘을 나는 천마天馬 페가수스일지도.

살아서 이미 신화가 되어버린 인물을 통해 삶의 교훈을 얻는다는 것은 쉬운 일이 아니다. 신화화되는 과정에서 이미 지나치게 고답적인 교훈이 포함되고 말았기 때문이리라. 자칫 영웅담이 고루해질 수 있는 것도 바로 이런 이유에서다. 심지어 어떤 학자들은 이런 영웅들의 이야기에 일정한 문학적 패턴이 존재한다는 사실을 밝혀냈다. 결국 허구의 문학이라는 조심스러운 추론이 담겨 있다. 그렇다면 우리는 알렉산드로스 대왕의 삶과 업적을 통해 무엇을 배울 수 있을까? 그의 위대한 점은 무엇이고, 그의 약점은 무엇일까? 그는 과연 우리에게 어떤 군주의 거울을 남겼을까?

퐁트넬Fontenelle이 1683년에 쓴 『죽은 자들의 새로운 대화』는 참으로 재미있고 흥미로운 형식을 차용하고 있다. 이미 죽은 두 명의 유명인을 등장시켜 상상의 대화를 펼치게 하는 구조다. 어찌 보면 『비교 영웅전』의 현대판일 수도 있겠다. 이 책에는 알렉산드로스 대왕과 아테네의 유명한 창녀 프리네가 등장해 상상의 대화를 나눈다. 프리네는 알렉산드로스가 무참하게 파괴시킨 테바이에서 매춘업으로 큰돈을 벌어 그 무너진 성을 재건한 여성 사업가다. 당시로서는 매춘업이 비난받는 직업도 아니었고, 큰돈을 벌어 공익에 사용했으니 여걸의 풍모를 지닌 인물이다. 그녀는 늘 알렉산드로스가 무너뜨린 테바이 성을 자신의 몸으로 재건했다고 자랑하면서 알렉산드로스를 이렇게 힐책한다.

"당신과 나는 지나치게 많이 정복했어요. 나도 두세 번의 매춘에 그쳤다면 질서를 어지럽힐 정도는 아니었는데, 그러면 이런 저런 말을 들을 필요가 없었을 거예요. 하지만 테바이의 무너진 성벽을 재건할 정도의 돈을 벌만큼 매춘을 했다는 건 아무래도 지나친 거죠. 당신도 그래요. 그리스와 이웃 섬까지만 정복하고 말았다면, 아니 조금 더 나아가 소아시아의 작은 국가들 몇 개만 더 정복해서 하나의 국가를 이루었다면 아주 합리적인 태도였을 겁니다. 하지만 시도 때도 없이 전쟁터로 달려가고, 이유 없이 도시를 빼앗고, 그렇게 아무 계획도 없이 사건을 저지르니, 상식 있는 사람들이 좋아했겠어요?"[36]

이것은 단순히 웃자고 지어낸 이야기가 아니다. 알렉산드로스의 생애에 나타난 두 가지 비교할 점을 해학적으로 표현한 것이다. 알렉산드로스는 다리우스 왕을 물리치면서부터 변하기 시작했다. 간절히 원하던 목적을 이루자 그의 본성이 드러난 것인지도 모른다. 한계를 모르고 달려들던 그의 본성이 결국 스스로를 파멸의 구렁텅이로 몰아넣었다. 단테의 표현대로라면 그는 지옥으로 곤두박질친 것이다. 플루타르코스는 그의 삶 자체가 비교의 대상이라고 말하고 있는지도 모른다. 자족하며 사는 삶과 한계를 모르고 달려드는 삶. 플루타르코스는 알렉산드로스의 두 가지 삶의 방식을 이야기하면서 또 다른 군주의 거울을 제시한다. 참된 군주는 자족하는 삶, 한계를 인정하는 삶을 살아야 한다. 그래야 지옥으로 떨어지지 않는다.

15

결국 누구나 인격과 태도로 평가된다

율리우스 카이사르

시오노 나나미의 남자, 카이사르

다음 장에서 다루게 될 페르시아 왕을 빼면 드디어 이 책의 마지막 장에 이르렀다. 이제 『비교 영웅전』의 책갈피를 덮을 때가 왔는데, 두꺼운 책의 마지막 페이지를 넘길 때 드는 가슴 뿌듯한 성취감보다는 아쉬운 마음이 앞선다. 이 책에서 다룰 마지막 '문제적 인물'이 카이사르(B.C. 100~44)이기 때문이다. 우리나라에서는 영미식 발음으로 '줄리어스 시저Julius Caesar'로 알려져 있지만, 원어를 존중해 '율리우스 카이사르'라고 표현하도록 하겠다. 어떤 사람은 시저와 카이사르를 다른 인물로 착각하기도 한다. 이름만 착각하는 게 아니라 그 사람에 대한 평가도 잘못되어 있는 경우가 많다. 그를 불세출의 영웅으로 여기는 것이다.

이런 저간의 잘못된 평가의 원인은 시오노 나나미鹽野七生라는 '문제적 인물' 때문이다. 카이사르에 대한 잘못된 평가는 시오노 나나미의 책『로마인 이야기』에서 시작되었고, 지금도 그 오해와 폐해는 극심하다. 특히 로마의 역사에 대한 기초 지식이 부족한 우리나라 독자들이 이 일본 작가의 책을 통해 처음 로마사를 공부하는 것은 매우 위험천만한 일이 아닐 수 없다. 특히 카이사르를 지나치게 미화하는 시오노 나나미의 제국주의적 시각은 로마의 역사에 대한 오해를 불러일으키기 십상이다. 시오노 나나미는 총 15권으로 구성된『로마인 이야기』연작 시리즈에서 무려 두 권의 분량을 오롯이 카이사르에게 바쳐 그에 대한 맹목적인 찬양을 늘어놓는다. 아무리 역사소설에 가까운 책이라고 해도, 객관적 사료나 문헌적 검증 없이 발표되는 개인이나 사건에 대한 사적인 평가는 조작이며 왜곡일 뿐이다. 역사를 조작하거나 왜곡하는 것은 파시스트적인 선동이나 패권주의의 확장을 유도할 가능성이 농후하다. 시오노 나나미가 카이사르를 패권주의자 혹은 '강한 남자'의 이미지로 등극시켜 그의 생애를 미화한 것은 본인이 가지고 있는 패권에 대한 열망을 드러낸 것이다. 단언컨대 시오노 나나미는 제국주의자다. 정신대 문제를 개인의 문제로 치부하거나 일본제국주의자들이 20세기 초반에 아시아에서 저지른 죄를 대신 책임지지 않겠다는 그녀의 뻔뻔스러운 생각과 태도는『로마인 이야기』후면에 숨겨져 있으며, 카이사르 편에는 아예 노골적으로 드러나 있다.

그렇다면 카이사르에 대한 플루타르코스의 평가는 어떨까? 이미 언급한 대로 플루타르코스의『비교 영웅전』은 기원후 2세기 초반에 집필됐다. 그러니까 기원전 44년, 카이사르가 브루투스와 그의 원로원 동료들에 의해 암살되던 사건이 일어난 후 약 150년쯤 지나서다. 그런데 카이사르에 대한 플루타르코스의 평가는 냉혹하기만 하다.

죽을 당시 카이사르는 꽉 찬 56세였다. 폼페이우스보다 겨우 4년을 더 살았다. 평생 엄청난 위험을 감수하며 추구했던 권력과 지배권을 마침내 얻기는 했지만 그 열매는 맛보지 못하고 이름만 즐겼으며, 그마저도 동료 시민들의 시기심을 불러으켰다.[1]

이것이 카이사르에 대한 플루타르코스의 가을 아침 찬 서리 같은 평가다. 그가 남긴 명성은 한마디로 허명虛名에 불과한 껍데기 같은 영광이었고, 그가 남긴 해악은 전 인류에게 부정적인 영향을 미쳤다는 것이다. 플루타르코스의 이런 준엄하고 냉정한 평가는 후대의 사상가인 마키아벨리, 몽테뉴, 볼테르, 몽테스키외 등에게로 이어진다. 군주의 거울 장르 자체를 완성시킨 마키아벨리의 평가도 비판적이기는 마찬가지다.

어느 누구든 카이사르가 특히 역사가들에 의해 찬양을 받는 것을 보고 카이사르의 영광에 현혹되어서는 안 될 것이다. 왜냐하면 그를 칭송하는 자들은 그의 재력에 매수되었거나 로마제국이 오래 지속된 것에 압도되었기 때문이다. 로마제국은 그의 이름 아래 통치되었기 때문에 그에 대해 자유롭게 이야기할 수 없었다. 그러나 역사가들이 카이사르에 대해 자유롭게 이야기한다면 어떻게 이야기할 것인가를 알고 싶은 독자

▲
니콜라 쿠스투, 〈카이사르의 전신상〉, 1696년, 루브르 박물관 소장. 세바스티앙 슬로츠의 〈한니발의 전신상〉과 함께 베르사유 궁전 정원에 전시되었다가 루브르 박물관으로 이전됐다.

는 그들이 카틸리나에 관해 이야기하는 것을 보면 된다. 악행을 저지르려고 의도한 자보다 실제 저지른 자가 더 비난을 받아야 하는 만큼, 카이사르는 훨씬 더 비난을 받아 마땅하다.[2]

많은 후대의 사상가들은 카이사르보다 알렉산드로스를 더 높이 평가했다. 이런 대체적인 반카이사르 평가의 특출한 예외는 제국의 꿈을 꾸었던 나폴레옹 보나파르트의 평가일 것이다. 특이하게도 나폴레옹은 알렉산드로스보다 카이사르를 더 높이 평가했다. 세인트헬레나 섬에 유배된 나폴레옹을 찾아가 그의 파란만장했던 생애를 회상록 형태로 구술한 엠마뉴엘 라스 카즈 Emmanuel Las Cases (1766~1842)는 자신의 책 『세인트헬레나 회상록』에서 나폴레옹과 나눈 대화를 다음과 같이 소개한다.

알렉산드로스의 정복은 철저하게 계산되었고, 대담하게 실행되었으며, 지혜롭게 이루어졌다. 그는 위대한 전사이자 위대한 정치가이며 동시에 위대한 입법자였다. 하지만 불행하게도 영광과 성공의 절정에 이르자 그는 머리가 돌았거나 아니면 마음이 변질되었다. (중략) 나폴레옹은 그다음에 카이사르로 넘어갔다. 그는 카이사르가 알렉산드로스와는 반대로 뒤늦게 통치자의 길에 들어섰으며, 알렉산드로스보다 더 태만하고 악한 청년기로 시작했다가, 더 활동적이고 더 고양되고 더 멋진 영혼으로 삶을 마무리했다고 말했다. 그래서 카이사르야말로 역사상 가장 사랑스러운 인물들 중의 하나라고 생각했다.[3]

유럽 대륙을 집어삼키고 광활한 러시아 영토까지 야욕의 눈초리를 보낸 나폴레옹의 눈에는 알렉산드로스보다 카이사르가 더 매혹적인 인물로 보였던 모양이다. 이처럼 제국주의자들로부터 널리 사랑받은 인물이 바로 카이사르다. 로마제국의 확장 정책에 신물을 느끼던 플루타르코스가 카이사르에 대해 부정적인 평가를 내린 것은 어쩌면 당연한 일인지도 모른다. '그리스적 가치'와 '아테네의 영광'을 강조하던 플루타르코스는 당연히 알렉산드로스를 더 위대한 인물로 간주했다. 두 사람의 비교편을 남기지는 않았으나 본문에 알렉산드로스와 카이사르를 직접 비교하는 장면이 등장한다. 첫 번째 장면은 히스파니아(스페인)에서 여가 시간에 알렉산드로스에 대한 책을 읽던 카이사르가 갑자기 눈물을 터뜨리는 부분이다. 부하들이 왜 우느냐고 묻자 자신과 알렉산드로스를 비교하며 카이사르는 이렇게 말했다고 한다. "알렉산드로스가 그토록 수많은 민족을 정복했던 나이에 나는 눈부신 승리 하나 거두지 못했는데, 슬프지 않을 수 있겠는가?"[4]

카이사르의 리더십

천하의 악당에게서도 배울 점이 있다는 게 플루타르코스의 생각이다. 그래서 『비교 영웅전』에는 『악당전』에나 나옴직한 인물들이 등장한다. 사실 플루타르코스의 눈에 카이사르는 악당 중의 악당으로 보였다. 그럼에도 불구하고 이런 악당 카이사르에게서도 배울 점이 있다면 그것은 '와신상담臥薪嘗膽'이라는 사자성어로 요약할 수 있는 그의 특출함이다. 그는 제국의 창건자가 되겠다는 꿈과 야심을 안고 주도면밀하고 철저하게 준비했고, 로마 문명의 경계선 너머인 갈리아(지금의 프랑스 지역) 원정을 통해 장차 치르게 될 대규모 전쟁의 준비를 차곡차곡 해나갔다. 카이사르의 영광은 하루아침에 이루어진 게 아니다. 플루타르코스는 카이사르의 장점이었던 이런 주도면밀함을 이렇게 증언한다.

> 카이사르는 애초부터 계획(제국 설립)이 있었다. 그는 마치 운동선수처럼 상대를 아주 먼 거리에 둔 채 홀로 갈리아 전쟁을 치르면서 병사들을 훈련시키고 제 명성을 높였다. 그리하여 오로지 업적만으로 폼페이우스의 업적과 겨룰 수 있는 위치에 스스로를 올려놓았다.[5]

호전적인 골 족과의 오랜 전쟁에서 자신과 휘하 군단의 전투력을 양성하고 자신의 지휘 능력을 절차탁마切磋琢磨한 점은, 현재의 고난과 도전을 미래의 영광을 위한 디딤돌로 삼는 영웅들의 한결같은 자세다. 플루타르코스는 이 점에서 카이사르가 당대 모든 장군들의 군사적 업적을 모두 합친 것보다 더 뛰어나다고 칭찬한다.

> 수차례 전쟁을 치르고, 또 원정을 통해 갈리아를 정복하는 동안 카이사르는 지도력을 인정받고 위대함을 입증한 그 어느 군인이나 지휘관에게도 뒤지지 않았다. 아니 파비우스나 스키피오, 메텔루스와 비교해도, 혹은 술라, 마리우스, 양 루쿨루스와 같은 동기나 선배와 비교해도 카이사

르는 그들 모두를 능가하는 업적을 세웠다.[6]

플루타르코스는 카이사르가 직접 집필한『갈리아 전쟁기』를 참고했다.[7] 카이사르는 모든 자서전적 저술이 그렇듯이『갈리아 전쟁기』에서 자신의 공적을 과장하게 되는데, 플루타르코스는 이런 부정확한 정보를 자신의 저서에 활용한다. 카이사르는 10년이 채 되지 않은 갈리아 전쟁 기간 중에 800개의 도시를 함락시켰고 300개의 부족을 제압했으며, 연인원 300만 명과 직접 싸웠고 그중에서 무려 100만 명을 죽이고 100만 명을 포로로 잡는 큰 공을 세웠다고 주장했으며, 플루타르코스도 이런 카이사르의 기록을 그대로 인용했다.[8] 카이사르가 이렇게 놀라운 전과戰果를 올릴 수 있었던 것은 거느리던 군사들을 잘 훈련시켰기 때문이다. 그의 부하들은 최고의 전투력을 가졌지만 그것의 근본적인 원동력은 하늘을 찌를 듯한 군사들의 사기였다.

카이사르의 병사들은 얼마나 큰 선의와 열의를 갖고 복무했는지 다른 원정에서 전혀 두드러지지 않았던 병사들도 카이사르의 명성에 일조하고자, 적이 저항할 수조차 없는 무적의 존재로서 온갖 위험에 맞섰다.[9]

카이사르가 가장 아낀 주력부대는 제10군단이었다. 이는 로마 최고의 엘리트 군단으로 갈리아 원정군의 주력부대였다. 이 10군단에 소속된 병사들은 카이사르가 직접 선발했으며, 자신의 경호부대로 임명하고 언제나 그들과 함께 이동하며 적진을 누볐다. 갈리아 원정 당시 막강한 전력을 자랑하는 게르마니(게르만) 족과의 전투를 두려

위하던 로마 군단들 앞에서 카이사르는 10군단만 이끌고 야만족과 맞서도 충분하다고 큰소리를 칠 정도였다.[10] 6만 대군을 이끌고 온 네르비이 족과의 전투에서 거의 목숨을 잃을 뻔한 카이사르를 구출한 것도 휘하의 10군단 용사들이었다.[11] 숙적 폼페이우스 장군과 겨룬 최후의 결전인 파르살로나 전투에서 카이사르는 10군단을 이끌고 직접 출전해 승리를 거둔다. 카이사르는 최선봉에서 출전하는 한 용감한 장수의 이름을 직접 부르며, "가이우스 크라시니우스, 기대해도 좋은가? 병사들의 사기는 어떤가?"라고 물었다. 그러자 그는 힘차게 오른손을 쳐들고 "장군님, 우리는 오늘 눈부신 승리를 얻을 것이니, 제가 오늘 살든 죽든 장군님은 저를 칭찬하시게 될 것입니다"라고 말하고는 120명의 군사를 이끌고 최전방에서 싸우다 장렬하게 전사했다.[12] 이처럼 카이사르는 자신의 휘하 부대원들의 이름을 부르며 그들을 그야말로 전우로 여겼다. 카이사르는 사병 앞에서 연설을 할 때 "군사들이여"라고 부르지 않고, "전우들이여"라고 호칭해 그들의 눈시울을 뜨겁게 적신 지휘관이었다. 이런 부하를 거느린 카이사르에게 폼페이우스는 처음부터 적수가 되지 못했다.

카이사르의 독특한 성격도 그의 큰 장점으로 작용했다. 그는 어떤 불리한 상황에서도 주눅 드는 법이 없었고, 영특한 지혜로 시련을 극복해내는 능력이 매우 뛰어났다. 플루타르코스의 '카이사르' 편 앞부분에 등장하는 해적 이야기는 그가 얼마나 대담한 인물인지를 잘 보여준다. 술라의 박해를 피해 그리스로 항해하던 중 해적에게 납치된 적이 있는데, 카이사르는 그 순간에도 타고난 대담성을 발휘했다. 해적들이 석방 조건으로 20달란톤의 몸값을 요구하자 카이사르는 무

▲
리오넬 로이어, 〈카이사르 앞에 무기를 던지며 항복하는 베르킨게토릭스〉, 1899년, 프랑스 크로자티에 박물관 소장.

지한 자들이 자신의 진정한 가치를 몰라본다면서 50달란톤으로 몸값을 올려주겠노라고 큰소리쳤다. 그는 38일 동안이나 해적선에 인질로 잡혀 있었는데, 배 위에서 포로가 아니라 왕처럼 행동하며 해적들에게 면박을 주거나 기회가 되면 모두 십자가형에 처하겠다고 웃으며 겁을 주곤 했다. 결국 밀레토스에게서 50달란톤을 빌려 지불하고 해적선에서 풀려난 카이사르는, 다시 밀레토스 사람들을 설득해 해적선을 추격하고는 호언장담했던 대로 그들을 모두 십자가형에 처해버렸다. 카이사르가 채 소년의 티를 벗어버리기도 전에 있었던 일이다.

카이사르는 간질병과 만성 두통이라는 지병을 안고 살았다. 늘 병마에 시달렸지만 질병을 핑계대면서 본인의 맡은 바 책임을 게을리

하는 일은 없었다. 오히려 그는 군복무를 통해 몸을 건강하게 만들고자 노력했는데, "힘겨운 여정과 간단한 식사, 계속되는 노숙과 고생스러운 상황들을 통해 오히려 건강 문제를 해결"했다.[13] 갈리아 원정 당시 말을 타고 이동하면서도 쉬지 않고 서기관에게 서찰을 구술케 하고, 밤이면 홀로 불을 밝히며 『갈리아 전쟁기』를 집필한 부지런한 인물이다. 포도주 산지로 유명한 프랑스 동부 알레시아(브루고뉴) 전투(B.C. 52)에서는 무려 47만 명의 적에게 포위당했지만 타고난 용기와 탁월한 전술로 적을 물리친 뒤 적장 베르킨게토릭스Vercingetorix의 항복을 받아냈다. 그의 생애 최고의 전투였고, 로마 역사에 길이 남을 최고의 승리였다.

장점이라고는 할 수 없지만 행운의 도움을 톡톡히 본 것도 카이사르의 생애에서 여러 번 확인된다. 그의 정적이었던 폼페이우스가 그렇게 훌륭한 인물이 아니었다는 점이 그에게는 최고의 행운이었다. 강력한 경쟁자를 만나면 세상살이가 힘들어지는 게 현실이다. 폼페이우스는 주도면밀한 기회주의자였을 뿐, 용기와 지혜의 총량을 비교한다면 카이사르에게는 족탈불급足脫不及의 수준이었다. 카이사르는 깜냥이 되지 못했던 정적 폼페이우스를 적극 활용하면서 그를 자신의 목표를 달성하는 수단 정도로 여겼다. 냉철한 눈으로 로마 공화정 말기의 역사를 관찰한 플루타르코스는 이를 정확하게 지적한다.

> 많은 사람들의 생각과 달리 내전을 불러온 것은 카이사르와 폼페이우스 간의 다툼이 아니라 우정이었다. 두 사람은 먼저 힘을 합쳐 귀족 정치를 끝어내렸고 그다음에야 서로 다툰 것이다.[14]

카이사르가 폼페이우스와의 협력관계를 이용하면서 그를 가지고 놀았다는 이야기다. 카이사르는 제1차 삼두정치의 일원이 되기 위해 폼페이우스를 적극 이용했고, 루비콘 강을 건넌 뒤에는 본격적으로 그를 무력화시키는 작업에 들어갔다. 카이사르의 적수가 될 수 없었던 폼페이우스의 어리석음과 무능함을 플루타르코스는 아래와 같은 일화로 증명한다.

질겁한 폼페이우스는 온 사방에서 공격을 받았다. 일부는 폼페이우스가 제 자신과 나라의 최고 권력을 위협할 카이사르를 제 손으로 키워냈다며 책망했다. (중략) 파보니우스는 폼페이우스에게 어서 발을 굴러보라고 했다. 과거에 폼페이우스가 했던 말 때문이다. 폼페이우스는 어느 원로원 연설에서 거들먹거리며 말하기를, 발을 구르기만 하면 이탈리아 전체를 군대로 채울 수 있으니 전쟁 준비라면 자신에게 맡기라고 한 적이 있다.[15]

이렇게 허풍에만 능숙했던 폼페이우스는 루비콘 강을 건너 파죽지세로 남하하던 카이사르의 군대를 막지 못하고 기원전 49년 1월 7일, 결국 로마를 포기하고 만다. 그는 이집트로 망명했다가 그곳에서 아군의 손에 피살되어 파란만장했던 일생을 마감한다. 카이사르의 최대 정적이 이렇게 무능력했다는 것은 그에게 큰 행운이었다. 경쟁자의 부재는 행운이다. 카이사르는 이제 로마에서 무소불위의 권력을 휘두를 수 있게 됐다.

카이사르의 흠결

『비교 영웅전』의 말미에 플루타르코스는 카이사르를 신랄하게 비판한다. 무엇보다 권력에 대한 욕심이 지나쳤던 그의 치명적인 단점을 집요하게 파헤친다. 플루타르코스의 '카이사르' 편은 청소년기의 기록에서부터 시작되는데, 그래서 학자들은 가족의 배경이나 유년기의 성장 과정이 생략되어 있는 '카이사르' 편의 앞부분이 유실되었다고 추정한다. 그런데 로마의 역사가 수에토니우스Suetonius(A.D. 69~122)가 쓴 『열두 명의 카이사르De Vita Caesarum』의 '카이사르' 편에서도 같은 현상이 나타나고 있기 때문에, 원래 생애 초기가 아예 집필되지 않았는지도 모른다는 견해가 대두되고 있다. 그렇다 보니 완전히 다른 자료를 근거로 카이사르가 몰락한 율리우스 가문의 아들로 태어났고, 로마의 가난한 동네 수부라Subura 지역에서 성장했음을 알게 됐다. 그는 어릴 때부터 성공에 대한 집착을 가진 소년으로 유명했다. 이를 일찍부터 알아본 술라는 카이사르의 이런 음흉한 부분을 알아채지 못한 동료들에게 "이 어린아이 안에 수많은 마리우스가 있는데 모르겠냐"면서 카이사르의 야심을 눈치 채지 못하는 자들이야말로 지각이 없는 자들이라고 지적한 적이 있다.[16] 귀족 정치를 근간으로 삼는 술라파가 득세하고 있을 때, 카이사르는 의도적으로 마리우스파에 들어가 민중의 인기를 노리며 여러 가지 정치적 술책을 부린다. 민중을 진심으로 위해서가 아니라 권력을 잡기 위해 민중파의 정신적인 대부 역할을 하던 마리우스 진영에 가담한 것이다. 이런 카이사르의 주도면밀한 권력욕의 추구를 정확하게 알아본 사람은 키케로였다. 플루타르코스는 키케로의 통찰력을 이렇게 설명한다.

> 카이사르의 정책의 이면을 처음으로 꿰뚫어보고, 바다의 온화한 수면을 두려워하듯 겁을 먹은 사람은 키케로였다. 그는 상냥하고 발랄한 카이사르의 겉모습 아래 숨은 강고한 성격을 보았고, 카이사르의 모든 정치적 계획과 과제가 결국 독재를 목적으로 하고 있음을 깨달았다고 말했다.[17]

카이사르는 정적을 제거하기 위해서는 없는 사실도 꾸며대는 것을 조금도 주저하지 않았다. 카이사르는 카틸리나의 반란 음모를 질타하며 목숨을 바쳐 공화국의 전통을 지키려 했던 소 카토에 대해 없는 사실을 조작해 정적을 공격했다. 평소 근검했고 뇌물 받기를 죽기보다 싫어 했던 소 카토가 자기 형의 시신을 화장한 뒤 재로 걸러 금 부스러기가 남아 있는지 살폈다는 헛소문을 퍼트린 것이다. 플루타르코스는 '포키온과 소 카토' 편에서 이런 카이사르를 신랄하게 비판한다. "이자(카이사르)는 칼이 아니라 펜을 휘두를 때도, 책임과 처벌로부터 자유로운 듯 당당했다."[18]

이어지는 플루타르코스의 증언에 의하면 카이사르는 황제가 되기 위해 사악할 정도로 주도면밀한 술책을 부렸다. 동방의 최대 적국이었던 페르시아의 파르티아 왕조를 정벌하기 위해서는 로마가 왕의 지휘를 받아야 한다는 예언을 퍼트리는 계략을 세우기도 했다.[19] 페르시아 원정을 위해서라도 자신이 왕이 되어야 한다는 논리였던 것이다. 물론 카이사르는 로마인들이 쉽사리 왕의 통치를 받아들이지

빈센초 카무치니, 〈카이사르의 죽음〉, 1805년, 로마 국립현대미술관 소장.

않을 것이라는 사실을 잘 알고 있었다. 시민의 자유를 보장하는 공화정의 전통을 목숨처럼 소중하게 여기던 로마인들에게 왕이나 황제의 등장은 언감생심 간단한 일이 아니었기 때문이다. 그래서 그는 심복이던 안토니우스와 짜고 로마인들이 지켜보는 가운데 왕관을 사양하는 정치적인 퍼포먼스를 연출한다. 안토니우스가 카이사르의 머리 위에 왕관을 씌우면 즉각 카이사르가 이것을 벗어던지는 장면을 연출한 것이다. 로마인들이 어떻게 반응하는지 살펴보기 위해 민심을 떠보는 술책이었다. 아니나 다를까, 로마인들은 노골적으로 반감을 보이며 왕관 놀이를 하는 카이사르와 안토니우스에게 야유를 퍼부었다. 카이사르는 즉각 왕관을 사양하는 단호한 태도를 취하며 사태를 무마하려 했다. 명백한 쇼에 가까운 정치 조작이 분명했고, 이 광경을 지켜보던 원로원 의원들이 카이사르의 숨은 의도를 모를 리

없었다. 결국 브루투스를 포함한 원로원 의원들은 로마 공화정의 전통을 지키기 위해 위험 인물인 카이사르를 제거하기로 결정한다.

카이사르는 기원전 44년 3월 15일, 로마 원로원들이 휘두른 칼에 스물세 번이나 찔려 죽음을 맞이한다. "Beware the Ides of March!"라는 영어 표현은 그의 죽음에서 생긴 말이다. 3월의 중간$_{Ides}$을 조심하라는 뜻이다. 칼로 일어난 자는 반드시 칼로 망한다는 불변의 진리를 보여준 사건이다. 카이사르는 자신의 죽음을 미리 예상했는데, 어떤 죽음이 가장 훌륭한 죽음이냐를 놓고 토론이 벌어졌을 때, 그는 다른 사람들보다 한발 앞서, "갑작스러운 것"이라고 말하기도 했다.[20]

플루타르코스는 카이사르에게 스물네 번째로 단검을 휘두른 역사의 심판자가 됐다. 플루타르코스는 카이사르를 "인류에게 가져다줄 재앙" 자체였다는 극단적인 평가를 내림으로써, 그를 역사의 무대에서 완전히 잠들게 한다. 역사가 플루타르코스의 최종 평가는 당시 원로원이 격앙된 분위기에서 휘둘렀던 어떤 단검보다 잔인하고 치명적이다. 루비콘 강에서 남하를 저울질하고 있을 때, 카이사르는 본인 스스로 자신의 행동이 장차 "인류에게 가져다줄 재앙"임을 알고 있었다고 플루타르코스는 기록한다. 그러나 그는 어떤 악의에 찬 행동을 하더라도 성공만 하면 역사의 승리자로 기록될 것이고, 결국 명성으로 남게 되리라는 것을 알고 있던 주도면밀한 악당이었다. 루비콘 강 언덕에서 서성거리던 카이사르의 모습을 플루타르코스는 이렇게 전한다. "자신이 강을 건널 경우 세상이 겪게 될 온갖 어려움을 가늠해보기도 하고, 대대손손 전해질 드넓은 명성을 고려해보기도 했다."[21]

'이다희' 역본에는 "세상이 겪게 될 온갖 어려움"이라고 되어 있지만, '천병희' 역본에는 "인류에게 가져다줄 재앙"으로 번역되어 있다. 후자가 더 실감나는 번역이다. 실제로 플루타르코스에게 카이사르는 "인류에게 가져다줄 재앙"이었던 것이다. 카이사르가 추구했던 로마의 미래는 황제가 절대 권력을 장악하는 것이었고, 제국의 길로 나가는 것이었다. 한 나라가 세계를 제패하고 통치하기 위해서는 엄청난 비용이 들고 민족의 수많은 희생이 따른다. 제국의 속성은 영토의 팽창에 뿌리를 두기 때문에 끊임없는 전쟁이 요구될 수밖에 없다. 국민들의 희생이 불가피하다. 카이사르는 이런 문제를 잘 알고 있었지만 자신의 태생적인 권력욕을 충족시키기 위해 루비콘 강을 건너 제국의 길로 들어 선 것이다. 플루타르코스는 로마가 제국의 길로 접어들면서 맞이하게 될 희생과 비극을 잘 알고 있었다. 그는 그 비극의 조짐이 카이사르의 내란으로 이미 드러났다고 증언한다. 그가 남긴 실증적인 자료를 보자.

개선 행진이 끝나고 카이사르는 병사들에게 큰 선물을 내리고 만찬과 볼거리를 제공해 시민들을 즐겁게 해주었다. 식사용 침상 2만 개를 놓고 한꺼번에 음식을 제공하면서 검투경기와 해전을 보여주었다. 이미 오래전에 죽은 율리아에 헌정하는 행사이기도 했다. 잔치가 끝나고 인구조사가 시작되었다. 이전 인구조사 때 포함되었던 시민 32만 가운데 15만이 남아 있었다. 내전이 가져온 재앙이 이처럼 컸고, 이 재앙이 집어삼킨 로마 시민의 수가 이처럼 많았다. 이탈리아의 나머지 지역과 속주들에 닥친 불행은 말할 것도 없다."[22]

본격적으로 제국의 길로 들어서지도 않은 로마가 이미 카이사르가 일으킨 내전을 통해 이런 엄청난 피해를 입었다는 것은, 로마제국의 미래에 대한 심각한 우려를 표현하는 것이다. 카이사르는 단순히 내전을 일으킨 당사자가 아니라 인류를 저버린 천하의 악당이라는 평가다. 로마인들은 명예를 소중히 여기고 동료 시민에 대한 존경과 사랑을 철학적 신조로까지 받들던 사람들이다. 전쟁 중에 위기에 처한 동료 로마 시민의 목숨을 구하면 떡갈나무 잎으로 된 관을 수여해 명예로운 행동을 격려하던 전통이 있었다. 그런데 카이사르는 로마인 동족을 섬멸한 전쟁에서 승리를 거두고는 거창한 개선식을 거행한 몰염치하고 부도덕한 인간이었다. 카이사르가 일으킨 내전의 마지막 전투였던 이 사건은 폼페이우스의 아들들이 아버지의 복수를 위해 시작했던 것으로, 카이사르의 군대는 저항하던 로마 군인 3만 명을 모두 무참하게 살해했다. 카이사르는 이 승리를 기념하기 위해 로마에서 거창한 개선식을 거행했다. 플루타르코스는 인류를 저버린 천하의 악당 카이사르를 이렇게 비판한다.

이것이 카이사르가 벌인 마지막 전쟁이다. 이 전쟁을 기념하기 위해 치러진 개선 행진은 로마인들을 그 어느 때보다 불쾌하게 만들었다. 타국의 장군이나 이방 민족의 왕과 싸워 얻은 승리를 기념하는 자리가 아닌, 로마 최강 집안의 아들들과 혈육들이 불행을 만나 처참히 절멸한 것을 기념하는 행사였기 때문이다. 조국의 재앙을 축하하며 개선 행진을 한 행위는 카이사르답지 않았다. 어쩔 수 없는 일이었다는 핑계를 대는 것 외에 신들 앞에서나 다른 사람들 앞에서나 도저히 항변할 수 없는 행위

▲
피에트로 다 코르토나, 〈클레오파트라를 이집트의 왕좌로 인도하는 카이사르〉, 1637년, 리옹 순수미술박물관 소장. 카이사르는 폼페이우스를 정벌하러 이집트에 갔다가 클레오파트라와 사랑에 빠졌고, 둘 사이에 아들이 태어났다.

를 저지르고도 카이사르는 자랑스러워하고 있었다."²³

플루타르코스의 결론과 그 의미

플루타르코스가 그리스 델포이에서 『비교 영웅전』을 집필하고 있을 때, 로마 궁정에서도 황제들의 생애에 대한 역사책을 열심히 쓰던 인물이 있었다. 앞에서 잠시 소개한 수에토니우스라는 인물이고, 그가 쓴 책의 이름은 『열두 명의 카이사르』다. 이 책은 로마 황제의 역사를 기록한 정사正史라고 볼 수 있다. 수에토니우스의 이 책과 더불어 리비우스의 『로마사』, 폴리비우스의 『역사』 그리고 타키투스의 『역사』와 『연대기』가 로마 시대를 재구성하는 중요한 1차 사료들이다. 특히 『열두 명의 카이사르』를 쓴 수에토니우스는 플루타르코스와 동시대의 인물이었고, 황실의 역사 자료를 적극적으로 활용할 수 있는 트라야누스 황제의 비서 겸 황실 문서 담당관이었으므로 플루타르코스의 『비교 영웅전』과 비교해서 읽어보는 것도 좋다. 플루타르코스가 사적인 기록을 남겼다면, 수에토니우스는 공적인 기록을 남겼으니, 이 두 사람의 역사 자료를 비교해보면 비교적 카이사르에 대한 공정한 평가를 내릴 수 있을 것이다.

　흥미로운 것은 카이사르에 대한 수에토니우스의 평가가 플루타르코스의 것보다 훨씬 더 긍정적이라는 점이다. 전체 로마 통사通史의 관점에서 인물의 역사를 다루지 않고, 일화를 중심으로 한 개인의 삶을 주제별로 풀어간 점은 두 사람 모두 동일하다. 수에토니우스와 플루타르코스가 각자의 저서에서 활용한 역사 자료도 동일했던 것으로 추정된다. 생애가 시작되는 시점(카이사르가 열다섯 살 되던 해)이 같은 것으로 보아, 그 추정은 타당한 것으로 보인다. 그러나 형식은 같지만 그 내용은 판이하게 다르다. 수에토니우스는 카이사르에 대해 우호적이다. 예를 들어 수에토니우스는 "아무리 불공정하고 위험하더라도 카이사르는 기회가 생기면 절대로 놓치지 않고 전투를 벌였다"며 그의 용맹을 칭찬한다.[24] 수에토니우스는 특별히 부하들에게 관대했던 카이사르의 장점을 수차례 반복하며 강조한다.[25]

플루타르코스가 과감하게 생략시킨 부분을 수에토니우스가 세밀하게 강조한 곳도 있는데, 그것은 카이사르가 어떤 초자연적인 힘에 이끌려 루비콘 강을 건넜다는 부분이다. 어떤 "키가 크고 아름다운 혼령"이 갈대피리를 불며 나타나 선두에 서서 루비콘 강을 먼저 건넜고, 강 건너편에 도착한 혼령이 군대 나팔을 불어 카이사르의 도강渡江이 진행되었다는 전설과 같은 이야기다.[26] 다시 말해 수에토니우스는 카이사르가 어떤 신적인 섭리에 따라 혁명을 일으켰다는 식으로 그의 생애를 묘사해놓았다. 플루타르코스가 그렇게 혹독하게 비판했던 사건, 즉 그의 쿠데타에 반대하던 로마 군인 3만여 명을 학살하고 화려한 개선식을 올린 사건에 대해서도 수에토니우스는 간략하게 사건의 자초지종만을 보고한다. 대신 수에토니우스는 로마로 개선한 뒤 카이사르가 쌓은 여러 가지 업적을 장황하게 설명한다.[27] 새로 역법曆法을 만들고, 거대하고 아름다운 건축물들을 축조했으며, 공공 도서관을 설립해 학문을 장려했고, 법과 행정 체계를 정비했다며 카이사르의 여러 업적을 열거한다.

물론 수에토니우스도 '카이사르' 편의 후반부, 즉 제76절부터 그에 대한 부정적인 평가를 적시해놓는다. 플루타르코스가 내린 부정적인 평가와 비슷해보인다. 카이사르가 "과도한 영예와 특권"을 누렸고, 새로 역법을 제정한 것까지는 좋았으나 일곱 번째 달에 자기 이름을 넣은 것(July)은 그의 지나친 명예욕을 보여주는 잘못된 조치라고 지적한다.[28] 그의 오만불손함 때문에 스스로 몰락의 길에 들어섰다고 평가한다. 스스로 황제처럼 행동했고, 일반 시민들과 원로원을 무시했던 것도 비판한다. 그래서 로마 시민들은 로마의 마지막 왕 타르퀴니우스 수페르부스를 암살하고 공화정의 시대를 연(B.C. 509) 루키우스 브루투스의 조각상 아래 "당신이 살아 있었다면"이라고 제목을 쓰고, 카이사르에 대한 다음과 같은 짧은 풍자시를 덧붙여놓았다고 한다.

브루투스는 왕을 쫓아냈을 때
집정관으로 선출되었지.
카이사르는 집정관들을 쫓아내서
이제 우리의 왕이 되었다네.[29]

이것이 같은 시대를 살았지만 플루타르코스와는 대척점에 서 있던 로마의 역사가 수에토니우스의 최종 평가다. 로마의 궁정 역사가로서 수에토니우스는 제정帝政의 시발점이 된 카이사르를 완전한 악당으로 평가할 수는 없었을 것이다. 그러나 수에토니우스조차도 끝부분에서는 카이사르의 권력욕을 신랄하게 비판한다. 새로 편찬한 달력에 자기 이름을 집어넣은 카이사르 덕에 영미권에서는 지금도 7월을 'July'로 표기하고 있는데, 이것 역시 카이사르의 오만을 드러낼 뿐이라는 것이다.

이제 스물세 번이나 칼에 찔려 암살당한 카이사르를 무덤에 묻어야 할 시간이다. 나폴레옹과 시오노 나나미에 의해 영웅으로 숭상되었던 카이사르를 격하시킬 때가 왔다. 재미있게 쓴다고 그것이 역사가 되지는 않는다. 시오노 나나미가 최소한 플루타르코스와 수에토니우스의 '카이사르' 편만이라도 자세히 비교해서 읽었더라면 카이사르에 대한 그런 맹목적인 찬가를 쓰지는 않았을 것이다.

플루타르코스의 판단에 의하면 카이사르는 인류에게 큰 죄를 지은 인물이다. 같은 로마인 3만 명을 학살하고도 버젓이 개선식을 올린 철면피다. 그는 우리들의 군주의 거울이 되기에는 하자가 많은 인물이다. 이를 강조하기 위해 카이사르에 대한 플루타르코스의 최종 평가를 다시 한 번 옮겨본다.

> 평생 엄청난 위험을 감수하며 추구했던 권력과 지배권을 마침내 얻기는 했지만 그 열매는 맛보지 못하고 이름만 즐겼으며, 그마저도 동료 시민들의 시기심을 불러일으켰다."[30]

공자는 『춘추春秋』에서 사람의 죽음을 여러 형태로 분류했다. 군주가 세상을 떠났을 때를 붕崩이라 하고, 공직에 있던 자가 사망했을 때를 서逝, 보통사람이 죽었을 때를 사死, 인간답지 못한 자가 목숨을 잃었을 때를 졸卒이라 했다. 이런 식의 역사 기술 방법을 춘추필법春秋筆

法이라고 한다. 단 하나의 음절로 된 단어로 한 사람의 일생을 냉정하게 평가하는 춘추필법의 전통은 인물에 대한 역사적 평가가 얼마나 준엄한 것인지를 잘 보여준다. 카이사르의 생애를 춘추필법으로 논한다면 그의 죽음은 어떤 단어로 평가될 수 있을까?

타고난 명예욕을 주체하지 못했던 카이사르는 로마 공화정의 위대한 전통을 단절시킨 장본인이었고, 동료 로마 시민을 죽여놓고도 버젓이 개선식을 치른 파렴치한 악한이었다. 그의 소원대로 탄생된 로마제국을 위해 얼마나 많은 시민들이 전쟁터에서 죽어 나갔고, 얼마나 많은 민족들이 로마의 창검에 굴복당해 피눈물을 흘려야만 했던가. 이런 불행과 악행의 씨앗을 뿌린 사람이 바로 카이사르였고, 그래서 그의 죽음은 '인간답지 못한 자의 죽음'이었다. 그래서 카이사르는 '졸'했다. 그는 붕어崩御한 군주나, 서거逝去한 지도자가 아니었다. 카이사르는 그냥 사망한 게 아니라 '졸'이라는 표현이 적절한 인물이다. 역사는 준엄하다. 누구에게나 찾아오는 죽음 이후, 한 단어로 평가되는 게 군주의 인생이다.

카이사르, 졸!

16

사람을 분별할 줄 아는 눈을 가져라

아르타크세르크세스

『비교 영웅전』에 등장한 페르시아의 왕

플루타르코스의 『비교 영웅전』을 로마 최고의 군주의 거울로 소개한 이 책의 마지막 장은 페르시아의 왕 아르타크세르크세스 2세Artaxerxes II (B. C. 404~358 통치)를 다룬다. 생뚱맞은 선택이 아닐 수 없다. 지금까지 우리는 플루타르코스의 도움을 받으며 그리스와 로마의 영웅들을 짝지어 비교했다. 그런데 이 마지막 장은 그리스인도 로마인도 아니며, 비교할 대상도 없는 페르시아의 왕이다. 왜 플루타르코스의 『비교 영웅전』에서 뜬금없이 그의 이름을 발견하게 되었을까?

물론 플루타르코스는 『비교 영웅전』에 등장하는 주인공들의 긴 명단에 아르타크세르크세스를 포함시키지 않았다. 이 부분은 어떤 편집 의도를 가진 후대 사람들에 의해 『비교 영웅전』에 첨가된 것이다. 원래 플루타르코스가 쓴 『비교 영웅전』의 의도에 견주어볼 때 아르타크세르크세스의 전기가 후대 사람들에게 군주의 거울로 작동할 수 있는 교훈적 요소가 있다고 본 것이다. 현재 전해져 내려오는 가장 정통한 판본에는 이렇게 추가된 인물들이 세 명 더 있다. 아카이아 동맹의 총사령관이었던 아라토스$_{Aratus}$(B.C. 271~213), 로마제국의 제6대 황제였던 갈바$_{Galba}$(A.D. 3~69), 그리고 제7대 황제 오토$_{Otho}$(A.D. 32~69)가 바로 그들이다. 플루타르코스는 『비교 영웅전』과 별도로 그리스와 로마의 주요 인물에 대한 전기물을 집필한 것으로 추정되는데, 그 내용의 일부가 『비교 영웅전』에 취합되고 다른 부분은 독립된 짧은 전기물로 남은 것으로 보인다. 아르타크세르크세스는 후자에 편입되어 소개된 인물이다.

이런 서지$_{書誌}$ 정보의 제공에도 불구하고 여전히 아르타크세르크세스의 등장은 뜬금없어 보인다. 페르시아는 그리스인들과 로마인들에게 늘 경계와 질시의 대상이었다. 그리스 시대에는 마라톤 전투로부터 촉발된 페르시아 전쟁의 주적$_{主敵}$이었고, 로마 시대에는 제1차 삼두정치의 주역이었던 크라수스가 처참하게 죽임을 당했던 곳이기 때문이다. 그리스 시대에는 아케메네스 왕조(B.C. 550~330)가 통치했고, 로마 시대에는 파르티아 왕조(B.C. 247~A.D. 224)가 다스렸다는 차이뿐, 지중해 연안의 유럽인들에게 페르시아는 철전지원수의 국가였던 것이다.

『비교 영웅전』 말미에 군주의 거울 목록에 끼어든 아르타크세르크세스는, 페르시아 아케메네스 왕조 말미에 권력을 잡은 인물이다. 우선 이해를 돕기 위해 그의 족보를 간략하게 소개하겠다. 페르시아의 창건자는 키루스 대왕이다. 키루스 대왕의 모범은 이미 군주의 거울 그리스 편에서 자세히 소개한 바 있다.[1] 아테네의 역사가 크세노폰이 쓴 『키루스의 교육』을 통해서 우리는 키루스 대왕이 그리스 시대 최고의 군주의 거울이었다는 점을 알게 됐다. 다음에 우리가 기억해야 할 페르시아 아케메네

아르타크세르크세스의 모습이 새겨진 페르시아의 황금 동전. 기원전 330년~300년에 사용됐다. 파리 메달 박물관 소장.

스 왕조의 인물들은 다리우스 1세(B.C. 522~486)와 크세르크세스 2세(B.C. 486~465)다. 이들은 페르시아 전쟁을 일으킨 당사자들인데 헤로도토스의 『역사』에 그들의 행적이 자세히 소개되어 있다. 플루타르코스의 『비교 영웅전』에 포함되어 소개된 아르타크세르크세스는 크세르크세스 2세의 4대손이지만 '고조부'라고 쓰지 않은 이유는 혈통의 계승이 정확하지 않기 때문이다. 아르타크세르크세스의 조상이 페르시아 전쟁을 일으켰다면, 그의 아들 다리우스 3세Darius III(B.C. 380~330)는 장차 마케도니아의 알렉산드로스 대왕에 의해 굴복당하게 될 인물로 유명하다. 『비교 영웅전』에 등장하는 아르타크세르크세스는 이렇게 위아래 세대를 통해 그리스와 지속적으로 충돌한 적국의 왕이었다. 그렇다면 왜 이런 인물이 군주의 거울이 제시되는 플루타르코스의 『비교 영웅전』에 포함된 것일까?

아르타크세르크세스는 『비교 영웅전』의 마지막에 등장하는 반면

교사의 역할을 수행한다. 소경의 손을 잡고 소경이 인도하는 길을 따라가면 낭패를 보기 마련이다. 그를 따라가는 소경은 장차 길을 잃을 것이다. 아르타크세르크세스는 군주의 거울이라는 플루타르코스의 연극에 등장하는 최고의 악역 배우다. '형제의 난'으로 촉발된 페르시아 내전의 당사자이며, 최악의 막장 드라마가 펼쳐지는 가정의 가장이었으며, 온갖 종류의 간신배들이 준동하던 페르시아 왕실의 지배자였다. 친동생을 자기 손으로 죽인 것을 자랑하고 싶어 안달했고, 프로이트도 화들짝 놀랄 오이디푸스 콤플렉스의 주인공이었으며, 딸과의 근친상간을 자랑으로 여기던 최악의 군주이며, 덜떨어진 인간 그 자체였다. 『비교 영웅전』에 아르타크세르크세스를 포함시킨 것은 책을 읽는 미래의 독자들에게 페르시아의 막장 드라마를 보여주기 위해서가 아니다. 이런 최악의 군주도 원래 본성은 어질고 착했다는 것을 보여주기 위해서다. 환경이 얼마나 무섭게 본성의 변화를 초래하는지 똑똑히 보라는 것이다. 이는 군주의 높고 영광스러운 자리가 이런 추악한 인간을 만들 수 있다는 것을 알리는 플루타르코스의 경고다.

페르시아 내전과 소 키루스의 죽음

장남이었던 아르타크세르크세스는 부친 다리우스 2세로부터 왕위를 물려받았다(B.C. 404). 그러나 동생 소 키루스는 부친의 왕위 계승 절차에 반감을 가졌고, 형을 상대로 내전을 일으켰다. 우리는 이 내전에 참전했던 아테네의 역사가 크세노폰으로부터 당시 상황에 대한 기본적인 정보를 확보했다.[2] 또한 이 내전에 개입했던 스파르타의 아게실라오스Agesilaus II(B.C. 444~360) 왕과 리산드로스 장군의 영웅담도 이 책에서 이미 논의한 바 있다.[3] 그러므로 페르시아 내전은 그리스의 역사와도 밀접한 연관성이 있고, 플루타르코스는 『비교 영웅전』을 집필하면서 여러 가지 경로를 통해 페르시아에 대한 역사 정보를 취합할 수 있었던 것으로 보인다.

페르시아의 왕위를 놓고 격돌한 두 왕자의 성격은 판이하게 달랐다. 차남 소 키루스는 "아주 어렸을 때부터 예민하고 성격이 급했으나" 장남 아르타크세르크세스는 "모든 면에서 더 느긋했고 태생적으로 성격이 더 온화했다"고 한다.[4] 그는 머리도 좋아서 그리스인들에게 큰 인상을 남기기도 한 인물이다. 또한 그는 처음에는 매우 가정적인 사람이었다. 특별히 아내 스타테이라Stateira를 극진히 사랑했다.

문제는 어머니 파리사티스Parysatis로부터 출발한다. 어머니는 둘째 아들 소 키루스를 더 사랑했고, 이 둘째 아들이 페르시아의 왕위를 이어받기를 원했다. 엄정 중립을 지켜야 할 파리사티스는 둘째 아들 소 키루스를 공개적으로 지지하면서 왕실의 분위기는 살얼음판으로 변해갔다. 이런 파리사티스의 편애 때문에 가장 큰 고통을 받은 사람은 당연히 아르타크세르크세스의 아내 스타테이라였다. 첫째 며느리 스타테이라는 표독스러운 시어머니를 두려워했다. 둘째 아들을 왕위에 올려놓기 위해서라면 어떤 일이라도 저지를 사람이었기 때문이다. 상대방이 언제 음식에 독을 탈지 몰랐으므로 시어머니와 며느리가 함께 식사를 할 때면 긴장감이 흘렀다. 그래서 두 사람은 공개적인 장소에서 같은 사람이 요리한 한 가지 음식을 나누어 먹었다고 한다. 이렇게 목숨을 건 고부姑婦 간의 갈등 사이에서 장남 아르타크세르크세스의 고민은 깊어질 수밖에 없었다.

부친으로부터 적법하게 왕위를 이어받은 아르타크세르크세스는 파사르가다이에 있는 페르시아의 창건자인 키루스 대왕의 무덤 앞에서 특별한 취임식을 치러야만 했다. 페르시아의 왕위 계승 절차에는 키루스 대왕이 왕으로 취임하기 전에 입었던 옷을 차려 입고, "무화과 빵을 먹고, 소나무 가지를 씹은 뒤, 우유 한 잔을 마셔야" 하는 의식이 있었다.[5] 플루타르코스가 이런 식으로 왕위 계승 절차를 자세히 묘사한 것은 페르시아의 풍습을 비꼬기 위함이다. 페르시아에서는 왕의 자리에 취임하는 절차조차 우매하고 미신적이었다는 것을 드러내는 부분이다. 바로 이 과정에서 암살 시도가 있었다. 동생 소 키루스는 형이 옷을 갈아입는 순간에 칼로 찔러 죽이려고 했으나 사전에 그 음모가 발각되고 말았다. 소 키루스는 당연히 사형에 처해져야 마땅했으나 차남을 편애한 어머니가 그의 몸을 껴안고 울면서 장남에게 용서를 구하는 것으로 파국적인 결말은 미루어지게 된다.

온순한 성격을 가진 아르타크세르크세스는 어머니에 대한 애정의 끈을 놓지 못해 결국 동생의 죄를 용서하고, 해안 지방으로 좌천시키는 것으로 사건을 마무리한다. 결국 소 키루스는 그곳에서 반란을 일으키게 되고, 우리는 이때부터 전개된 페르시아 내전의 상황을 크세노폰의 기록을 통해 상세히 알게 된다. 소크라테스의 제자였던 크세노폰은 키루스가 모집한 그리스 용병의 일원으로 참전해 페르시아 내전을 온몸으로 겪었던 인물이고,『아나바시스』라는 페르시아 내전의 참전 기록까지 남겼다.

반란을 일으킨 소 키루스는 야심만만한 인물이었다. 추진력도 강했고 강인한 정신력을 가졌기에 일부 페르시아인들은 아르타크세르크세스보다 소 키루스가 대국의 왕으로 더 적합하다고 생각했다. 문제는 그의 허세였다. 그리스인들 중 가장 용맹하다고 알려져 있는 스파르타인들을 용병으로 고용하기 위해 그는 이런 허풍을 늘어놓았다.

그는 라케다이몬(스파르타)에 원군을 보내 도와달라고 서신을 썼다. 보병을 보내면 말을 주고, 기병을 보내면 쌍두마차를 주겠다고 약속했다. 농장을 가진 사람에게는 마을을, 마을을 가진 사람에게는 도시를 주겠다고 했다. 나아가 (금화로 주는) 병사들의 급여는, 개수로 헤아리지 않고 무게로 달아 주겠다고 했다.[6]

이런 허세에 속아서는 안 된다. 허세가 심한 군주는 아무렇지 않게 공수표를 날린다. 세치 혀로 하는 말은 돈이 들지 않다 보니 허세가 섞인 말로 자신의 위세를 드러내는 일에 아주 능숙하다. 결국 그리스에서 1만 3000명의 용병이 소 키루스의 수하로 들어왔고, 이 그리스 용병부대를 '만인대萬人隊'라고 불렀다. 소 키루스가 막강 전력을 자랑하는 그리스 용병까지 동원하며 반란을 일으키자, 궁정 안에서도 작은 전쟁이 일어난다. 아르타크세르크세스의 아내 스타테이라는 키루스를 싸고도는 파리사티스에게 울부짖으며 큰 소리로 거칠게 항의한 것이다. 원래 포악하고 잔인한 성격을 가진 시어머니 파리사티스

▲
장 아드리앙 기네, 〈쿠낙사 전투〉, 19세기 중엽, 루브르 박물관 소장.

는 며느리의 이런 행동에 앙심을 품고 극단적인 생각을 하게 된다. 그녀는 며느리를 독살하기로 하고 적절한 때와 장소를 물색하기 시작한다.

플루타르코스는 그 유명한 쿠낙사 전투(B.C. 401) 장면을 간략하게 다룬다. 크세노폰이 이미 상세하고 정확하게 그 전투 장면을 묘사해놓았기 때문에 본인은 굳이 그 기록을 반복하지 않겠다고 하면서,[7] 그리스 용병대를 고용한 소 키루스가 그 전투에서 전사했다는 사실만 담담히 보고한다.

대신 플루타르코스는 소 키루스를 죽인 뒤 시작된 아르타크세르크세스의 본성의 변화를 집중적으로 다루기 시작한다. 원래 아르타크세르크세스는 신중한 사람이었고 성격도 온순한 편이었다. 암기력이 뛰어나 그리스인들로부터 '암기 왕 Mnemon'이라는 별명까지 얻었던 인물이다. 쿠낙사 전투에서 승리를 거둔 것도 바로 이런 왕의 덕목 때문이었다. 그러나 소 키루스는 성격이 급하고 다혈질이라 자신의 분을 이기지 못하고 무모하게 최전선으로 직접 나섰다가 최후를 맞이한다. 두 번이나 최전선에서 공격을 지휘하며 소 키루스가 자신을 계속해서 능멸하자 아르타크세르크세스도 결국 최전방에 나서게 된다. 두 형제는 서로를 향해 창을 던지며 정면으로 대결했다. 아르타크세르크세스는 자신이 반란을 일으킨 동생을 직접 죽였다고 믿었다. 그런데 현장에 있던 참모들과 군사들의 생각은 달랐다. 어떤 사람은 어느 카리아 사람이 소 키루스를 죽였다고 했고, 어떤 사람은 미트라테스라는 이름을 가진 젊은 페르시아 군사가 창으로 소 키루스의 관자놀이 부근을 찔러 죽였다고 했다. 플루타르코스는 또 다른 이야기를 들려준다. 페르시아의 왕실에서 허드렛일을 하던 카우니오이 족의 한 병사가 소 키루스의 허벅지를 찔렀고, 동맥이 터지면서 그에게 과다 출혈이 일어났으며, 결국 말에서 떨어진 소 키루스가 큰 바위에 머리를 부딪쳐 사망에 이르렀다는 것이다. 아르타크세르크세스는 옆에 서 있던 내시에게 동생 소 키루스의 오른손과 머리를 자르게 했다. 적장의 손과 머리를 잘라 승리의 표시로 전시하는 것은 페르시아의 풍습이었다. 그러나 그리스인들의 관점에서 볼 때 이것은 야만적인 행동에 불과했다. 플루타르코스는 페르시아 군주의 야만성에 혐오의 눈길을 보낸다. 자신의 승리에 도취되어 야만적인 행동을 일삼는 수많은 군주들에 대해 플루타르코스는 비판적인 시각을 유지한다.

페르시아 궁정 안에서의 전쟁

『비교 영웅전』이라는 방대한 책을 집필하기 위해 플루타르코스는 수많은 책을 참고 했을 것이다. 특히 아르타크세르크세스의 생애를 군주의 거울로 소개하기 위해 크세노폰의 책을 주로 참고했으리라 추측된다. 너무 많은 내용을 참고하면 표절의 위험이 있을까 염려했는지, 플루타르코스는 쿠낙사 전투 이후에 벌어진 페르시아 궁정 안에서의 암투를 더 상세하게 소개한다. 『비교 영웅전』의 말미에서 본받지 말아야 할 군주의 거울로 등장하는 아르타크세르크세스의 문제는 소 키루스와의 내전으로 촉발된 게 아니었다. 오히려 소 키루스의 반란이 진압된 뒤부터 벌어진 페르시아 궁정의 참혹한 전쟁이 궁극적인 이야기의 주제였고, 후대의 군주들이 절대로 본받지 말아야 할 충격적인 이야기는 여기서부터 펼쳐진다.

아르타크세르크세스는 모든 공덕을 자신에게로 돌렸다. 반란을 성공적으로 진압하고, 소 키루스를 창으로 찔러 죽인 것도 본인이라 믿었기에, 페르시아의 모든 신하와 백성들이 그 사실을 알아주기를 간절히 원했다. 제일 먼저 키루스에게 창을 휘둘렀다는 카리아 사람, 창으로 키루스의 관자놀이를 찔렀다는 미트라테스, 그리고 키루스의 허벅지를 창으로 찌른 카우니오이 족의 병사들에게 값싼 선물을 내리면서 그들의 입을 다물게 한 뒤 자신의 손으로 소 키루스를 죽였다는 사실을 공식화했다. 역사를 왜곡하면서까지 그는 자신의 공덕을 스스로 찬양하고 싶었던 것이다. 소 키루스를 자신의 손으로 죽였다고 믿고 있던 미트라테스는 억울하다는 생각을 품었지만, 왕이 준

▲
페르시아의 옛 수도 페르세폴리스에 있는 '100개의 기둥이 있는 왕궁'의 유적지. 뒤편 언덕에 보이는 게 아르타크세르크세스의 무덤이다.

선물을 받고 고향으로 돌아갔다. 그러나 카리아 사람은 분통을 터트리며 왕이 자신의 명예를 가로챘다고 떠벌리고 다니면서 문제를 일으켰다. 이에 격분한 아르타크세르크세스가 그를 참수형에 처하라고 명령하자, 왕의 어머니 파리사티스는 "저 몹쓸 놈을 그렇게 쉽게 보내주어서는 안 된다"면서 자신에게 처벌을 맡겨달라고 했다. 사랑하는 둘째 아들 소 키루스를 자기 손으로 죽였다고 떠벌리고 다니는 병사를 파리사티스가 평범한 방식으로 죽일 리 없었다. 잔혹한 대왕대비 마마는 "관리들을 불러 그 남자를 열흘간 바퀴에 묶으라고 명령하고, 그다음 눈알을 파고 죽을 때까지 귀에 쇳물을 붓도록" 했다.[8]

이런 일은 겨우 시작에 불과하다. 키루스의 관자놀이를 찔러 치명상을 입혔다고 주장하던 미트라테스도 자제심을 잃고 자신이 세운

공을 떠벌리기 시작했다. 신중했던 그도 몇 모금의 포도주를 들이키자 하지 말아야 할 행동을 하고 만 것이다. 키루스를 죽인 공이 자신에게 있다고 주장하자, 아르타크세르크세스는 그를 체포해 '나룻배 고문'으로 처형해버렸다. 나룻배 고문은 페르시아에서 패역죄인에게 내리는 가장 끔찍한 형벌이다. 작은 나룻배 두 척을 위 아래로 포개놓고 그 안에 죄수를 묶어놓는 것으로 이 야만적인 형벌이 시작된다. 얼굴과 양손 그리고 양다리는 나룻배의 밖으로 나오게 묶어두고, 물과 우유를 강제적으로 먹인다. 죄수가 마시는 것을 거부하면 양 눈을 찔러 강제적으로 들이키게 만든다. 결국 그 죄수는 나룻배 안에서 배설하게 되고, 그것이 변질되어 썩어 가면서 엄청난 양의 구더기가 슬게 되는데, 결국 구더기는 죄수의 내장까지 모두 파먹는다. 죄수가 사망한 뒤 덮혀 있던 나룻배를 치워보면 죄수의 신체는 모두 사라지고 나룻배 안에 구더기만 가득 차 있는 끔찍한 형벌이다. 소 키루스를 죽인 공을 자신에게 돌린 미트라테스의 나룻배에도 꿈틀거리는 구더기만 가득 남았다고 한다.

 대왕대비 마마의 복수는 여기서 끝나지 않았다. 차남 키루스의 손과 목을 자른 내시를 죽이기 위해 파리사티스는 장남 아르타크세르크세스와 함께 내기 도박을 한다. 먼저 큰돈을 잃어주고 왕을 안심시킨 뒤 파리사티스는 내시의 목숨을 건 도박을 제안한다. 자신이 이기면 원하는 내시의 목을 달라는 것이었다. 어머니의 계략에 속아 넘어간 아르타크세르크세스는 결국 내기 도박에서 지게 되고, 파리사티스는 키루스의 손과 목을 자른 내시의 목을 요구하기에 이른다. 그녀는 사랑했던 둘째 아들의 복수를 위해 그 내시를 잡아다가 산

▲
페르세폴리스에 있는 아르타크세르크세스의 무덤.

채로 가죽을 벗겼고, 그의 벗겨진 가죽만 따로 야외에 전시해놓았다고 한다.

본격적인 궁궐에서의 암투는 이때부터 시작됐다. 어머니에 대한 정을 버리지 못하는 남편의 우유부단한 성격에 환멸을 느낀 아내 스타테이라는 시어머니와 격렬하게 대립한다. 숨 막히는 고부 간의 전쟁은 끝내 시어머니 파리사티스의 승리로 막을 내린다. 파리사티스는 주방장을 매수해 칼의 한쪽 면에만 독을 바르게 했다. 눈앞에서 같은 음식을 둘로 잘랐기 때문에 며느리 스타티에라는 의심하지 않고 그 음식의 반쪽을 먹었다. 결국 아르타크세르크세스의 아내는 고통스럽게 몸부림치다 숨을 거두었다. 왕비가 독살된 것이다. 사랑하는 아내를 잃은 아르타크세르크세스 왕은 칼의 한쪽 면에 독을 칠한 주방장을 극형으로 다스렸다. 넓적한 돌에 죄인의 머리를 올려놓고, 또 다른 큰 돌을 죄인의 머리에 올린 뒤 형체가 없어질 때까지 맷돌로 가는 방식이었다. 사랑하는 아내를 잃었지만 그래도 아들은 어머니를 귀양 보내는 것으로 암살 사건을 종결했다. 바빌론으로 어머니를 보낸 그는 평생 그쪽을 향해 머리도 돌리지 않았다고 한다.

페르시아 궁궐에서 벌어진 이 야만적인 막장 드라마를 더 설명하는 것은 지면 낭비일 것이다. 플루타르코스도 집안에서 벌어진 이 끔찍하고 추잡한 이야기들을 간략하게 묘사하는 것으로 그친다. 아르타크세르크세스는 자신의 딸 아토사Atossa와 근친상간 관계에 있었고, 결국 수많은 왕비 중 한 명으로 맞아들인다. 딸을 아내로 삼은 것도 모자라 360명의 애첩을 궁궐에 두고 매일 주지육림酒池肉林에 빠져들었는데, 일설에 의하면 그는 115명의 아들을 두었다고 한다.

플루타르코스는 아르타크세르크세스의 천륜을 저버린 이 같은 삶을 "욕망의 대상으로 향하는 길은 매끄러운 내리막 길"이었다고 짧게 평가한다.⁹ 94세까지 장수를 누렸지만 그는 형언할 수 없는 비극의 주인공으로 생을 마감한다. 차라리 관자놀이가 바위에 부딪혀 죽든, 아니면 허벅지를 찔려 죽든 일찍 생을 마친 동생 소 키루스가 더 부러웠을 고통의 나날들이었다. 아르타크세르크세스의 아들들은 자신이 그랬던 것처럼 왕위 계승을 위해 광분하다 자살과 타살로 목숨을 잃는다. 페르시아인들은 그래도 아들에 비하면 아르타크세르크세스를 선한 왕이라고 생각했다. 그의 성격이 온화하고 백성을 아꼈기 때문이 아니라 그의 아들 오코스Ochus가 너무나도 잔악한 왕이었기 때문이다. 그것은 아르타크세르크세스에 대한 칭찬이 아니라 사악하고 무능한 군주에 대한 '침 뱉기'였다.

인간의 본성은 변하는가

실증주의 역사가들은 특정적인 개인의 본성을 중시하지도 않고, 그 개인의 성격 변화에도 별다른 관심을 보이지 않는다. 오히려 역사적 인물의 시대적 특징을 규정하게 만드는 사회적, 정치적, 경제적 환경을 더 중요한 요소로 본다. 반대로 현대의 많은 전기 작가들은 성공과 실패의 경험을 통해 발전해가는 인격의 성장이, 인간성의 변화와 어떻게 연결되는지에 주목한다. 그들은 불우한 환경에서 태어난 인물이 시련과 고난 그리고 실패를 경험하면서 지혜로운 인격으로 변모해가는 과정을 추적하는 것을 중요한 과제로 여긴다.

『비교 영웅전』의 저자 플루타르코스는 고대 그리스와 로마의 특출한 인물 50명을 분석한 뒤 이렇게 마지막 결론에 도달한다. 사람의 본성 자체는 잘 드러나지도 않고 변하지도 않지만 삶의 위기 상황 속에서 경험하는 충격을 통해 원래의 본성이 마침내 분출된다고. 선한 사람은 이성의 통제로 자신의 본성을 숨기고, 악한 사람은 주변의 경계심과 본인의 이익을 위한 자제력으로 자신의 본성을 숨길 뿐이다. 그러나 모든 인간은 선하든 악하든 삶의 현장에서 충격적인 사건을 경험하게 된다. 그것이 최상의 성공일 수도 있고, 최악의 실패일 수도 있다. 바로 이 결정적인 순간에서부터 그 사람의 숨어 있던 본성이 드러나기 시작한다. 그래서 플루타르코스의 『비교 영웅전』에 등장하는 주인공들은 많은 경우 다음과 같은 생애의 패턴을 보인다.

1. 조상과 가문, 배경 소개. 인물의 성장 가능성이 엿보임.
2. 어릴 적 일화를 통해 주인공의 본성이나 성격의 단면이 일부분 드러남.
3. 소년 시절에 경험하는 작은 사건들의 소개.
4. 특정 분야에서 활동을 시작함.
5. 성공 혹은 실패로 초래되는 첫 번째 충격적인 경험.
6. 첫 번째 충격의 극복을 통한 경험과 지혜의 축적.
7. 두 번째 극단적인 경험을 통해 숨어 있던 인격의 본성이 완전히 드러남.
8. 드러난 본성을 통해 초래된 역사적 결과의 진술.

『비교 영웅전』의 마지막 군주의 거울로 소개한 아르타크세르크세스도 이와 유사한 생애의 패턴을 보인다. 그의 본성은 원래부터 명예욕으로 가득했고 잔인했으며, 욕정을 주체하지 못하는 치명적인 결함을 가지고 있었지만 왕위를 물려받기 위해 그의 본성을 교묘하게 위장했던 것이다. 심지어 그는 온화한 성격을 가진 인물로 보이기까지 했다. 동생 소 키루스가 그리스 용병까지 동원해 반란을 일으켰을 때, 그는 첫 번째 충격적인 경험을 하게 된다. 그는 이 경험을 통해 무자비한 통치의 기술을 배웠을 뿐만 아니라 그의 잔혹한 본성을 드러내기 시작한다. 소 키루스를 자신의 손으로 죽인 명예를 지키기 위해 부하들을 잔혹하게 살해하면서 그동안 숨겨놓았던 본성을 만천하에 드러낸다. 플루타르코스는 공개적으로 드러난 아르타크세르크세스의 본성에 대해 이런 평가를 내린다.

> 이 여정에서 왕은, 사람들이 생각하는 것과 달리 비겁함과 나약함이 사치스럽고 호화로운 생활에서 비롯하는 게 아니며, 그릇된 가치관의 영향을 받는 저열하고 미천한 본성에서 비롯함을 몸소 증명했다.[10]

비록 페르시아의 왕이었지만 아르타크세르크세스는 본받지 말아야 할 군주의 거울로 손색이 없다. 아르타크세르크세스는 궁중 생활의 사치와 호화로움 때문에 비천한 군주가 된 게 아니라 아예 처음부터 미천한 본성을 타고 났던 것이다. 충격적인 경험을 통해 본성을 드러내기 시작한 아르타크세르크세스는 "관습과 법률을 깡그리 무시하는 행동"을 서슴지 않았다.[11] 그것이 그가 숨겨놓았던 본성의 실체다.

우리는 군주가 저지르는 잘못에 대해 착각할 때가 많다. 군주가 비겁하고, 나약하고, 사치스럽고, 호화로운 생활을 하면 비판하고 욕을 한다. 그러나 우리는 먼저 그가 "저열하고 미천한 본성"을 가지고 태어난 것은 아닌지 살펴야 한다. 지금 군주가 되려는 자는 그 저열하고 미천한 본성을 우리 앞에서 잠시 숨기고 있을 뿐이다. 절대로 속지 말아야 한다. 그러므로 이 책의 마지막 장인 '아르타크세르크세스' 편은 군주가 되려는 자를 위한 게 아니라 군주가 되려는 자가 "저열하고 미천한 본성"을 숨기고 있는지를 분별해내는 지혜를 얻기 위한 것이다. 우리 주위에도 아르타크세르크세스와 같이 저열하고 미천한 본성을 숨기고 있는 군주 후보자가 무척이나 많기 때문이다.

주석

서문

1. 기원전 8세기에 그리스에서 활동한 호메로스에 의해 문학적 상상력이 발흥하기 시작했고, 기원전 6세기에 활동한 밀레토스학파의 탈레스에 의해 철학이 탄생했으며, 기원전 5세기에 활동한 그리스 역사가 헤로도토스는 '역사(Historia)'라는 용어와 개념을 만들어냈다.
2. 키케로는 로마 시민권을 박탈당한 그리스 출신 시인 아르키아스를 변호하면서 이 개념을 발전시켰다. 키케로의 법정 연설문 『Pro Archia』 참조. 키케로 변호문의 한글 번역은; 키케로, 김남우 외 역, 『설득의 정치』(서울: 민음사, 2015), 232~252.
3. J.J. Chambliss, ed., *Philosophy of Education: An Encyclopedia*(New York: Routledge, 2013), 630.
4. 레오나드로 브루니는 "최초의 현대 역사가"로 알려져 있다. 서구 역사의 흐름을 고대, 중세, 현대로 3등분한 최초의 인물이다.
5. 역사 공부를 위해서는 리비우스, 살루투스, 타키투스의 책을, 변증술을 위해서는 키케로의 책을 추천했고, 도덕철학에 관한 고전을 권했으며, 호메로스와 베르길리우스의 작품을 통한 문학 공부를 추천했다.
6. 1423년, 비토리노 다 펠트레(Vittorino da Feltre, 1378~1446)는 만투아에 설립된 카사 지오코사(Casa Giocosa)에서 본격적으로 인문학을 가르치기 시작했다. 비슷한 시기에 구아리노 구아리니(Guarino Guarini, 1374~1460)는 페라라에서 인문학을 가르치는 학교를 열었다. 이는 기숙학교(Boarding School)의 원조가 됐다.
7. 그래서 어떤 역사학자는 "12세기는 콩으로 가득 찼다(12th-century was full of beans)"는 유명한 말을 남기기도 했다. 여기서 'full of beans'라는 관용구는 '활기가 가득한 상태'를 뜻하기도 한다.
8. 이 책은 이전에 출간된 『군주의 거울, 키루스의 교육』의 속편 격이다. '군주의 거울(Speculum Regia)'에 대한 자세한 설명은; 김상근, 『군주의 거울: 키루스의 교육』(파

주: 21세기북스, 2016), 19~23.

9. 스티브 잡스의 스탠포드 대학 2005년 졸업식 연설문(2005년 6월 12일)에서. 영문 연설문의 출처는 https://news.stanford.edu/2005/06/14/jobs-061505/

1부

1. 영웅 vs. 영웅, 어떤 삶에서 배울 것인가

1. 물론 로마의 건국 신화를 다룬 베르길리우스의 『아이네이스』나 카이사르의 『갈리아 원정기』, 또 타키투스의 『역사』 외에 많은 역사서들, 그리고 황제가 직접 쓴 마르쿠스 아우렐리우스의 『명상록』도 로마의 군주의 거울로 손색 없는 책들이다.
2. 하드리아누스 황제의 명을 받아 아카이아의 행정관이 되었다는 설도 있으나 확실하지 않다.
3. 한국에서는 아직 『모랄리아』 전집이 번역되지 않았다. 일부 내용은; 플루타르코스, 천병희 역, 『수다에 관하여』(고양: 숲, 2010). 플루타르코스, 허승일 역, 『플루타르코스의 모랄리아』(서울: 서울대학교출판문화원, 2012).
4. 카르타고의 한니발 장군을 물리쳤던 스키피오 아프리카누스와 스파르타를 물리친 테바이의 용장 에파메이논다스(Epameinondas)의 비교 위인전이 존재했지만 현재 전해오는 판본에는 유실되어 있다.
5. 신크리시스(syncrisis)는 고대 그리스어의 σύν(~와 함께)와 κρίσις(판단하다)의 합성어다. 그리스 수사학에서 반대되는 개념이나 인물을 서로 비교해 강조하는 기법을 말한다.
6. 총 20권의 개인 위인전을 집필했을 것으로 추정하지만 현존하는 것은 네 권이다.
7. 테미스토클레스와 카밀루스, 알렉산드로스와 율리우스 카이사르, 포키온과 소(小) 카토, 그리고 피로스와 마리우스 편에 각각 '비교'가 존재하지 않는다.
8. 『비교 영웅전』을 탐독하고 인용했던 마키아벨리는 그의 『군주론』에서 스키피오 아프리카누스의 생애에 대해 자세히 언급하고 있다. 『군주론』 제14장 참조.
9. 플루타르코스는 이렇게 말했다. "이러한 일화는 한 사람의 성품이 어떻게 드러났고 받아들여졌는지에 관해, 위대하고 이름난 업적 못지않은 상당한 정보를 제공한다는 게 내 생각이다." 플루타르코스, 이다희 역, 『영웅전』 제8권(서울: Human & Books,

2015), 102(소 카토 편 37절).
10. 이윤기, 이다희 역본은 총 10권으로 출간됐다. 마지막으로 출간된 책은 플루타르코스. 이다희 역, 『영웅전』 제10권(서울: Human & Books, 2015).
11. 플루타르코스, 천병희 역, 『비교 영웅전』(고양: 숲, 2010).
12. 하버드 대학 판본은 1914년, 하버드 대학 출판부에서 'Loeb Classical Library' 시리즈로 출간된 총 11권의 『영웅전(Lives)』이며, 번역자인 베르날도테 페린(Bernadotte Perrin)의 이름을 따 '페린 본'으로 불린다. 그리스어 원전과 영어 번역 대조본으로 출간됐다.
13. 플루타르코스, 김헌 주해, 『두 정치연설가의 생애』(파주: 한길사, 2013).
14. 그리스 편에는 리쿠르고스, 솔론, 테미스토클레스, 페리클레스, 알렉산드로스가, 로마 편에는 마르쿠스 카토, 티베리우스 그락쿠스, 가이우스 그락쿠스, 카이사르, 안토니우스가 소개되어 있다.
15. 크세노폰, 최자영 역, 『헬레니카』(서울: 아카넷, 2012), 305(제7권 5장 27절).

2. 인간의 본성을 살피고 경계하라

1. 윤혜준, 『바로크와 나의 탄생: 햄릿과 친구들』(파주: 문학동네, 2013), 197.
2. 이런 로마의 정신은 장차 르네상스 운동의 시발점이 된다. 14~16세기 이탈리아를 중심으로 발전한 르네상스 운동은 이런 로마적 가치를 우선시했고, 로마 시대의 역동성으로 회귀하려는 노력이 진지하게 시도됐다.
3. Plutarch, Bernadotte Perrin, trans., *Lives*, Vol. 1(Cambridge: Harvard University Press, 1919), 5(Theseus, ch. 1).
4. 영국 옥스퍼드 대학이 소장하고 있는 일명 '파로스 연대기(Parian Chronicle)'에 의하면 아이게우스는 기원전 1282~1234년까지 다스렸다. 테세우스는 기원전 1234~1205년까지 통치했다. 파로스 연대기는 기원전 3세기경에 만들어졌고 파로스 섬에서 발견됐다.
5. 도리아인의 후예들이 건국한 스파르타에 영웅 헤라클레스가 있었다면, 이타케(아테네가 중심이 되는 그리스의 동부 지역)에는 헤라클레스를 필적하는 영웅 테세우스가 있었다는 점을 강조하고 있다.
6. 아버지 아이게우스는 코린토스에서 망명온 메데이아와 결혼한 상태였다. 왕위를 계

승할 테세우스가 나타나자 메데이아는 독을 탄 술잔을 권했으나 아들의 칼을 발견한 아이게우스가 술잔을 엎고 아들과 해후하게 된다. 플루타르코스, 이다희 역, 『영웅전』 제1권(서울: Human & Books, 2010), 25(테세우스 편 12절).

7. 플루타르코스, 이다희 역, 『영웅전』 제1권(서울: Human & Books, 2010), 34(테세우스 편 24절).
8. 플루타르코스, 이다희 역, 『영웅전』 제1권(서울: Human & Books, 2010), 34~35(테세우스 편 24절).
9. 플루타르코스, 이다희 역, 『영웅전』 제1권(서울: Human & Books, 2010), 35(테세우스 편 24절).
10. 위의 책, 같은 쪽.
11. 1358년부터 프랑스 파리 시의 모토가 된 "Fluctuat nec mergitur(파도에 흔들려도 침몰하지 않는다)"는 아테네에 내려진 신탁과 역사적 연관이 있는 것으로 보인다.
12. 플루타르코스, 이다희 역, 『영웅전』 제1권(서울: Human & Books, 2010), 36(테세우스 편 25절).
13. 플루타르코스, 이다희 역, 『영웅전』 제1권(서울: Human & Books, 2010), 42~43(테세우스 편 29절).
14. 죽은 자를 적절한 예를 갖추어 매장하는 것은 그리스인이 추구하던 가장 기본적인 인간의 덕목이다. 테세우스는 전쟁 중에도 이런 전통을 수립한 최초의 인물이다. 플루타르코스, 이다희 역, 『영웅전』 제1권(서울: Human & Books, 2010), 43(테세우스 편 29절).
15. 플루타르코스, 이다희 역, 『영웅전』 제1권(서울: Human & Books, 2010), 51(테세우스 편 36절).
16. 위의 책, 같은 쪽.
17. 위의 책, 같은 쪽.
18. 플루타르코스, 이다희 역, 『영웅전』 제1권(서울: Human & Books, 2010), 58(로물루스 편 3절).
19. 동생 아물리우스가 형 누미토르를 권력으로 제압하고 씨족 왕이 됐다. 실비아는 형의 딸이었는데, 그녀를 베스타의 여사제로 만들어 결혼하지 못하도록 했다. 후손을 낳지 못하도록 한 조치였으나 마르스와의 관계에서 쌍둥이 형제를 낳는다.
20. 플루타르코스, 이다희 역, 『영웅전』 제1권(서울: Human & Books, 2010), 60(로물루

스 편 4절).
21. 플루타르코스, 이다희 역, 『영웅전』 제1권(서울: Human & Books, 2010), 61(로물루 스 편 6절).
22. 플루타르코스, 이다희 역, 『영웅전』 제1권(서울: Human & Books, 2010), 62~65(로 물루스 편 7~8절).
23. 형 로물루스는 팔리티노 언덕을 선택하고, 동생 레무스는 아벤티누스 언덕을 선택 했는데 독수리가 날아가는 것을 보고 결정하기로 했다. 동생이 여섯 마리를 본 반면 형은 열두 마리를 보았다고 거짓말을 해 동생의 의견을 묵살한다. 결국 이것이 분쟁이 되어 다투다가 형이 동생을 죽였다는 설이다. 플루타르코스, 이다희 역, 『영웅전』 제1권(서울: Human & Books, 2010), 66~67(로물루스 편 9~10절).
24. 플루타르코스, 이다희 역, 『영웅전』 제1권(서울: Human & Books, 2010), 69(로물루스 편 13절). 라틴어 'legere'는 '읽다'와 '선택하다'의 뜻으로 사용된다.
25. 플루타르코스, 이다희 역, 『영웅전』 제1권(서울: Human & Books, 2010), 71(로물루 스 편 14절).
26. 플루타르코스, 이다희 역, 『영웅전』 제1권(서울: Human & Books, 2010), 71(로물루 스 편 14절).
27. 플루타르코스, 이다희 역, 『영웅전』 제1권(서울: Human & Books, 2010), 74(로물루 스 편 16절).
28. 플루타르코스, 이다희 역, 『영웅전』 제1권(서울: Human & Books, 2010), 84(로물루 스 편 21절).
29. 플루타르코스, 이다희 역, 『영웅전』 제1권(서울: Human & Books, 2010), 88~89(로 물루스 편 25절).
30. 플루타르코스, 이다희 역, 『영웅전』 제1권(서울: Human & Books, 2010), 89(로물루 스 편 25절).
31. 플루타르코스, 이다희 역, 『영웅전』 제1권(서울: Human & Books, 2010), 89(로물루 스 편 26절)에서 페린본을 참고해 각색[(중략) to renounce his popular ways, and to change to the ways of a monarch].
32. 같은 책, 같은 쪽.
33. 플루타르코스, 이다희 역, 『영웅전』 제1권(서울: Human & Books, 2010), 91(로물루 스 편 27절).

34. 플루타르코스, 이다희 역, 『영웅전』 제1권(서울: Human & Books, 2010), 94(테세우스와 로물루스 비교편 1절).
35. 플루타르코스, 이다희 역, 『영웅전』 제1권(서울: Human & Books, 2010), 95(테세우스와 로물루스 비교편 1절).
36. 플루타르코스, 이다희 역, 『영웅전』 제1권(서울: Human & Books, 2010), 96(테세우스와 로물루스 비교편 2절).
37. 플루타르코스, 이다희 역, 『영웅전』 제1권(서울: Human & Books, 2010), 96(테세우스와 로물루스 비교편 3절).

3. '지속 가능한 가치'를 철저하게 교육하라

1. 단테, 한형곤 역, 『신곡』(파주: 서해문집, 2005), 646~647(천국편, 제1곡, 13행, 17행). 델포이의 아폴론 신전은 파르나소스 산 중턱에 자리해 있다. 아폴론은 '치르라' 봉우리에, 뮤즈들은 '엘리코나' 봉우리에 살고 있다고 전해진다. 단테는 '천국'의 영광을 노래하기 위해 두 봉우리에 살고 있던 아폴론과 뮤즈들에게 도움을 간청한다.
2. 헤겔, 임석진 역, 『법철학』(파주: 한길사, 2008), 54.
3. 헤겔의 이런 사상에 정면으로 반대했던 인물이 마르크스였다는 것은 철학사의 상식이다. 마르크스는 "갈리아의 수탉이 독일의 부활의 날을 알려줄 것이다"라고 반박하면서 존재하는 것에 대한 이성적 접근보다 실천적 의지의 중요성을 강조했다. 마르크스의 『헤겔 법철학 비판 서문』 참조.
4. 제우스의 아들 헤라클레스는 '12가지 과업'을 수행한 그리스 신화의 주인공이지만 펠로폰네소스 반도를 통치한 도리아 출신의 왕족 역사와 겹친다. 마케도니아(그리스 북부) 지방의 도리아인들과 남하해 헤라클레스 왕족(Heracleidae)의 전통을 세웠다. 플루타르코스, 이다희 역, 『영웅전』 제1권(서울: Human & Books, 2010), 103(리쿠르고스 편 1절).
5. 플루타르코스, 이다희 역, 『영웅전』 제1권(서울: Human & Books, 2010), 106~107(리쿠르고스 편 3절).
6. 플루타르코스, 이다희 역, 『영웅전』 제1권(서울: Human & Books, 2010), 108(리쿠르고스 편 4절).
7. 플루타르코스는 이 가능성을 회의적으로 보았다. 플루타르코스, 이다희 역, 『영웅

전』 제1권(서울: Human & Books, 2010,) 109(리쿠르고스 편 4절).

8. 플루타르코스, 이다희 역, 『영웅전』 제1권(서울: Human & Books, 2010), 111(리쿠르고스 편 5절).

9. 플루타르코스, 이다희 역, 『영웅전』 제1권(서울: Human & Books, 2010), 111(리쿠르고스 편 5절).

10. 플루타르코스, 이다희 역, 『영웅전』 제1권(서울: Human & Books, 2010), 118(리쿠르고스 편 10절).

11. 아고게는 세 단계로 진행됐다. 파이데스(7~17세), 파아디스코이(17~19세), 헤본테스(20~29세)로 나누어 각 단계별 혹독한 생존법과 백병전 훈련 등을 받았다.

12. 'Laconic'은 '라코니아인의 방식'이라는 뜻이며, 라코니아(Laconia)는 'Lacedaemonia'의 다른 표현으로 스파르타 지역을 말한다.

13. 플루타르코스, 이다희 역, 『영웅전』 제1권(서울: Human & Books, 2010), 141(리쿠르고스 편 25절).

14. 플루타르코스, 이다희 역, 『영웅전』 제1권(서울: Human & Books, 2010), 147(리쿠르고스 편 29절).

15. 플루타르코스, 이다희 역, 『영웅전』 제1권(서울: Human & Books, 2010), 150(리쿠르고스 편 31절).

16. 플루타르코스, 이다희 역, 『영웅전』 제1권(서울: Human & Books, 2010), 161(누마 편 5절).

17. 플루타르코스, 이다희 역, 『영웅전』 제1권(서울: Human & Books, 2010), 162(누마 편 6절).

18. 플루타르코스, 이다희 역, 『영웅전』 제1권(서울: Human & Books, 2010), 162(누마 편 6절).

19. 플루타르코스, 이다희 역, 『영웅전』 제1권(서울: Human & Books, 2010), 164(누마 편 8절).

20. 폰티펙스(Pontifex)는 '다리를 만드는 사람'이라는 뜻이다. 거룩한 강인 티베르를 가로지르는 다리를 놓을 수 있는 사람은 고귀한 자여야만 했다. 신과 인간을 연결하는 상징적인 역할을 다리로 표현했다는 설도 있고, '5'라는 숫자에서 파생된 단어라는 설도 있다.

21. 플루타르코스, 이다희 역, 『영웅전』 제1권(서울: Human & Books, 2010),

180~181(누마 편 18절).

22. 플루타르코스, 이다희 역, 『영웅전』 제1권(서울: Human & Books, 2010), 174(누마 편 13절). 이 방패를 복제품으로 만들어 매년 3월이면 사제들이 거리를 행진하며 군무를 췄다.
23. 플루타르코스, 이다희 역, 『영웅전』 제1권(서울: Human & Books, 2010), 159(누마 편 4절). 심지어 누마는 아내 타티아가 죽은 뒤 에게리아를 자신의 아내로 삼았다고 한다.
24. 플루타르코스, 이다희 역, 『영웅전』 제1권(서울: Human & Books, 2010), 187(누마 편 22절).
25. 플라톤, 천병희 역, 『국가』(고양: 숲, 2013), 438(8권 544c).
26. 플루타르코스, 이다희 역, 『영웅전』 제1권(서울: Human & Books, 2010), 164(누마 편 8절).
27. 플루타르코스, 이다희 역, 『영웅전』 제1권(서울: Human & Books, 2010), 195(리쿠르고스와 누마의 비교편 4절).
28. 위의 책, 같은 쪽.
29. 플루타르코스, 이다희 역, 『영웅전』 제1권(서울: Human & Books, 2010), 196(리쿠르고스와 누마의 비교편 4절).

4. '현명한 사람' 위에 '행복한 사람'이 있다

1. 헤로도토스, 천병희 역, 『역사』(고양: 숲, 2009), 80(제1권 86절).
2. 헤로도토스, 천병희 역, 『역사』(고양: 숲, 2009), 80(제1권 86절).
3. 플루타르코스, 이다희 역, 『영웅전』 제1권(서울: Human & Books, 2010), 270(솔론과 푸블리콜라의 비교편 1절).
4. 고대 그리스의 7대 현자의 어록은 아래와 같다. 린도스의 클레오불루스(절제가 최선이다), 아테네의 솔론(무엇이든 지나치지 않도록), 스파르타의 칠론(불가능한 것을 원치 말라), 프리에네우의 비아스(모든 인간은 나쁘다), 밀레투스의 탈레스(너 자신을 알라), 미틸레네의 피타쿠스(너의 기회를 알라), 코린트의 페리안데르(모든 것을 예상하라).
5. 플루타르코스, 이다희 역, 『영웅전』 제1권(서울: Human & Books, 2010), 200(솔론

편 2절).

6. 플루타르코스, 이다희 역, 『영웅전』 제1권(서울 Human & Books, 2010), 211(솔론 편 14절).
7. 플루타르코스, 이다희 역, 『영웅전』 제1권(서울: Human & Books, 2010), 211(솔론 편 14절).
8. 플루타르코스, 이다희 역, 『영웅전』 제1권(서울: Human & Books, 2010), 211(솔론 편 14절).
9. 플루타르코스, 이다희 역, 『영웅전』 제1권(서울: Human & Books, 2010) 214(솔론 편 15절).
10. 소득에 따른 분류였다. 최상위인 'Pentakosiomedimnoi'는 한 해의 소득이 500단위(곡식, 기름, 술 생산 기준) 이상, 'Hippeis'는 300단위 이상, 그리고 'Zeugitai'는 200단위 이상을 올리는 사람들이었다. 플루타르코스, 이다희 역, 『영웅전』 제1권(서울: Human & Books, 2010), 218(솔론 편 23절).
11. 플루타르코스, 이다희 역, 『영웅전』 제1권(서울: Human & Books, 2010), 219(솔론 편 18절).
12. 플루타르코스, 이다희 역, 『영웅전』 제1권(서울: Human & Books, 2010), 219(솔론 편 18절).
13. 플루타르코스, 이다희 역, 『영웅전』 제1권(서울: Human & Books, 2010), 219(솔론 편 18절).
14. 플루타르코스, 이다희 역, 『영웅전』 제1권(서울: Human & Books, 2010), 250(푸블리콜라 편 6절).
15. 바로 이런 로마 공화정의 법에 근거해 마르쿠스 브루투스는 카이사르를 암살하게 된다.
16. 플루타르코스, 이다희 역 『영웅전』 제1권(서울 Human & Books, 2010), 255(푸블리콜라 편 10절).
17. 플루타르코스, 이다희 역, 『영웅전』 제1권(서울: Human & Books, 2010), 256(푸블리콜라 편 10절).
18. 플루타르코스, 이다희 역, 『영웅전』 제1권(서울: Human & Books, 2010), 234(솔론 편 28절).
19. 플루타르코스, 이다희 역, 『영웅전』 제1권(서울: Human & Books, 2010), 268(푸블

리콜라 편 23절).
20. 플루타르코스, 이다희 역, 『영웅전』 제1권(서울: Human & Books, 2010), 271(솔론과 푸블리콜라 비교편 1절).
21. 플루타르코스, 이다희 역, 『영웅전』 제1권(서울: Human & Books, 2010), 274(솔론과 푸블리콜라 비교편 4절).
22. 플루타르코스, 이다희 역, 『영웅전』 제1권(서울: Human & Books, 2010), 274~275(솔론과 푸블리콜라 비교편 4절).

2부

5. 성공을 욕망하라, 하지만 늘 돌아보라

1. 장 보댕(Jean Bodin, 1530~1596)은 16세기 프랑스의 법학자이자 정치철학자였다. 종교 개혁의 갈등이 유럽과 프랑스에 짙은 암운을 드리우던 때, 가톨릭 신앙을 유지하면서도 교황 비판을 가했다.
2. Michel de Montaigne, The Complete Essays(London: Penguin Books, 2003), 818, 822.
3. 신크리시스synkrisis, σύγκρισις, 영어로는 syncrisis는 고대 그리스의 위인에 대한 '찬양 연설(enkomia)'에서 비교적 우위를 드러내기 위한 수사학적 도구로 처음 사용됐다. 그리스와 페르시아를 비교하거나 문명과 야만을 비교하는 형식이다.
4. 헤로도토스, 『역사』 7권, 186절.
5. 투키디데스, 『펠로폰네소스 전쟁사』 1: 138. *Thucydides, History of the Peloponnesian War*(London: Penguin Books, 1954), 117.
6. 플루타르코스, 이다희 역, 『영웅전』 제2권(서울: Human & Books, 2010), 9(테미스토클레스 편 2절).
7. 플루타르코스, 이다희 역, 『영웅전』 제2권(서울: Human & Books, 2010), 10(테미스토클레스 편 2절). 프살테리온(ψαλτήριον, psaltêrion)은 작은 하프처럼 생긴 현악기다.
8. 플루타르코스, 이다희 역, 『영웅전』 제2권(서울: Human & Books, 2010), 12(테미스토클레스 편 3절).

9. 플루타르코스, 이다희 역, 『영웅전』 제2권(서울: Human & Books, 2010), 12(테미스토클레스 편 3절).
10. 플루타르코스, 이다희 역, 『영웅전』 제2권(서울: Human & Books, 2010), 14(테미스토클레스 편 4절).
11. 플루타르코스, 이다희 역, 『영웅전』 제2권(서울: Human & Books, 2010), 14~15(테미스토클레스 편 4절).
12. 투키디데스, 『펠로폰네소스 전쟁사』 1: 138. *Thucydides, History of the Peloponnesian War*(London: Penguin Books, 1954), 117.
13. 플루타르코스, 이다희 역, 『영웅전』 제2권(서울: Human & Books, 2010), 32~33(테미스토클레스 편 17절).
14. 플루타르코스, 이다희 역, 『영웅전』 제2권(서울: Human & Books, 2010), 33(테미스토클레스 편 18절).
15. 플루타르코스, 이다희 역 『영웅전』 제2권(서울: Human & Books, 2010), 38(테미스토클레스 편 21절).
16. 플루타르코스, 이다희 역, 『영웅전』 제2권(서울: Human & Books, 2010), 42(테미스토클레스 편 25절).
17. Plato, *The Dialogue of Plato*(Chicago: University of Chicago, 1952), 404(『국가』 8: 547e-548a).
18. Plato, *The Dialogue of Plato*(Chicago: University of Chicago, 1952), 404(『국가』 8: 548a).
19. Plato, *The Dialogue of Plato*(Chicago: University of Chicago, 1952), 405(『국가』 8: 549c).
20. Plato, *The Dialogue of Plato*(Chicago: University of Chicago, 1952), 405(『국가』 8: 549c~550b).
21. Plutarch, *Lives*, vol. II, 90~91. 플루타르코스, 『영웅전』, 테미스토클레스 편, 32절. 이다희 번역에서는 이 부분이 생략되어 있다.

6. 과오를 깨닫는 자만이 앞으로 나아갈 수 있다

1. 독재관은 전쟁이나 대규모 기근과 같은 국가 비상사태 때 원로원에 의해 지명됐다.

술라와 카이사르를 제외하면 독재관은 임기가 6개월이다. 원로원의 통제 없이 국가의 중대한 결정을 내릴 수 있었으며, 재판 없이 범법자를 처형할 수 있는 권리를 가졌다.
2. 플루타르코스, 이다희 역, 『영웅전』 제2권(서울: Human & Books, 2010), 55(카밀루스 편 1절).
3. 플루타르코스, 이다희 역, 『영웅전』 제2권(서울: Human & Books, 2010), 58(카밀루스 편 5절).
4. 플루타르코스, 이다희 역, 『영웅전』 제2권(서울: Human & Books, 2010), 63(카밀루스 편 9절).
5. 플루타르코스, 이다희 역, 『영웅전』 제2권(서울: Human & Books, 2010), 64(카밀루스 편 10절).
6. 플루타르코스, 이다희 역, 『영웅전』 제2권(서울: Human & Books, 2010), 68(카밀루스 편 15절).
7. 클루시움은 현재 키우스(Chiusi) 지역으로 로마 시대 교통의 중심지였으며, 플라미니아 가도와 카시아 가도가 만나는 교차로에 있었다.
8. 플루타르코스, 이다희 역, 『영웅전』 제2권(서울: Human & Books, 2010), 70(카밀루스 편 22절).
9. 플루타르코스, 이다희 역, 『영웅전』 제2권(서울: Human & Books, 2010, 82(카밀루스 편 28절).
10. 플루타르코스, 이다희 역, 『영웅전』 제2권(서울: Human & Books, 2010), 83(카밀루스 편 29절).
11. 플루타르코스, 이다희 역, 『영웅전』 제2권(서울: Human & Books, 2010), 98(카밀루스 편 39절).
12. 플루타르코스, 이다희 역, 『영웅전』 제2권(서울: Human & Books, 2010), 103(카밀루스 편 43절).

7. 소박한 삶은 '명예'의 다른 이름이다

1. 플루타르코스, 이다희 역, 『영웅전』 제2권(서울: Human & Books, 2010), 179(마르쿠스 카토 편 23절).

2. 플루타르코스, 이다희 역, 『영웅전』 제2권(서울: Human & Books, 2010), 117(아리스티데스 편 8절).
3. 플루타르코스, 이다희 역, 『영웅전』 제2권(서울: Human & Books, 2010), 106(아리스티데스 편 1절).
4. 플루타르코스, 이다희 역, 『영웅전』 제2권(서울: Human & Books, 2010), 109(아리스티데스 편 3절).
5. 플루타르코스, 이다희 역, 『영웅전』 제2권(서울: Human & Books, 2010), 110(아리스티데스 편 3절).
6. 플루타르코스, 이다희 역, 『영웅전』 제2권(서울: Human & Books, 2010), 115(아리스티데스 편 7절).
7. 플루타르코스, 이다희 역, 『영웅전』 제2권(서울: Human & Books, 2010), 135(아리스티데스 편 24절).
8. 플루타르코스, 이다희 역, 『영웅전』 제2권(서울 Human & Books, 2010), 143(마르쿠스 카토 편 1절).
9. 플루타르코스, 이다희 역, 『영웅전』 제2권(서울: Human & Books, 2010), 145(마르쿠스 카토 편 2절).
10. 플루타르코스, 이다희 역, 『영웅전』 제2권(서울 Human & Books, 2010), 148(마르쿠스 카토 편 4절).
11. 플루타르코스, 이다희 역, 『영웅전』 제2권(서울: Human & Books, 2010), 151(마르쿠스 카토 편 5절).
12. 플루타르코스, 이다희 역, 『영웅전』 제2권(서울: Human & Books, 2010), 156(마르쿠스 카토 편 9절).
13. 플루타르코스, 이다희 역, 『영웅전』 제2권(서울: Human & Books, 2010), 178(마르쿠스 카토 편 22절).
14. 플루타르코스, 이다희 역, 『영웅전』 제2권(서울: Human & Books, 2010), 180(마르쿠스 카토 편 24절).
15. 플루타르코스, 이다희 역, 『영웅전』 제2권(서울: Human & Books, 2010), 181(마르쿠스 카토 편 24절).
16. 플루타르코스, 이다희 역, 『영웅전』 제2권(서울: Human & Books, 2010), 186(아리스티데스와 마르쿠스 카토의 비교편 1절).

17. 플루타르코스, 이다희 역, 『영웅전』 제2권(서울: Human & Books, 2010), 189(아리스티데스와 마르쿠스 카토의 비교편 3절).
18. 플루타르코스, 이다희 역, 『영웅전』 제2권(서울: Human & Books, 2010), 190(아리스티데스와 마르쿠스 카토의 비교편 4절).
19. 플루타르코스, 이다희 역, 『영웅전』 제2권(서울: Human & Books, 2010), 190(아리스티데스와 마르쿠스 카토의 비교편 4절).
20. 플루타르코스, 이다희 역, 『영웅전』 제2권(서울: Human & Books, 2010), 190(아리스티데스와 마르쿠스 카토의 비교편 4절).
21. 플루타르코스, 이다희 역, 『영웅전』 제2권(서울: Human & Books, 2010), 190(아리스티데스와 마르쿠스 카토의 비교편 4절).
22. 플루타르코스, 이다희 역, 『영웅전』 제2권(서울: Human & Books, 2010), 190(아리스티데스와 마르쿠스 카토의 비교편 4절).
23. 플루타르코스, 이다희 역, 『영웅전』 제2권(서울: Human & Books, 2010), 192(아리스티데스와 마르쿠스 카토의 비교편 5절).
24. 플루타르코스, 이다희 역, 『영웅전』 제2권(서울: Human & Books, 2010), 150(마르쿠스 카토 편 5절).

8. 자신을 변화시키면 위기도 기회가 된다

1. 플루타르코스, 이다희 역, 『영웅전』 제3권(서울: Human & Books, 2010), 10(페리클레스 편 2절).
2. 플루타르코스, 이다희 역, 『영웅전』 제3권(서울: Human & Books, 2010), 14(페리클레스 편 7절).
3. 플루타르코스, 이다희 역, 『영웅전』 제3권(서울: Human & Books, 2010), 23(페리클레스 편 12절).
4. 플루타르코스, 이다희 역, 『영웅전』 제3권(서울: Human & Books, 2010), 28(페리클레스 편 15절).
5. 플루타르코스, 이다희 역, 『영웅전』 제3권(서울: Human & Books, 2010), 29(페리클레스 편 15절).
6. 플루타르코스, 이다희 역, 『영웅전』 제3권(서울: Human & Books, 2010), 34(페리

클레스 편 19절).

7. 플루타르코스, 이다희 역, 『영웅전』 제3권(서울: Human & Books, 2010), 52(페리클레스 편 33절).
8. 플루타르코스, 이다희 역, 『영웅전』 제3권(서울: Human & Books, 2010), 58(페리클레스 편 38절).
9. 플루타르코스, 이다희 역, 『영웅전』 제3권(서울: Human & Books, 2010), 81(파비우스 막시무스 편 13절).
10. 플루타르코스, 이다희 역, 『영웅전』 제3권(서울: Human & Books, 2010), 92~93(파비우스 막시무스 편 20절).
11. 플루타르코스, 이다희 역, 『영웅전』 제3권(서울: Human & Books, 2010), 96(파비우스 막시무스 편 22절).
12. 플루타르코스, 이다희 역, 『영웅전』 제3권(서울: Human & Books, 2010), 97(파비우스 막시무스 편 22절).
13. 플루타르코스, 이다희 역, 『영웅전』 제3권(서울: Human & Books, 2010), 101(파비우스 막시무스 편 25절).
14. 플루타르코스, 이다희 역, 『영웅전』 제3권(서울: Human & Books, 2010), 101(파비우스 막시무스 편 25절).
15. 플루타르코스, 이다희 역, 『영웅전』 제3권(서울: Human & Books, 2010), 104(파비우스 막시무스 편 27절).
16. 플루타르코스, 이다희 역, 『영웅전』 제3권(서울: Human & Books, 2010), 106(페리클레스와 파비우스 막시무스 비교편 1절).
17. 플루타르코스, 이다희 역, 『영웅전』 제3권(서울: Human & Books, 2010), 108(페리클레스와 파비우스 막시무스 비교편 2절).
18. 플루타르코스, 이다희 역, 『영웅전』 제3권(서울: Human & Books, 2010), 108(페리클레스와 파비우스 막시무스 비교편 2절).
19. 플루타르코스, 이다희 역, 『영웅전』 제3권(서울: Human & Books, 2010), 12(페리클레스 편 5절).

3부

9. 인정받지 못해도 함부로 분노하지 마라

1. 플루타르코스, 이다희 역, 『영웅전』 제4권(서울: Human & Books, 2011), 9(알키비아데스 편 1절).
2. 플루타르코스, 이다희 역, 『영웅전』 제4권(서울: Human & Books, 2011), 10(알키비아데스 편 2절).
3. 플루타르코스, 이다희 역, 『영웅전』 제4권(서울: Human & Books, 2011), 13(알키비아데스 편 4절).
4. 플루타르코스, 이다희 역, 『영웅전』 제4권(서울: Human & Books, 2011), 16(알키비아데스 편 6절).
5. 플루타르코스, 이다희 역, 『영웅전』 제4권(서울: Human & Books, 2011), 18(알키비아데스 편 6절).
6. 제1차 펠로폰네소스 전쟁은 페르시아 전쟁 이후 '긴 성벽'을 쌓는 등 세력 확장을 꾀하던 아테네를 견제하기 위해 스파르타 동맹군이 육군으로 아테네 지역을 공격한 전쟁이다. '30년 평화조약'의 체결(B.C. 446~445년까지 유지)로 끝이 났다. 제2차 펠로폰네소스 전쟁은 기원전 431~421년까지 진행되었고, 아테네의 메가라 봉쇄령(B.C. 433)으로 인해 스파르타가 이끄는 세력을 결집하고 아테네를 공격한 전쟁이다. '니키아스의 평화조약'이 체결(B.C. 421)됨으로써 종결됐다. 페리클레스가 아테네를 이끌던 시절이었다. 이탈리아 남단 시칠리아 섬에서 전개된 제3차 펠로폰네소스 전쟁은 기원전 415~413년까지 진행되었고, 아테네의 참패로 끝났다.
7. 플루타르코스, 이다희 역, 『영웅전』 제4권(서울: Human & Books, 2011), 29(알키비아데스 편 16절).
8. 플루타르코스, 이다희 역, 『영웅전』 제4권(서울: Human & Books, 2011), 29(알키비아데스 편 16절).
9. 플루타르코스, 이다희 역, 『영웅전』 제4권(서울: Human & Books, 2011), 29(알키비아데스 편 16절).
10. 알키비아데스는 스파르타의 창건자이자 영웅이었던 헤라클레스를 흠모했다. 그래서 그의 이름도 스파르타식이었다.

11. 플루타르코스, 이다희 역, 『영웅전』 제4권(서울: Human & Books, 2011), 41(알키비아데스 편 23절).
12. 플루타르코스, 이다희 역, 『영웅전』 제4권(서울: Human & Books, 2011), 46~47(알키비아데스 편 26절).
13. 플루타르코스, 이다희 역, 『영웅전』 제4권(서울: Human & Books, 2011), 48(알키비아데스 편 27절).
14. 플루타르코스, 이다희 역, 『영웅전』 제4권(서울: Human & Books, 2011), 57(알키비아데스 편 32절).
15. 플루타르코스, 이다희 역, 『영웅전』 제4권(서울: Human & Books, 2011), 65(알키비아데스 편 37절).
16. 플루타르코스, 이다희 역, 『영웅전』 제4권(서울: Human & Books, 2011), 61(알키비아데스 편 35절).
17. 리비우스 등이 전하는 다른 기록에 의하면 코리올라누스의 어머니는 벤투리아(Venturia)였고, 그의 아내 이름이 볼룸니아(Volumnia)였다.
18. 플루타르코스, 이다희 역, 『영웅전』 제4권(서울: Human & Books, 2011), 75(코리올라누스 편 5절).
19. 이 사건을 '제1차 평민 분리(Secessio plebis, BC 494)운동'이라 한다.
20. 플루타르코스, 이다희 역, 『영웅전』 제4권(서울: Human & Books, 2011), 77(코리올라누스 편 7절).
21. 플루타르코스, 이다희 역, 『영웅전』 제4권(서울: Human & Books, 2011), 81(코리올라누스 편 10절).
22. 플루타르코스, 이다희 역, 『영웅전』 제4권(서울: Human & Books, 2011), 86(코리올라누스 편 15절).
23. 플루타르코스, 이다희 역, 『영웅전』 제4권(서울: Human & Books, 2011), 86 코리올라누스 편 15절).
24. 플루타르코스, 이다희 역, 『영웅전』 제4권(서울: Human & Books, 2011), 90(코리올라누스 편 18절).
25. 플루타르코스, 이다희 역, 『영웅전』 제4권(서울: Human & Books, 2011), 94(코리올라누스 편 20절).
26. 플루타르코스, 이다희 역, 『영웅전』 제4권(서울: Human & Books, 2011), 94(코리올

라누스 편 21절).
27. 플루타르코스, 이다희 역, 『영웅전』 제4권(서울: Human & Books, 2011), 97(코리올라누스 편 23절).
28. 플루타르코스, 이다희 역, 『영웅전』 제4권(서울: Human & Books, 2011), 109(코리올라누스 편 35절).
29. 플루타르코스, 이다희 역, 『영웅전』 제4권(서울: Human & Books, 2011), 108(코리올라누스 편 34절).
30. 플루타르코스, 이다희 역, 『영웅전』 제4권(서울: Human & Books, 2011), 121(알키비아데스와 코리올라누스의 비교편 4절).

10. 삶의 목적과 방향을 매순간 점검하라

1. 리쿠르고스의 생애와 업적에 대해서는 이 책의 3장에서 이미 다루었다. 스파르타의 입법자인 그는 로마의 입법자였던 누마와 비교된다.
2. 플루타르코스, 이다희 역, 『영웅전』 제4권(서울: Human & Books, 2011), 130(리산드로스 편 5절).
3. 플루타르코스, 이다희 역, 『영웅전』 제4권(서울: Human & Books, 2011), 133(리산드로스 편 7절).
4. 플루타르코스, 이다희 역, 『영웅전』 제4권(서울: Human & Books, 2011), 133(리산드로스 편 7절).
5. 아게실라오스의 생애와 업적에 대해서는 다음 장에서 다룬다. 스파르타의 아게실라오스는 로마의 폼페이우스와 짝을 이루어 소개된다.
6. 플루타르코스, 이다희 역, 『영웅전』 제4권(서울: Human & Books, 2011), 176~177(술라 편 6절).
7. 플루타르코스, 이다희 역, 『영웅전』 제4권(서울: Human & Books, 2011), 177(술라 편 6절).
8. 플루타르코스, 이다희 역, 『영웅전』 제4권(서울: Human & Books, 2011), 173(술라 편 4절).
9. '풀로 만든 화관'은 전쟁터에서 군단을 구한 장군에게 수여하는 최고의 훈장이다. 원로원이 수여하는 다른 명예훈장과는 달리 '풀로 만든 화관'은 목숨을 구한 군단

장병들의 환호성에 의해 결정되고, 전투 현장에서 꺾은 풀이나 꽃으로 만들었다.

10. 플루타르코스, 이다희 역, 『영웅전』 제4권(서울: Human & Books, 2011), 180(술라 편 8절).
11. 플루타르코스, 이다희 역, 『영웅전』 제4권(서울: Human & Books, 2011), 222(술라 편 30절).
12. 플루타르코스, 이다희 역, 『영웅전』 제4권(서울: Human & Books, 2011), 224(술라 편 31절).
13. 플루타르코스, 이다희 역, 『영웅전』 제4권(서울: Human & Books, 2011), 233(리산드로스와 술라의 비교편 2절).

11. 공익을 추구하는 것은 덕목이자 전략이다

1. 오일레우스의 아들은 소(小) 아이아스라 하고, 텔라몬의 아들은 대(大) 아이아스라 부르기도 한다. 두 사람 모두 트로이 전쟁 때 혁혁한 공을 세운 역전의 노장이다. 소 아이아스는 포세이돈의 저주를 받아 물에 빠져 죽었고, 대 아이아스는 전사한 아킬레우스의 무기를 차지하려다 실패하고 자살로 생을 마감했다.
2. Homer, *The Iliad*(London: Wordsworth, 2003), 206(Book 13, ver. 70~73).
3. Homer, *The Iliad*(London: Wordsworth, 2003), 206(Book 13, ver. 73~76).
4. 플루타르코스, 이다희 역, 『영웅전』 제5권(서울: Human & Books, 2011), 12(아게실라오스 편 4절).
5. 위의 책, 같은 쪽.
6. 위의 책, 같은 쪽.
7. 플루타르코스, 이다희 역, 『영웅전』 제5권(서울: Human & Books, 2011), 13(아게실라오스 편 5절).
8. 크세노폰, 이은종 역, 『크세노폰 소작품집』(서울: 주영사, 2016), 83~121.
9. 플루타르코스, 이다희 역, 『영웅전』 제5권(서울: Human & Books, 2011), 23(아게실라오스 편 10절).
10. 위의 책, 같은 쪽.
11. 플루타르코스, 이다희 역, 『영웅전』 제5권(서울: Human & Books, 2011), 28(아게실라오스 편 14절).

12. 에포로스는 두 명의 왕이 통치하던 스파르타에서 선거를 통해 당선된 국정 감독관에 해당한다. 헤로도토스는 리쿠르고스가 에포로스 제도를 만들었다고 보았지만 플루타르코스는 후대에 만들어진 제도라고 보았다. 매년 다섯 명이 선출되어 스파르타 왕을 보좌하거나 권력 남용을 막는 역할을 담당했다.
13. 플루타르코스, 이다희 역, 『영웅전』 제5권(서울: Human & Books, 2011), 30~31(아게실라오스 편 15절).
14. 플루타르코스, 이다희 역, 『영웅전』 제5권(서울: Human & Books, 2011), 38(아게실라오스 편 19절).
15. 플루타르코스, 이다희 역, 『영웅전』 제5권(서울: Human & Books, 2011), 70(아게실라오스 편 40절).
16. 플루타르코스, 이다희 역, 『영웅전』 제5권(서울: Human & Books, 2011), 82(폼페이우스 편 9절).
17. 위의 책, 같은 쪽.
18. 플루타르코스, 이다희 역, 『영웅전』 제5권(서울: Human & Books, 2011), 88(폼페이우스편 12절).
19. 플루타르코스, 이다희 역, 『영웅전』 제5권(서울: Human & Books, 2011), 100(폼페이우스 편 21절).
20. 플루타르코스, 이다희 역, 『영웅전』 제5권(서울: Human & Books, 2011), 110(폼페이우스 편 26절).
21. 플루타르코스, 이다희 역, 『영웅전』 제5권(서울: Human & Books, 2011), 137(폼페이우스 편 45절).
22. 플루타르코스, 이다희 역, 『영웅전』 제5권(서울: Human & Books, 2011), 138(폼페이우스 편 46절).
23. 위의 책, 같은 쪽.
24. 플루타르코스, 이다희 역, 『영웅전』 제5권(서울: Human & Books, 2011), 194(아게실라오스와 폼페이우스의 비교편 2절).
25. 마키아벨리, 강정인·안선재 역, 『로마사 논고』(파주: 한길사, 2003), 112.

12. 삶에서 언제나 죽음의 장면을 생각하라

1. 플루타르코스는 "둘이 닮은 면이 많기 때문이라기보다 두 사람 모두 선한 사람이었고 나라에 충성했기 때문"이라는 문장을 통해 포키온과 소 카토의 유사성을 강조한다. 플루타르코스, 이다희 역, 『영웅전』 제8권(서울: Human & Books, 2015), 11(포키온 편 3절).
2. 플루타르코스, 이다희 역, 『영웅전』 제8권(서울: Human & Books, 2015), 9(포키온 편 2절).
3. 플루타르코스, 이다희 역, 『영웅전』 제8권(서울: Human & Books, 2015), 10(포키온 편 2절).
4. 플루타르코스, 이다희 역, 『영웅전』 제8권(서울: Human & Books, 2015), 14(포키온 편 5절).
5. 플루타르코스, 이다희 역, 『영웅전』 제8권(서울: Human & Books, 2015), 21(포키온 편 11절).
6. 플루타르코스, 이다희 역, 『영웅전』 제8권(서울: Human & Books, 2015), 29(포키온 편 9절).
7. 플루타르코스, 이다희 역, 『영웅전』 제8권(서울: Human & Books, 2015), 20~21(포키온 편 10절).
8. '별명(Cognomen)'은 그리스식 이름 표기에서 세 번째로 붙은 별칭으로, 그 인물의 특징을 드러낸다.
9. 플루타르코스, 이다희 역, 『영웅전』 제8권(서울: Human & Books, 2015), 30(포키온 편 23절).
10. 플루타르코스, 이다희 역 『영웅전』 제8권(서울: Human & Books, 2015), 32(포키온 편 19절).
11. 플루타르코스, 이다희 역, 『영웅전』 제8권(서울: Human & Books, 2015), 37(포키온 편 23절).
12. 플루타르코스, 이다희 역, 『영웅전』 제8권(서울: Human & Books, 2015), 54(포키온 편 37절).
13. 플루타르코스, 이다희 역 『영웅전』 제8권(서울: Human & Books, 2015), 11(포키온 편 3절).

14. 플루타르코스, 이다희 역, 『영웅전』 제8권(서울: Human & Books, 2015), 56(소 카토 편 1절).
15. 플루타르코스, 이다희 역, 『영웅전』 제8권(서울: Human & Books, 2015), 60(소 카토 편 3절).
16. 플루타르코스, 이다희 역, 『영웅전』 제8권(서울: Human & Books, 2015), 76(소 카토 편 18절).
17. 플루타르코스, 이다희 역, 『영웅전』 제 8권(서울: Human & Books, 2015), 76(소 카토 편 18절).
18. 플루타르코스, 이다희 역, 『영웅전』 제8권(서울: Human & Books, 2015), 93(소 카토 편 31절).
19. 플루타르코스, 이다희 역, 『영웅전』 제8권(서울: Human & Books, 2015), 120(소 카토 편 53절).
20. 플루타르코스, 이다희 역, 『영웅전』 제8권(서울: Human & Books, 2015), 138(소 카토 편 67절).
21. 플루타르코스, 이다희 역, 『영웅전』 제8권(서울: Human & Books, 2015), 141(소 카토 편 70절).
22. 플루타르코스, 이다희 역, 『영웅전』 제8권(서울: Human & Books, 2015), 12(포키온 편 3절).
23. 마키아벨리, 강정인·김경희 역, 『군주론』(서울: 까치글방, 2008), 105~106(15장).

4부

13. 완벽함 대신 '불완전한 최선'을 추구하라

1. 두 사람을 연설가의 입장에서 독립시켜 『비교 영웅전』 해당 부분에 자세한 각주를 붙인 연구서가 있다. 플루타르코스, 김 헌 주해, 『두 정치연설가의 생애』(파주: 한길사, 2013).
2. 플루타르코스, 이다희 역, 『영웅전』 제7권(서울: Human & Books, 2014), 10(데모스테네스 편 3절).
3. 플루타르코스, 이다희 역, 『영웅전』 제7권(서울: Human & Books, 2014), 16(데모스

테네스 편 7절).

4. 플루타르코스, 이다희 역, 『영웅전』 제7권(서울: Human & Books, 2014), 19(데모스테네스 편 11절).
5. 플루타르코스, 이다희 역, 『영웅전』 제7권(서울: Human & Books, 2014), 23(데모스테네스 편 13절).
6. 플루타르코스, 이다희 역, 『영웅전』 제7권(서울: Human & Books, 2014), 24(데모스테네스 편 14절).
7. 위의 책, 같은 쪽.
8. 플루타르코스, 이다희 역, 『영웅전』 제7권(서울: Human & Books, 2014), 30(데모스테네스 편 19절).
9. 플루타르코스, 이다희 역, 『영웅전』 제7권(서울: Human & Books, 2014), 33(데모스테네스 편 22절).
10. 플루타르코스, 이다희 역, 『영웅전』 제7권(서울: Human & Books, 2014), 38(데모스테네스 편 25절).
11. 플루타르코스, 이다희 역, 『영웅전』 제7권(서울: Human & Books, 2014), 45~46(데모스테네스 편 30절).
12. 플루타르코스, 이다희 역, 『영웅전』 제7권(서울: Human & Books, 2014), 55(키케로 편 4절).
13. 플루타르코스, 이다희 역 『영웅전』 제7권(서울: Human & Books, 2014), 57(키케로 편 5절).
14. 플루타르코스, 이다희 역 『영웅전』 제7권(서울: Human & Books, 2014), 58(키케로 편 6절).
15. 신인(homo novus 혹은 novus homo)은 가족 중에서 처음으로 원로원에 들어간 사람을 일컫는 말이다. 로마 정치판은 철저하게 선통 귀속 출신 가문에 의해 통제되었고, '신인'들은 그만큼 불리했다.
16. 로마에서는 이런 제도를 클리엔테라(clientela)라고 불렀다. 키케로는 후원자(patronus)가 되고 방문자는 피후원자(cliens)가 되어 일종의 주종관계를 형성한다. 후원자는 법률 자문이나 변호, 긴급한 자금의 융자, 사업 알선, 중매 혹은 정치적 보증을 서는 역할을 했다.
17. 키케로의 '카탈리나 탄핵 연설' 전문은; 마르쿠스 키케로, 김남우 외 번역, 『설득의

정치』(서울: 민음사, 2015), 24~143.
18. 플루타르코스, 이다희 역 『영웅전』 제7권(서울: Human & Books, 2014), 78(키케로 편 22절).
19. 플루타르코스, 이다희 역, 『영웅전』 제7권(서울: Human & Books, 2014), 85(키케로 편 27절).
20. 로스트라(Rostra)는 원로원 건물 입구 맞은편에 서 있던 연단이다.
21. 발데사르 카스틸리오네, 신승미 역, 『궁정론』(서울: 북스토리, 2013).

14. 한계를 인정하고 운명을 개척하라

1. 몽테뉴는 「가장 탁월한 사람」이라는 에세이 항목에서 호메로스, 알렉산드로스 그리고 에파미논다스를 꼽는다. 몽테뉴의 『수상록』이 플루타르코스의 영향을 받았음을 반증하는 자료다. 플루타르코스도 알렉산드로스와 에파미논다스를 최고의 '군주의 거울'로 제시한 바 있다.
2. Michel de Montaigne, *The Complete Essays*(London: Penguin Books, 2003), 853~855.
3. Plutarch, Bernardotte Perrin, trans., *Lives*, Vol. 7(Cambridge: Harvard University Press, 1919), 357(Alexander, ch. 46). 이다희의 번역본에는 아예 '알렉산드로스 편' 46편이 통째로 빠져 있다.
4. 플루타르코스, 이다희 역, 『영웅전』 제7권(서울: Human & Books, 2014), 124(알렉산드로스 편 1절).
5. 위의 책, 같은 쪽.
6. 플루타르코스, 이다희 역, 『영웅전』 제7권(서울: Human & Books, 2014), 224(알렉산드로스 편 67절).
7. 플루타르코스, 이다희 역 『영웅전』 제7권(서울: Human & Books, 2014), 129(알렉산드로스 편 5절).
8. 플루타르코스, 이다희 역, 『영웅전』 제7권(서울: Human & Books, 2014), 133(알렉산드로스 편 7절).
9. 플루타르코스, 이다희 역, 『영웅전』 제7권(서울: Human & Books, 2014), 135(알렉산드로스 편 8절).

10. 위의 책, 같은 쪽.
11. 플루타르코스, 이다희 역, 『영웅전』 제7권(서울: Human & Books, 2014), 146(알렉산드로스 편 15절).
12. 위의 책, 같은 쪽.
13. 마키아벨리, 강정인·김경희 역, 『군주론』(서울: 까치, 2008), 103.
14. 플루타르코스, 이다희 역, 『영웅전』 제7권(서울: Human & Books, 2014), 141(알렉산드로스 편 12절).
15. 플루타르코스, 이다희 역, 『영웅전』 제7권(서울: Human & Books, 2014), 142(알렉산드로스 편 13절).
16. 플루타르코스, 이다희 역, 『영웅전』 제7권(서울: Human & Books, 2014), 144(알렉산드로스 편 14절).
17. 플루타르코스, 이다희 역 『영웅전』 제7권(서울: Human & Books, 2014), 145(알렉산드로스 편 14절).
18. 플루타르코스, 이다희 역, 『영웅전』 제7권(서울: Human & Books, 2014), 146(알렉산드로스 편 15절).
19. 플루타르코스, 이다희 역, 『영웅전』 제7권(서울: Human & Books, 2014), 157~159(알렉산드로스 편 21절).
20. 플루타르코스, 이다희 역 『영웅전』 제7권(서울: Human & Books, 2014), 171(알렉산드로스 편 28절).
21. 플루타르코스, 이다희 역, 『영웅전』 제7권(서울: Human & Books, 2014), 154(알렉산드로스 편 19절).
22. Jean-Jacques Rousseau, *Emile*, Book 2(The Project of Gutenberg EBook of Emile at www.gutenberg.org/cache/epub/5427/pg5427.html). 필자 번역.
23. 플루타르코스, 이다희 역, 『영웅전』 제7권(시울: Human & Books, 2014), 156(알렉산드로스 편 20절).
24. 플루타르코스, 이다희 역, 『영웅전』 제7권(서울: Human & Books, 2014), 159(알렉산드로스 편 21절).
25. 플루타르코스, 이다희 역, 『영웅전』 제7권(서울: Human & Books, 2014), 159(알렉산드로스 편 12절).
26. 플루타르코스, 이다희 역 『영웅전』 제7권(서울: Human & Books, 2014), 160(알렉

산드로스 편 22절).

27. 플루타르코스, 이다희 역, 『영웅전』 제7권(서울: Human & Books, 2014), 168(알렉산드로스 편 26절).
28. 플루타르코스, 이다희 역 『영웅전』 제7권(서울: Human & Books, 2014), 188(알렉산드로스 편 40절).
29. 플루타르코스, 이다희 역 『영웅전』 제7권(서울: Human & Books, 2014), 189(알렉산드로스 편 41절).
30. 플루타르코스, 이다희 역, 『영웅전』 제7권(서울: Human & Books, 2014), 193(알렉산드로스 편 42절).
31. 플루타르코스, 이다희 역, 『영웅전』 제7권(서울: Human & Books, 2014), 198~205(알렉산드로스 편 48~51절).
32. 플루타르코스, 이다희 역, 『영웅전』 제7권(서울: Human & Books, 2014), 221(알렉산드로스 편 65절).
33. 단테, 『신곡』, 지옥편, 12곡 107절.
34. 단테, 한형곤 역, 『신곡』(파주: 서해문집, 2005), 144.
35. 플루타르코스, 이다희 역, 『영웅전』 제7권(서울: Human & Books, 2014), 226(알렉산드로스 편 69절).
36. 프랑수아 슈아르, 김주경 역, 『알렉산더』(해냄출판사, 2004), 141쪽에서 재인용.

15. 결국 누구나 인격과 태도로 평가된다

1. 플루타르코스, 이다희 역, 『영웅전』 제7권(서울: Human & Books, 2014), 321(카이사르 편 69절).
2. 마키아벨리, 강정인·안선재 역, 『로마사 논고』(파주: 한길사, 2003), 112~113.
3. 엠마뉴엘 라스 카즈, 『세인트헬레나 회상록』, "1816년 4월 3일"(The Gutenberg Project Material).
4. 플루타르코스, 이다희 역, 『영웅전』 제7권(서울: Human & Books, 2014), 252(카이사르 편 11절).
5. 플루타르코스, 이다희 역, 『영웅전』 제7권(서울: Human & Books, 2014), 273(카이사르 편 28절).

6. 플루타르코스, 이다희 역, 『영웅전』 제7권(서울: Human & Books, 2014), 257(카이사르 편 15절).
7. 카이사르, 천병희 역, 『갈리아 원정기』(고양: 숲, 2012).
8. 위의 책, 같은 쪽.
9. 플루타르코스, 이다희 역, 『영웅전』 제7권(서울: Human & Books, 2014), 257~258(카이사르 편 16절).
10. 플루타르코스, 이다희 역, 『영웅전』 제7권(서울: Human & Books, 2014), 261(카이사르 편 19절).
11. 플루타르코스, 이다희 역, 『영웅전』 제7권(서울: Human & Books, 2014), 364(카이사르 편 20절).
12. 플루타르코스, 이다희 역, 『영웅전』 제7권(서울: Human & Books, 2014), 293(카이사르 편 44절).
13. 플루타르코스, 이다희 역, 『영웅전』 제7권(서울: Human & Books, 2014), 259(카이사르 편 17절).
14. 플루타르코스, 이다희 역, 『영웅전』 제7권(서울: Human & Books, 2014), 253~254(카이사르 편 13절).
15. 플루타르코스, 이다희 역, 『영웅전』 제7권(서울: Human & Books, 2014), 280~281(카이사르 편 33절).
16. 플루타르코스, 이다희 역, 『영웅전』 제7권(서울: Human & Books, 2014), 239(카이사르 편 1절).
17. 플루타르코스, 이다희 역, 『영웅전』 제7권(서울: Human & Books, 2014), 242(카이사르 편 4절).
18. 플루타르코스, 이다희 역, 『영웅전』 제8권(서울: Human & Books, 2015), 69(소 카토 편 11절).
19. 플루타르코스, 이다희 역, 『영웅전』 제7권(서울: Human & Books, 2014), 309(카이사르 편 60절).
20. 플루타르코스, 이다희 역 『영웅전』 제 7권(서울: Human & Books, 2014), 313 (카이사르 편 63절).
21. 플루타르코스, 이다희 역, 『영웅전』 제7권(서울: Human & Books, 2014), 279(카이사르 편 32절).

22. 플루타르코스, 이다희 역, 『영웅전』 제7권(서울: Human & Books, 2014), 304(카이사르 편 55절).
23. 플루타르코스, 이다희 역, 『영웅전』 제7권(서울: Human & Books, 2014), 305(카이사르 편 56절).
24. 수에토니우스 『열두 명의 카이사르』, 카이사르 편 24절.
25. 수에토니우스, 『열두 명의 카이사르』, 카이사르 편 26절, 65절, 67~70절.
26. 수에토니우스, 『열두 명의 카이사르』, 카이사르 편 32절.
27. 수에토니우스, 『열두 명의 카이사르』, 카이사르 편 38~45절.
28. 수에토니우스, 『열두 명의 카이사르』, 카이사르 편 76절.
29. 수에토니우스, 『열두 명의 카이사르』, 카이사르 편, 80절.
30. 플루타르코스, 이다희 역, 『영웅전』 제7권(서울: Human & Books, 2014), 321(카이사르 편 69절).

16. 사람을 분별할 줄 아는 눈을 가져라

1. 김상근, 『군주의 거울: 키루스의 교육』(파주: 21세기북스, 2016).
2. 크세노폰, 천병희 역, 『페르시아 원정기: 아나바시스』(고양: 숲, 2011).
3. 아게실라오스 왕에 대해서는 226~248쪽, 리산드로스 장군에 대해서는 208~225쪽을 참고.
4. 플루타르코스, 이다희 역, 『영웅전』 제6권(서울: Human & Books, 2012), 239(아르타크세르크세스 편 2절).
5. 플루타르코스, 이다희 역, 『영웅전』 제6권(서울: Human & Books, 2012), 240(아르타크세르크세스 편 3절).
6. 플루타르코스, 이다희 역, 『영웅전』 제6권(서울: Human & Books, 2012), 244 (아르타크세르크세스 편 6절).
7. 크세노폰, 천병희 역, 『페르시아 원정기』(고양: 숲, 2011), 71~76(제1권 제8장).
8. 플루타르코스, 이다희 역, 『영웅전』 제6권(서울: Human & Books, 2012), 256(아르타크세르크세스 편 14절).
9. 플루타르코스, 이다희 역, 『영웅전』 제6권(서울: Human & Books, 2012), 274(아르타크세르크세스 편 28절).

10. 플루타르코스, 이다희 역, 『영웅전』 제6권(서울: Human & Books, 2012), 269(아르타크세르크세스 편 24절).
11. 플루타르코스, 이다희 역, 『영웅전』 제6권(서울: Human & Books, 2012), 267(아르타크세르크세스 편 23절).

이 책에 사용된 도판 중 일부는 저작권자를 확인할 수 없어 정식 협의 절차를 진행하지 못했습니다.
추후라도 연락해주시면 저작권 협의 후 합당한 조치를 취하겠습니다.

KI신서 6598
군주의 거울, 영웅전

1판 1쇄 발행 2016년 6월 16일
1판 6쇄 발행 2023년 3월 10일

지은이 김상근
펴낸이 김영곤 **펴낸곳** (주)북이십일 21세기북스
출판마케팅영업본부 본부장 민안기
출판영업팀 최명열 김다운
제작팀 이영민 권경민

출판등록 2000년 5월 6일 제406-2003-061호
주소 (10881) 경기도 파주시 회동길 201(문발동)
대표전화 031-955-2100 **팩스** 031-955-2151 **이메일** book21@book21.co.kr

ⓒ 김상근, 2016

ISBN 978-89-509-6545-7 03100
책값은 뒤표지에 있습니다.

(주)북이십일 경계를 허무는 콘텐츠 리더
21세기북스 채널에서 도서 정보와 다양한 영상자료, 이벤트를 만나세요!
페이스북 facebook.com/jiinpill21   포스트 post.naver.com/21c_editors
인스타그램 instagram.com/jiinpill21   홈페이지 www.book21.com
유튜브 www.youtube.com/book21pub

서울대 가지 않아도 들을 수 있는 **명강**의! 〈서가명강〉
유튜브, 네이버, 팟캐스트에서 '서가명강'을 검색해보세요!

이 책 내용의 일부 또는 전부를 재사용하려면 반드시 (주)북이십일의 동의를 얻어야 합니다.
잘못 만들어진 책은 구입하신 서점에서 교환해드립니다.